本书获国家社会科学基金项目"跨区域协同创新中
高速铁路的网络效应研究"（项目号：20BJY178）资助

U0569993

区域协同创新中
高速铁路的网络效应

龙奋杰　朱桃杏　石　朗　著

科学出版社
北　京

内 容 简 介

随着我国高速铁路"八纵八横"主通道格局的全面建成，高速铁路的区域"流效应"正逐步转化为区域协同创新的重大优势。本书通过系统梳理高速铁路影响区域创新的基础理论，从创新人才流动和创新空间重构等方面剖析高速铁路条件下区域创新的特征，通过仿真模拟和实证分析的方法检验高速铁路对区域创新的效果，从全国层面、京津冀区域层面和城市层面研究了高速铁路对协同创新具体表现及作用机制，最后对高速铁路场景下区域协同创新的利益协调过程进行博弈仿真，并提出高速铁路网络引导的区域协同创新发展机制与对策。

本书适合地理学、交通经济学、区域管理学等相关研究方向的学者、高等院校师生阅读，同时也适合交通规划管理者、科技管理人员决策参考。

审图号：GS 京（2023）1651 号

图书在版编目（CIP）数据

区域协同创新中高速铁路的网络效应／龙奋杰，朱桃杏，石朗著.—北京：科学出版社，2024.3
　ISBN 978-7-03-076141-5

Ⅰ.①区… Ⅱ.①龙… ②朱… ③石… Ⅲ.①高速铁路–影响–区域经济发展–研究–中国 Ⅳ.①F127

中国国家版本馆 CIP 数据核字（2023）第 148048 号

责任编辑：林　剑／责任校对：杨　赛
责任印制：赵　博／封面设计：无极书装

科 学 出 版 社 出版
北京东黄城根北街 16 号
邮政编码：100717
http://www.sciencep.com
涿州市殷润文化传播有限公司印刷
科学出版社发行　各地新华书店经销
*
2024 年 3 月第 一 版　开本：720×1000　1/16
2024 年 3 月第一次印刷　印张：17 1/2
字数：330 000
定价：198.00 元
（如有印装质量问题，我社负责调换）

前　言

随着中国特色社会主义新时代的到来，创新正成为推动我国经济社会不断发展的关键动力。与此同时，高速铁路网络的形成也在深刻影响我国区域间资源要素的配置和流动。作为现代交通系统的重要组成部分，高速铁路网络的扩张改变了资源要素的流动和集聚，重塑了包括创新网络和产业区位在内的区域经济地理格局。探究高速铁路网络对区域创新空间格局的影响，并从区域产业重构角度检验高速铁路网络的作用机制，不仅有助于识别高速铁路建设的外部性，为科学规划高速铁路网络和优化产业布局提供对策建议，还可以为演化经济地理学和新经济地理学关于交通运输成本与知识溢出、技术扩散、产业集聚及产业分工等研究提供理论和实证补充。

在此背景下，本书以我国高速铁路网络和区域协同创新网络为研究对象，深入探究高速铁路在我国跨域协同创新中的网络效应。本书首先基于经济地理学理论框架，对开放城市体系下"高速铁路–产业–创新"之间的微观经济机制展开理论分析；从局部和全局视角，基于双重差分和工具变量估计等计量统计模型，定量测度高速铁路对人口流动的开通效应和网络效应，并探究其主要影响机制；基于社会网络分析技术对我国高速铁路和区域创新空间格局进行网络化建模，分析两个网络的结构特征和演化规律，探究两者的动态耦合关系；运用系统动力学的"政策实验室"功能，对基于高速铁路的区域创新系统进行仿真模拟，以研究区域创新资源要素从不同路径对创新成果的影响；基于计量经济学模型，从区域创新水平、区域创新合作和区域创新分工三个维度，在城市、城市对（city-pair）和城市群三个层面检验高速铁路网络对区域创新空间格局的影响；基于逐步因果检验方法，分别检验产业集聚、产业同构和产业分工在高速铁路网络影响区域创新空间格局路径中的中介效应；以线性规划及斯塔克尔伯格（Stackelberg）博弈为方法基础，构建有无高速铁路、是否集中管制四种场景下的区域系统创新利益博弈模型，采用仿真方法模拟不同外生变量对区域创新系统利益的影响，并分析不同创新规划在高速铁路发挥作用中扮演的角色。

本书研究结果表明：①我国高速铁路网络与区域创新网络的空间分异特征明显，2008~2015 年，两个网络的动态耦合关系逐年增强。②高速铁路网络的建设会加速人口的大都市化，但市区和县域人口流动的方向刚好相反。平均来看，开通高速铁路的市区人口数量会提高 10.8%，而县域人口则会降低 3.1%。③高速铁路服务及高速铁路创新引致作用都存在延迟的现象，延缓输入变量对系统的作用时间，会降低创新数量；延迟时间越长，输入变量对系统的影响作用削减性便越大。④高速铁路网络提升了城市的创新产出水平，缩小了高速铁路沿线城市之间的创新差距。⑤高速铁路网络加强了区域创新合作，其影响范围主要为距离在 900km 以内的城市对。⑥高速铁路网络提高了城市创新的专业化水平，加强了城市之间的创新关联性，推动了城市群创新的相关多样化，减弱了城市群创新的无关多样化。⑦高速铁路网络通过提高城市产业集聚规模及专业化和多样化水平、促进城市间产业同构化、提高城市群产业相关多样化等途径，间接影响区域创新的空间格局。⑧高速铁路是协同创新的重要推动力，增加了创新主体协同创新意愿，提高了协同创新成果效益；政府集中决策时创新成果的价值以及不同创新模式间的创新能力显著提高，更有利于区域创新的协调发展。

最后，依托以上研究结果，本书围绕优化高速铁路网络布局、优化区域创新和产业布局，就充分发挥高速铁路网络效应，推动区域协同创新及一体化发展提供切实可行的对策建议，并从理论补充、实证支撑和方法完善等方面归纳本书的学术贡献。

近 20 年我国高速铁路网络经历和正在经历日新月异的规划期、建设期及高质量发展期，本书源自研究团体对高速铁路网络效应的探索，更是对高速铁路建设成就的致敬。付梓成书之际，感谢前期研究者的文献给本书思维及框架提供的参考。石家庄铁道大学王小君博士、韩佳萌同学，北京师范大学郑龙飞博士等参与了本书的资料收集、数据整理和统计、章节整理等相关工作，在此表示感谢。因条件及能力所限，本书存在一定的不足，敬请专家、同行及广大读者批评指正。

目　录

第 1 章　　绪　　论

1.1　研究概述

1.1.1　研究背景

1.1.1.1　现实背景

（1）创新驱动发展

创新是引领发展的第一动力，优化区域创新布局是国家创新驱动发展战略部署的重要任务。党的十八大提出实施创新驱动发展战略，指出"科技创新是提高社会生产力和综合国力的战略支撑，必须摆在国家发展全局的核心位置"[①]。2015 年 10 月 29 日，习近平总书记在党的十八届五中全会上提出"创新、协调、绿色、开放、共享"五大发展理念，其中创新被置于新发展理念的首位。

创新驱动发展契合时代背景，符合国家发展需要。新中国成立以来，依靠土地、资源、劳动力等生产要素的成本价格优势，我国走出了一条要素驱动的发展之路，经济社会发展水平取得翻天覆地的变化。近年来，随着国际竞争加剧，国内要素成本价格提高、环境持续恶化，传统的发展方式已难以为继，创新成为新形势下破解发展瓶颈的必然选择。特别是科技创新，由于当前国际竞争主要以科技竞赛等形式上演，只有国家取得了科学技术领域的先进地位，才能避免受制于人。同时，科技创新能够提高企业生产效率，带动国内产业转型升级，是推动经济社会持续向前发展的关键内生动力。

实施创新驱动发展战略是一项复杂的系统工程，涉及多方面任务，其中优化区域创新布局是国家从空间视角出发做出的重要战略部署。2016 年 5 月，中共中央、国务院印发《国家创新驱动发展战略纲要》，提出"优化区域创新布局，打

---

① 《坚定不移沿着中国特色社会主义道路前进　为全面建成小康社会而奋斗——在中国共产党第十八次全国代表大会上的报告》，2012 年 11 月 8 日。

造区域经济增长极""聚焦国家区域发展战略，以创新要素的集聚与流动促进产业合理分工，推动区域创新能力和竞争力整体提升"，指明了优化区域创新布局的总体要求和发展思路。

所谓"优化区域创新布局"，至少可以从三个方面进行理解：一是，要从全局角度分析掌握不同地区的创新发展水平和地区之间的创新关系，推动区域创新协调发展。当前，我国区域发展不平衡问题突出，特别是创新要素集聚和区域创新产出的空间不平衡现象十分明显。国家创新能力和竞争力想要整体提升，仅靠部分科技发达地区的创新带动是远远不够的，关键还在于由点到轴再到面，形成创新城市合理布局、创新要素自由流动的区域创新网络系统。二是，强调地区间协同创新，通过深化合作、优势互补提高创新效率。创新是知识流动与创造的过程，只有人才、资本等创新要素在地区间充分流动，带动知识和技术不断碰撞融合，才更有可能发明和创造新的科学技术。三是，强调地区间合理分工，在不同区域尺度上实现创新的专业化和多样化发展。一部机器只有不同零件各司其职、互相配合才能正常运转。同理，一个国家只有不同地区充分发挥各自专业化特长，形成一定区域范围内创新领域的多元化分工，才能真正从创新大国发展成为创新强国。

（2）高速铁路网络承载各类资源要素跨区域流动，正在重构国家经济社会发展格局

2019 年，中共中央、国务院印发了《交通强国建设纲要》，提出"建设交通强国是建设现代化经济体系的先行领域，是全面建成社会主义现代化强国的重要支撑"。作为现代交通系统的重要组成部分，高速铁路具有速度快、节能环保、安全舒适、载客量大等优势。21 世纪以来，我国高速铁路网络建设取得了飞速发展。2008~2019 年，我国高速铁路客运量从 734 万人次/年增长至 22.9 亿人次/年，截至 2020 年末，我国高速铁路里程已达到 3.8 万 km，高居世界第一位。

有别于其他交通运输方式，高速铁路以载人为主，几乎不提供货运功能。然而，人是一切经济活动和社会行为的主体，高速铁路搭载人口进行城际流动的同时，资本、信息、知识和技术等要素也随之频繁移动，区域之间的互动关系将得到重塑。此外，作为一种高效、快捷的交通运输方式，高速铁路能够影响人们生活与工作的区位选择，改变人口和劳动力的空间分布规律，进而影响不同地区的市场规模和经济潜力，重构产业生产与商业服务等经济活动的地理格局。

高速铁路的一个特点是网络化。根据国家《中长期铁路网规划》（2016 年版），我国高速铁路网络在原"四纵四横"基础上，逐步建设形成"八纵八横"的主骨架网络。随着高速铁路网络越织越密，区域资源要素流动愈加频繁，国家经济社会活动的空间格局将发生复杂而深刻的变化。一方面，网络化将导致非线性变化。一条新高速铁路线路的开通对城市可达性、城市间连通性乃至网络整体密度的影响都不是简单的线性加一，而可能是成倍甚至几何式的增长。另一方面，网络化将导致非均等变化。对于同处在高速铁路网络中的不同城市，由于各自网络位置不同，其受到网络发展演化的影响也将存在显著差异。因此，想要全面掌握高速铁路网络的经济地理重塑作用，必须对高速铁路网络从无到有、从形成到发展的连续过程展开综合分析和系统研判。

（3）科学规划交通网络，推动经济社会活动合理布局，促进区域协调发展

1935年，地理学家胡焕庸先生在地图上将黑龙江省瑷珲县（现黑河市）与云南省腾冲县（现腾冲市）相连，以此划分中国人口分布的地理格局。这条连线的东南部，约占全国36%的土地上居住着全国96%的人口；而这条连线的西北部，约占全国64%的土地上仅居住着全国4%的人口。"胡焕庸线"反映了20世纪中叶我国人口分布的空间不平衡现象，时至今日，我国区域发展不平衡问题仍然突出。

2018年11月18日印发的《中共中央 国务院关于建立更加有效的区域协调发展新机制的意见》，指出"我国区域发展差距依然较大，区域分化现象逐渐显现，无序开发与恶性竞争仍然存在，区域发展不平衡不充分问题依然比较突出，区域发展机制还不完善，难以适应新时代实施区域协调发展战略需要"。2021年，《中华人民共和国国民经济和社会发展第十四个五年规划和2035年远景目标纲要》（以下简称"十四五"规划）提出"优化区域经济布局，促进区域协调发展"的总体规划目标。

"要想富，先修路"。我国一直将交通基础设施建设作为带动经济增长、推动区域协调发展的重要手段。交通系统的完善提高了生产要素的流通效率，有助于产业结构优化升级。与此同时，都市圈、城市群一体化交通系统提高了地区综合承载能力，有助于扩大中心城市的辐射范围。但是也需要看到，交通基础设施在带来极大正外部性的同时，也面临着较高的投资回报压力。以高速铁路为例，高速铁路建设投资大、运营成本高，平均每千米高速铁路线路建设成本为8000万~1.2亿元（欧杰等，2016），目前国内多数高速铁路线路盈利能力仍然有限。仅从财务角度分析必然会低估高速铁路等交通基础设施项目的经济社会效益，但是提高交通网络规划的科学性和合理性，使之与国家经济发展布局相适应，不仅可以提高资源利用效率，降低财务负担和投资风险，还能够有效促进各类生产要素的合理流动与集聚，是推动区域协调发展的重要手段。

1.1.1.2　理论背景

（1）新经济地理学

新经济地理学阐明商品运输成本对经济活动空间集聚的影响，但关于高速铁路等载人交通运输方式对创新地理的重塑效应分析不足。

近几十年来，以克鲁格曼为代表的新经济地理学派对区域产业集聚和经济增长进行了深入的分析。在著名的核心—边缘模型中，克鲁格曼指出劳动力的可移动性和商品运输成本是经济增长和产业集聚的重要驱动因素（Krugman，1991）。相较于其他传统运输方式，高速铁路虽然几乎不具备货物运输功能，但是却可以以更高的效率和速度承载劳动力等生产要素实现跨区域流动，因此也能够给区域经济和社会发展带来深远的影响。

目前，学者们已经对高速铁路的区域经济社会效应进行了广泛的探索，但是相关研究仍存在一定局限性。一方面，学界关于高速铁路引起的均衡与极化效应尚未达成共识。虽然新经济地理学指出商品运输成本与产业集聚呈"倒 U 形"关系，但由于高速铁路主要提供客运功能，几乎不具备货运能力，所以无法将核心—边缘模型对交通和产业集聚的分析结果直接应用于高速铁路。另一方面，至今仍缺少一个完整的理论框架，系统归纳高速铁路对创新地理的综合效应及作用机制。新经济地理学主要从劳动力的可移动性和商品运输成本角度分析交通对经济和产业集聚的影响，关于高速铁路等载人交通运输方式对创新活动空间集聚的作用分析不足，相关理论体系和研究框架仍有待补充与完善。

（2）邻近动力学

邻近动力学派指出，地理邻近对创新网络形成的决定作用，为高速铁路的创新地理重塑效应提供了理论支撑，但是在实证研究层面，高速铁路对区域创新的影响及作用机制研究仍然有限。

随着时代发展和科技进步，单一个体越来越难以高效率地完成复杂的创新任务，以多元主体相互合作和优势互补为基础，从而实现"1+1>2"效果的协同创新逐渐发展成为创新的重要模式。在演化经济地理学领域，以 Boschma（2005）为代表的邻近动力学派提出多维邻近性理论，从理论层面分析了认知邻近（cognitive proximity）、组织邻近（organizational proximity）、社会邻近（social proximity）、制度邻近（institutional proximity）和地理邻近（geographical proximity）对创新网络形成的决定性作用，受到了学界较为广泛的认同。

近年来，虽然不断有研究从地理邻近性角度分析和检验高速铁路对区域创新的影响及作用机制，但相关实证研究仍存在一定局限性。一方面，高速铁路对区域创新的影响效应研究多局限于对创新产出水平的分析上，包括测度高速铁路开通对城市创新产出水平和城市间合作创新产出水平的影响，而关于高速铁路对区域创新内容及区域创新分工的作用研究不足。另一方面，高速铁路对区域创新的影响机制研究多局限于对创新要素的分析上，包括识别高速铁路对人才、资本等创新要素流动与集聚的影响，而关于高速铁路对创新主体的空间重分布效应研究不足。

(3) "流空间"理论

流空间重构传统地理时空思维，网络化为创新地理学以及高速铁路网络效应的研究提供新视角和新方法。

1989年，Castells首次提出"流空间"概念，旨在强调随着信息通信技术（information and communications technology，ICT）的发展，传统地理时空思维将得到重构，即由静态的场所空间（space of place）向流动的流空间（space of flow）转变（Castells，1989）。同样作为现代科技发展的产物，高速铁路虽然无法像ICT一样能够使多种"流"进行瞬间的移动，但从运输效率和运行速度角度评价，其相较于传统交通运输方式也产生了革命性的进步。随着高速铁路每天承载大量的人流、信息流和资金流在区域间频繁快速移动，流空间将逐渐发展成为区域空间形态中占主导地位的空间逻辑（孙中伟和路紫，2005）。

在Castells的理论体系中，"流"的概念和"网络"的概念相互交织而形成一个有机整体。网络由一系列节点或中心被各种类型的流连接在一起所形成，而流空间是一种由不同类型的流占据支配地位的网络空间形态，包括知识流、技术流、资金流等。相较于传统的场所空间思维，流空间更加关注网络节点之间的相互作用，强调从网络演化视角分析区域空间形态的发展过程。创新地理学恰好是一门研究创新主体和创新要素空间流动与集聚的学科（甄峰等，2001），但是目前关于高速铁路对区域创新的影响研究多围绕高速铁路的开通效应展开。因此，流空间思想和网络分析方法能够为高速铁路对区域创新空间格局的网络效应研究提供强有力的方法和技术支撑。

1.1.2　研究问题

首先，本研究特别强调"网络"一词，旨在表明研究注重分析高速铁路线路从无到有、从形成到发展的连续过程及其对区域创新空间格局的动态影响。目前，绝大多数关于高速铁路连通地区经济社会效应的研究，仅对高速铁路的"开通效应"进行识别，通过0/1赋值区分未开通高速铁路的城市和已开通高速铁路的城市，但是却忽视了已开通高速铁路城市在网络中位置的差异性，缺乏对高速铁路"网络效应"的准确测度。此外，当前的绝大多数研究只是以网络节点（即城市）作为研究对象，缺乏针对网络中节点连线及网络整体结构特征和演化规律的系统性分析。为了全面识别并测算高速铁路网络对区域创新空间格局的影响，构建我国高速铁路网络和区域创新空间格局的网络化模型，分别分析两个网络的结构特征和发展演化规律，系统探究两者的动态耦合关系及因果关系。

其次，本研究强调"区域协同创新"一词，旨在表明研究将综合地全面地分析区域创新活动在我国的空间分布和发展规律，为《国家创新驱动发展战略纲要》所做的"优化区域创新布局"任务部署提供对策建议。具体来说，本研究将从区域创新产出水平、区域创新合作和区域创新分工三个维度对我国区域创新的空间格局进行解构。其中，区域创新水平研究主要关注不同地区的创新产出情况及其影响因素；区域创新合作研究主要分析区域内合作创新关系的建立与发展及其影响因素；区域创新分工研究主要通过描述各城市在不同领域的创新情况，反映区域创新的专业化和多样化发展趋势，以及城市间的创新内容关联性，并探明其主要影响因素。

最后，本研究将围绕"网络效应"展开，不仅测算高速铁路网络对区域创新水平、区域创新合作和区域创新分工的影响效果，还将深入解析高速铁路网络实现这一系列影响的具体路径。目前，关于高速铁路对区域创新作用机制的研究仍然比较缺乏，相关文献都试图从面对面交流理论或者知识溢出角度对高速铁路的影响路径进行解释，但是受限于数据可获得性较差等原因，这些分析的说服力和严谨性相对不足。事实上，创新活动的发生离不开个人、企业、高等院校、科研机构等创新主体的参与，通过分析这些创新主体的空间分布和联系情况，可以有效揭示区域创新地理的形成原因和发展规律。本书将聚焦产业这一关键创新主体，通过分析产业在高速铁路网络作用下的空间集聚与空间关联状态，及其空间集聚与空间关联对区域创新水平、区域创新合作和区域创新分工的影响，揭示高速铁路网络对区域创新空间格局的作用机制。

1.1.3 研究意义

1.1.3.1 现实意义

1）系统分析我国区域创新空间格局的动态发展过程，为提升区域创新水平、推动区域协同创新提供对策建议。目前，关于国家创新网络的长时序动态研究十分有限，对区域创新的描述仍主要局限于数量维度，缺少对区域创新内容及区域创新分工的深度挖掘。通过全面分析 2008～2015 年我国区域创新空间格局的动态发展过程，衡量各城市的创新产出水平及其在区域创新网络中的角色和地位，了解各城市之间的创新合作与分工关系，探究决定区域创新空间格局发展演化的关键因素。相关研究结论将为提升区域创新产出水平、推动区域创新合作和合理分工提供切实可行的对策建议。

2）准确识别高速铁路网络对区域创新和产业空间格局的重塑作用，为高速铁路网络的合理规划和运营提供对策建议。目前，从网络视角出发对高速铁路经济地理重塑作用的研究仍然十分有限,导致学界和社会对高速铁路网络建设的经济外部性认识不足,不利于推动我国高速铁路网络与区域经济社会协同发展。将结合网络分析技术和计量经济学方法,准确识别并测算高速铁路网络对我国区域创新和产业空间格局的影响效果。相关研究结论有助于总结高速铁路建设和运营的成功经验,为提高高速铁路网络规划的科学性和合理性提供决策支持。

1.1.3.2　理论意义

1) 全面探究高速铁路网络对区域创新空间格局的影响,为高速铁路的创新地理重塑效应提供来自中国的证据。近年来,随着现代交通和知识经济的发展,高速铁路与创新两大主题受到了学者们的广泛关注,逐渐成为经济学和地理学领域的热门研究话题。至今,系统探究高速铁路网络与区域创新空间格局动态关系的研究仍然十分有限。一是研究内容方面,现有研究大多仅关注高速铁路开通对城市创新水平或城市间合作创新强度的影响,缺少对区域创新主体、区域创新内容及区域创新分工等方面的深入分析。二是研究方法方面,现有研究大多采用计量经济学模型进行实证检验,缺少从网络视角出发对高速铁路网络和区域创新网络结构特征、发展演化规律及动态耦合关系的定量评价。近二十多年来,我国高速铁路网络和区域创新网络均取得了巨大的发展,本书将从数量和内容、结构和联系等角度全面探究高速铁路网络对我国区域创新空间格局的影响,包括区域创新产出水平、区域创新合作和分工等,相关研究结论将为高速铁路的创新地理重塑效应提供来自中国的证据。

2) 提出高速铁路网络效应的测度框架和方法,探究高速铁路网络演化对区域创新空间格局的非线性和非均衡影响。当前大部分关于高速铁路经济社会效应的研究仅评估了高速铁路的开通效应,即通过 0/1 赋值区分未开通高速铁路的城市和已开通高速铁路的城市,然后通过双重差分等计量经济学模型检验高速铁路开通这一外生冲击对区域人口、经济、产业或环境等某一方面属性的影响。这种研究思路的局限性在于将开通高速铁路的城市进行同等对待 (均被赋值为1),忽视了高速铁路网络中节点地位不同的城市可能受到的异质性影响,导致对高速铁路网络影响效果的测量偏差。本书将结合社会网络分析技术和计量经济学模型,提出准确测度高速铁路网络效应的思路与方法,即分别从点、线、面等维度构建中心性、连通性、网络密度等指标,描述高速铁路网络形成及发展演化的全过程,探究高速铁路网络对区域创新空间格局的非线性和非均衡影响。

3) 聚焦产业集聚和产业分工的中介效应,解释高速铁路网络对区域创新空间格局的作用机制。目前,关于高速铁路对区域创新空间格局的作用机制研究仍然十分有限。一方面,原因在于大多数文献仍局限于从创新产出数量层面识别高速铁路的作用，限制了研究的视角和范围；另一方面，原因在于数据可获得性较差，难以反映高速铁路对于人才、知识、资本等创新要素动态流动的影响。所以，当前绝大多数研究仅能从面对面交流理论或者知识溢出角度解释高速铁路对区域创新空间格局的作用。事实上，分析创新要素的流动规律并不是揭示区域创新空间格局形成和演化动力机制的唯一渠道，创新主体的空间分布和空间关联同样可以有效映射创新活动的空间格局。本书将聚焦产业这一关键创新主体，首先基于相关文献和理论研究成果，对"高速铁路—产业—创新"的微观经济机制展开理论分析，之后通过分析产业在高速铁路网络作用下的集聚和分工情况，及其集聚和分工对区域创新水平、区域创新合作与区域创新分工的影响，验证高速铁路网络对区域创新空间格局的作用机制。

1.2 关键概念、研究时间和研究范围

1.2.1 关键概念

1.2.1.1 高速铁路与高速铁路网络

自1964年日本东海道新干线开通以来，高速铁路开启了客运交通的现代化时代。此后，德国、法国、意大利等欧洲国家纷纷投资建设高速铁路，到21世纪初中国开始大规模修建高速铁路，并在十余年间发展成为里程和运量世界第一的国家，高速铁路成为人们城际出行最常使用的交通方式之一。

所谓高速铁路，既不单指铁轨，也不单指列车，而是一套能让列车高速运行的铁路系统。不同国家对高速铁路的定义不尽相同，即便在我国，不同文件也提出了不同的高速铁路判断标准。例如，原国家铁路局发布的《高速铁路设计规范（试行）》将基础设施设计速度为250~350km/h的铁路定义为高速铁路，而国家发展和改革委员会发布的《中长期铁路网规划》则将设计速度在200~350km/h范围的铁路定义为高速铁路。如果采取《高速铁路设计规范》提出的高速铁路判断标准，我国第一条高速铁路是2003年通车的秦沈客运专线，而如果采取《中长期铁路网规划》提出的高速铁路判断标准，我国第一条高速铁路则是2008年通车的京津城际铁路。除了以速度定义高速铁路外，在我国还有一种依据车次号区分高速铁路和普通铁路的方法。国内普遍认为，车次号以"G""D""C"开头的列车为高速铁路列车，而以"Z""K""T"等其他字母开头的列车为普通铁路列车（Duan et al., 2020）。为了方便后续研究对城市间高速铁路运营班次

进行统计，本书将采用最后一种高速铁路判断方法。

根据对网络节点和节点连线的不同定义，高速铁路网络可以有不同的表现形式，如由轨道和车站构成的高速铁路基础设施网络（也称高速铁路物理网络），以及由不同车次运行线路和停靠站点构成的高速铁路运营网络。为了全面了解我国高速铁路网络的结构特征和动态演化规律，以我国境内地级及以上城市为节点，以城市间高速铁路连通情况为边分别构建2008~2015年我国高速铁路物理网络和高速铁路运营网络。

1.2.1.2 协同创新

协同创新是企业、政府、知识生产机构等为了实现重大科技创新而开展的大跨度整合的创新模式。协同创新以知识增值为核心，通过国家的引导和机制安排，促进创新主体各自发挥优势能力，整合互补性资源，实现优势互补，推动创新成果及转化的产业化活动。协同创新可以有效地集聚创新资源和创新要素，打破创新主体间的界限和壁垒，充分释放创新主体间人力、资本、信息、技术等创新要素的活力而实现深度合作。跨区域协同创新能够有效促进资源在不同区域间流动聚集，推动创新资源从区域内共享转向区域间共享，实现资源的优化配置，进一步推动区域间创新的共同发展以及协调发展。

1.2.1.3 区域创新系统

区域创新系统是由多个子系统组成的复合系统，是国家创新体系的核心组成部分，是一个结构复杂、功能多样的复杂社会系统。广义而言，区域创新系统是一个由区域经济系统、社会系统和自然生态系统构成的相互作用的有机整体，其本质是通过企业生产活动和自然生态系统发生物质、能量和信息交流（王莉静，2010）。从狭义上来看，区域创新系统是区域环境条件下各创新要素的集合系统，是通过区域内各种创新主体及政府部门、中介机构等的交流与合作而形成的复杂系统（张英辉，2010）。其中企业、高等院校、研发机构等是创新的主体部分，主体间的知识具有异质性，构成区域间以及区域内创新协同的基础元素。区域创新系统的良性运作是系统内各主体在政策及政府战略的指导下，通过彼此间的相互合作、相互协调以实现系统整体创新效应的过程。

1.2.1.4 创新与区域创新空间格局

著名经济学家熊彼特在其著作《经济发展理论》中首次阐明创新在经济增长中的重要作用，指出"创新就是将原始生产要素重新排列组合为新的生产方式，以求提高效率、降低成本的一个经济过程"（Schumpeter，1921；杨权，

2009）。自熊彼特提出创新理论以来，关于创新的研究经历了技术创新、制度创新、企业创新、全球创新、国家创新、区域创新等一系列研究主题。其中，区域创新指"在特定地域范围内发生的所有创新活动和创新成果的总称"①。

《国家创新驱动发展战略纲要》在"战略任务"部分作出了"优化区域创新布局，打造区域经济增长极"的重要部署，并进一步强调要"聚焦国家区域发展战略，以创新要素的集聚与流动促进产业合理分工，推动区域创新能力和竞争力整体提升"。结合理论与现实背景，本书将从"区域创新空间格局"（the spatial pattern of regional innovation）的角度着手分析，从而揭示我国区域创新在空间上的分布、关联状态及发展演化规律。具体来说，"优化区域创新布局"的内涵解释包括以下几个方面：

1）"区域"主要交代了研究的空间尺度和空间范围。在学术研究中，"区域"指代的范围十分广阔，既可以指城市内部某一角落，又可以指国家乃至世界的某一片区。《国家创新驱动发展战略纲要》在优化区域创新布局的具体安排中，先后提到"东部地区""中西部地区""京津冀""长江经济带""北京、上海"的创新发展策略。因此，本书认为，小到城市，中到城市群、地区，大到国家整体都应该被纳入"优化区域创新布局"的研究范畴之内。

2）"创新"主要交代了研究对象。虽然"创新"一词的内涵十分广泛，可以包括科技创新、制度创新、管理创新、商业模式创新、业态创新和文化创新等多方面内容，但是通过分析《国家创新驱动发展战略纲要》在相关章节所作的具体任务部署，如"加快先进适用技术推广和应用""联合组织技术攻关""提升京津冀、长江经济带等国家战略区域科技创新能力"，可以判定"优化区域创新布局"中的"创新"主要指科技创新。

3）"空间格局"主要交代了研究视角和研究内容。一方面，"空间格局"一词表明本研究将从空间视角出发，分析区域创新在空间上的分布和联系。另一方面，《国家创新驱动发展战略纲要》中"布局"一词强调的是对事物的全面规划和安排，主动性和规划性特征比较突出。而本研究将"布局"替换为"格局"，旨在表明本研究着重分析的是区域创新空间分布和关联的现实状态及其背后的客观规律。

综上所述，本研究将"区域创新空间格局"界定为，以城市为最基本分析单元的创新活动的空间分布和关联状态及其发展规律与动力机制。此外，结合《国家创新驱动发展战略纲要》做出的"构建各具特色的区域创新发展格局""跨区域整合创新资源""打造区域创新示范引领高地"等三方面任务部署，本研究将从区域

---

① 《经济学名词》，全国科学技术名词审定委员会（2020 年）。

创新水平、区域创新合作与区域创新分工三个维度对我国区域创新的空间格局展开系统研究,这三个维度全面覆盖了区域创新的数量与内容、结构与联系。

1.2.2　研究时间和研究范围

研究考虑到,如果根据国家铁路局发布的《高速铁路设计规范》,将设计速度250km/h及以上的铁路定义为高速铁路的话,那么我国第一条高速铁路应当为2003年开始运营的秦沈客运专线。但是自2003年以后,我国高速铁路线路数量停滞不前,直到2008年又有4条新的高速铁路线路建成通车,我国才真正迎来了高速铁路时代。从2008年开始,我国高速铁路网络以每年至少新增5条线路的速度不断发展。因此,选择以2008年作为研究的起始时间。

研究所使用的发明专利数据获取于2019年1月,考虑到发明专利从申请到公开通常需要2~3年时间,故将研究截止时间确定为2015年,以保证数据的完整性和研究的可靠性。

研究范围为我国地级及以上城市①,考虑到研究时间段内行政区划调整及部分少数民族自治地区数据缺失,最终将全国282个城市纳入研究范围。此外,研究对象(尺度)涉及城市、城市对及城市群。

1.3　研究方法、数据来源和技术路线

1.3.1　研究方法

本研究将主要使用4种研究方法:①社会网络分析技术;②大数据处理和网络爬虫技术;③地理信息技术;④计量经济学模型;⑤数学建模与仿真(表1-1)。

表1-1　本书主要研究方法

方法	用途
社会网络分析技术	网络建模、网络分析
大数据处理和网络爬虫技术	数据处理、数据统计、数据分析
地理信息技术	空间可视化、地理分析
计量经济学模型	影响效应测算、作用机制检验
数学建模与仿真	机理分析、实践仿真

---

① 本书研究范围暂不包括香港、澳门和台湾地区。

（1）社会网络分析技术

近年来，关于复杂网络（complex network）的研究逐渐深入，各种网络分析手段应运而生。社会网络分析（social network analysis，SNA）技术是一种以图论和数学方法为基础，通过挖掘"关系"数据拆解网络结构的定量分析方法，被广泛应用于现实世界各种大型复杂系统的研究之中。本研究将基于复杂网络和社会网络分析中的"中心性"和"网络密度"概念，对我国高速铁路网络和区域创新网络的节点结构与整体结构展开定量分析，基于二次指派程序（quadratic assignment procedure，QAP）对各年度高速铁路网络和区域创新网络的相关系数进行交叉计算。作为社会网络分析的常用软件，社会网络分析软件——UCINET提供了计算中心性、网络密度和网络相关系数的功能模块，本书中绝大多数网络指标都由其计算得出。

（2）大数据处理和网络爬虫技术

本研究将基于全国发明专利数据反映区域创新产出情况，该数据集共包含两千余万条数据，其中每条数据又分别包含专利类别、申请号、公开号、申请日、公开日、申请人、发明人、地址、国省代码、摘要、主权项、页数、主分类号、专利分类号等丰富信息。对于如此海量的数据，传统的数据统计和分析软件已经难以满足本课题研究需求。为了实现研究目标，本研究将基于 Python 进行程序设计，提取专利中的申请时间、申请人、地址和分类号等信息，描述区域创新产出的数量、内容、水平与关系。

此外，由于专利数据仅提供第一个申请人的地址信息，为了查询其他申请者所在城市，还将基于 Python 设计网络爬虫程序，在商业信息查询平台"天眼查"网站（www.tianyancha.com）爬取企业、高校、科研院所等机构申请者的注册地址。

（3）地理信息技术

地理信息系统（geographic information system，GIS）是一种可用于输入、存储、查询、分析和显示地理数据的计算机系统，近年来被广泛应用于经济地理学等学科的研究之中。基于 ArcGIS 软件，本研究一方面将对研究中涉及的地理数据进行提取和分析，如计算城市间路网距离、城市平均坡度等指标；另一方面将对部分研究内容进行空间可视化呈现，如高速铁路网络和区域创新网络的空间拓扑结构以及区域创新水平的层级结构等。

（4）计量经济学模型

计量经济学模型在检验变量间的因果关系时仍被视为一种最为有效的工具方法。本研究将通过倾向得分匹配（propensity score matching，PSM）、双重差分模型（difference-in-differences model，DID）、双向固定效应模型（two-way fixed effects model）、工具变量（instrumental variable，IV）等计量经济学常用方法检验高速铁路网络对区域创新空间格局的影响效果，通过中介效应模型（mediating effect model）中的逐步因果法（causal steps approach）检验高速铁路网络对区域创新空间格局的作用机制。

（5）数学建模与仿真

数学建模与仿真法通过数学工具对现实问题进行分析和模拟，使所研究问题更加接近现实。博弈模型（game theory model）是研究在决策制定者之间相互作用的情况下，如何选择策略以最大化其利益，探讨决策者之间的冲突、合作、竞争及协同优化的一种数学方法。系统动力学（SD）仿真通过数学建模来分析系统中各个变量之间的关系以及随时间变化的动态行为。

1.3.2　数据来源

本研究将主要使用5类研究数据：①专利数据；②高速铁路数据；③工商企业数据；④城市经济和社会统计数据；⑤地理数据（表1-2）。

表1-2　本书主要使用的研究数据

数据	来源	用途
专利数据	国家知识产权局	描述区域创新的空间格局
高铁数据-1	中国研究数据服务平台	描述高速铁路网络建设情况
高铁数据-2	《全国铁路旅客列车时刻表》	描述高速铁路网络运营情况
工商企业数据	国家市场监督管理总局	描述产业空间集聚和空间关联情况
城市经济和社会统计数据	《中国城市统计年鉴》等	收集控制变量
地理数据	资源环境科学与数据中心	收集工具变量

（1）专利数据

专利是创新成果的最主要表现形式之一，也是世界上最大的技术信息来源。专利数据具有公开性、及时性、易与不同领域或空间比较等优点。本书对区域创新空间格局的描述主要以专利数据为基础。研究所使用数据来源于国家知识产权局的专利公开系统，共计2800余万条专利数据。其中，每条专利数据分别包含专利类别、申请号、公开号、申请日、公开日、申请人、发明人、地址、国省代码、摘要、主权项、页数、主分类号、专利分类号等字段，可以有效反映每一项创新活动发生的时间、地点、创新主体和创新内容等信息。本研究将基于此数据分别反映区域创新产出水平、区域创新合作关系及区域创新分工情况。

（2）高速铁路数据

研究使用的高速铁路数据主要包括两部分：

第一部分数据来源于中国研究数据服务平台（CNRDS，www.cnrds.com），该数据集包含高速铁路列车信息、高速铁路车站开通时间以及高速铁路线路信息。其中，高速铁路列车数据包括列车车次、出发站、到达站、出发时间、到达时间、运行时间、里程等字段；高速铁路车站开通时间数据包括各高速铁路站点名称、开通时间、所属地区和所属线路名称等字段；高速铁路线路数据包括高速铁路线路名称、开通时间、线路长度、设计速度和沿途主要车站等字段。本研究将基于此部分数据描述我国高速铁路网络的建设情况，提取城市首次开通高速铁路时间、城市间高速铁路连通状态等信息。

第二部分数据来源于铁道部（现中国国家铁路集团有限公司）发布的《全国铁路旅客列车时刻表》。该时刻表包含每列铁路列车的运行路线和时刻信息，首先收集 2008~2015 年该时刻表的纸质印刷版本，之后手工录入电脑之中，采取自行编程方式统计城市间高速铁路列车班次，描述我国高速铁路网络的运营情况。最后，基于以上两部分数据分别构建 2008~2015 年我国高速铁路物理网络和高速铁路运营网络。

第三部分数据来源于相关部委发布的交通统计年鉴，包括《中国交通年鉴》《中国铁道年鉴》等。

（3）工商企业数据

工商企业数据来源于国家市场监督管理总局的企业登记网上注册系统，共包含自 1995 年以来全国 4039 万条工商企业注册数据，涵盖国民经济所有行业的注册企业。每条数据分别包括企业名称、成立日期、企业地址、注册资本、股东数量、所属行业等字段。根据研究需要，本研究将统计每个城市每年各个行业新增和合计的工商企业数量，通过构建各类指标反映产业的空间集聚和空间关联情况。

（4）城市经济和社会统计数据

城市经济和社会统计数据来源于《中国城市统计年鉴》《中国科技统计年鉴》《中国区域经济统计年鉴》《中国统计年鉴》《国民经济和社会发展统计公报》（历年）等全国及地级市尺度统计数据，并从中提取与城市创新产出相关的信息，包括各城市的经济发展水平、外商直接投资水平、科教支出、劳动力数量、产业规模和结构等，作为相关计量经济学模型的控制变量。

（5）地理数据

从中国科学院资源环境科学与数据中心（http://www.resdc.cn）收集包括地级市级行政区域地理边界、数字高程模型等在内的地理数据，借此计算城市的平均地理坡度等指标，作为相关计量经济学模型的工具变量。

1.3.3 技术路线

围绕高速铁路网络对区域创新空间格局的影响及作用机制，本研究将依次开展理论分析、网络分析、效应测算和机制检验，具体技术路线如图 1-1 所示。

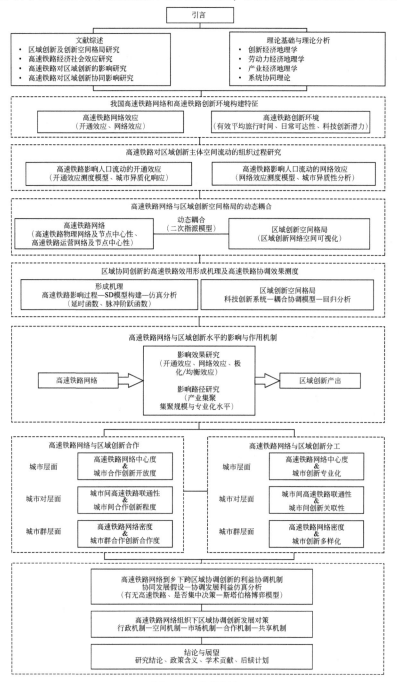

图 1-1 章节框架

第 2 章　文献综述和理论分析

本章将首先介绍国内外关于高速铁路经济社会效应和区域创新空间格局的最新研究成果，总结当前研究的主要特点和不足之处；之后梳理与本书研究内容直接相关的经典理论——新经济地理学、劳动力地理学和产业地理学等，构建高速铁路网络通过对产业和劳动力的空间重分布效应影响区域创新空间格局的理论框架；最后提出针对本书拟研究问题的理论分析和理论假设，归纳待检验的实证问题。

2.1　文　献　综　述

2.1.1　区域创新及创新空间格局研究

创新是一个知识发现和技术创造的过程，早期的创新活动往往具有独立、范围小、层次低等特点（朱琛，2020）。现如今，随着全球化进程和科学技术不断发展，区域间知识溢出和技术扩散愈加频繁，网络化正成为区域创新空间格局最主要的表现形式。区域创新网络以一个个地理空间单元为节点，以地理空间单元之间的创新联系为边构成，是理解区域创新空间格局形成原因和发展演化规律的重要媒介。本节从创新网络结构、创新网络产出和创新网络演化等方面回顾相关研究进展。

2.1.1.1　创新网络结构

关于创新网络的概念，Freeman（1991）提出"网络是为了系统创新而形成的一种制度安排，是市场和组织相互渗透的形式，其基本连接机制是企业间的创新合作关系"；Cooke（1996）提出"互利、互信、学习、伙伴、分权构成了创新网络的基本关系"；童昕和王缉慈（2000）提出区域创新网络是由地方创新主体之间通过长期合作和交流后所形成的一种相对稳定的系统。

网络嵌入性是创新网络结构研究关注的重点内容之一（Balland et al., 2016）。嵌入性概念最早由 Polanyi（1944）提出，指的是经济行为与社会网络之间的联系，可以用网络三元闭包的数量及其变化趋势来表示。在创新网络中，网络嵌入使创新主体聚合、整合和分配知识资源的能力提升（Rowley et al.，2015），创新主体可以通过从可信赖的合作伙伴那里获得高质量信息而受益，同时降低合作的风险和不确定性，由此进一步促进网络中知识的产生和流动（Gernot，2002）。例如，Michelle（2007）研究发现知识社群成员通过社交网络接触到越来越有价值的信息；Ba 等（2021）研究发现城市的知识网络嵌入深度和嵌入广度对城市创新产出具有积极影响。一般来说，更大的知识网络嵌入深度意味着城市的知识库更接近整个领域知识体系的核心，城市创新者掌握更多的核心技术，从而获得更多的技术创新优势（Ahuja and Katila，2001；Boh et al.，2014）；而更大的知识网络嵌入广度意味着城市可以搜索到更多其他的知识元素，为知识的组合和新知识的创造提供更多机会（Brennecke and Rank，2017）。

创新主体及其之间的相互作用构成了创新网络的基本分析单元。不同主体在规模、能力、性质等方面的特点决定了其在创新网络中的角色和地位，而不同主体之间的相互关系决定了网络的整体结构。20 世纪 60 年代，社会学家 Harison White 等创立的社会网络分析（social network analysis，SNA）理论将"关系"视为重点分析对象，使用图论和数学方法描述网络结构特征，被广泛应用于社会学、经济学、管理学、计算机科学、行为科学等领域的研究之中。社会网络分析可以从多种不同角度解构创新网络，包括中心性分析、凝聚子群分析、核心—边缘结构分析等（Yao et al.，2020）。例如，Krätke（2010）利用网络密度、网络凝聚力和网络中心性调查了德国大都市区专利合作网络的结构特征；Maggioni 和 Uberti（2009）通过社会网络分析研究了欧盟各国在区域创新网络中的地位；Yang 和 Liu（2020）通过社会网络分析研究了我国低碳创新活动的空间相关性。

2.1.1.2 创新网络产出

目前，关于创新网络产出的研究主要可以分为以下两个方面：一是多维邻近性对创新产出的影响；二是网络结构对创新产出的影响。

（1）多维邻近性对创新产出的影响

社会学家认为人们倾向于结交具有相同性别、种族、年龄和教育水平的朋友，因此社交网络通常基于以上属性构建而成。社会学家将人们彼此相近的属性称为同质性（homophily），而在创新领域的研究中，学者们则习惯将创新主体之间相近的属性称为邻近性（proximity）（Boschma and Martin，2010）。

20 世纪 90 年代以来，邻近性理论在邻近动力学派的推动下得到迅速的发展，邻近性研究也从单一的地理邻近扩展到多维邻近。例如，Torre 和 Rallet（2005）将除地理邻近之外的所有邻近整合到组织邻近之中，使用组织邻近和地理邻近解释创新网络的形成；Knoben 和 Oerlemans（2010）将多维邻近整合为地理、技术和组织等三个维度；Boschma（2005）从理论层面上分析了地理邻近、认知邻近、组织邻近、社会邻近及制度邻近对创新网络的影响，受到了学界较为广泛的认同。

地理邻近是最早被研究的一类邻近性。尽管现如今全球化和信息化不断向前推进，但地理邻近仍被认为是创新网络形成的主要推动力（Hoekman et al.，2009）。学者们普遍认为知识溢出和技术扩散更可能发生在地理距离较近的单位之间（Paci and Usai，2009）。因为创新活动离不开隐性知识（tacit knowledge）的传递，而隐性知识传递通常需要依赖创新主体之间面对面的接触，长距离增加了旅行时间和成本，而地理邻近则更有利于人们的沟通和交流。例如，Fernández等（2016）通过研究欧盟内大学间合作发表论文情况，发现地理、认知、制度、社会和经济距离在科研合作中发挥着重要作用，指出地理邻近的作用机制主要体现在降低人员沟通成本，提高隐性知识转移、物质资源运输的便利性，降低协同创新的风险与成本等方面。然而，也有观点认为过度的地理邻近可能削弱当地创新主体吸收外部知识的能力，从而导致路径依赖并被锁定在区域内（Boschma，2005）。例如，Ba 等（2021）研究发现地理距离对创新网络的产出具有"倒 U型"影响。早年间，区域间的空间距离常被用于衡量地理邻近性（Ejermo and Karlsson，2006；Scherngell and Barber，2011），但是随着现代交通和通信技术的发展，绝对空间距离的影响逐渐减弱，时间距离成为描述地理邻近性更为有效的指标（Hoekman et al.，2009）。

认知邻近反映了两个创新主体共享同一知识库的程度。知识的有效转移需要创新主体具有识别、解释和利用新知识的能力（Cohen and Levinthal，1990），创新主体之间的认知基础应该与新知识足够接近，这样才能促使彼此顺利地交流、理解和协作，否则将增加沟通成本，不利于知识溢出和技术扩散（Chuluun et al.，2017）。例如，Morrison 等（2004）研究发现，产业集群内不同公司因为认知方面的差异而在知识网络中扮演着不同的角色，一些公司充当枢纽，另一些公司则因缺乏理解和利用外部知识的能力而与其他公司联系不畅；Nooteboom（2007）研究发现认知邻近是研发联盟形成的重要决定因素，然而，过度的认知邻近也可能减弱区域间知识的丰富性，降低知识融合的可能性。

社会邻近反映了两个创新主体具有友好关系的程度。当创新主体之间形成基于友谊、亲戚关系或通过反复互动的信任时，它们的社会邻近性就会提高。社交网络是知识交流的重要载体，社会亲近感增强了组织之间的信任，降低了不确定性、交易成本和发生冲突的风险（Cassi and Plunket，2014）。因此，社会邻近在知识溢出和技术扩散中起着重要作用，知识社群成员通过社交网络能够接触到更多新的信息。

制度邻近是指各创新主体共享相似制度背景的程度（Cassi and Plunket，2014）。正式制度（如法律）和非正式制度（如文化规范和价值观）都会影响创新主体之间协调彼此行为的程度和方式（Boschma and Martin，2010）。当各创新主体拥有相似的行为规则和价值观时，他们之间更容易产生互信感，从而降低关系中的不确定性和交易成本，并促成各方针对同一项目的合作（Lorentzen，2009）。例如，Ahmad and Hall（2017）研究发现具有相似制度的国家之间更容易实现经济交往与学术交流。

组织邻近反映两个创新主体受共同组织控制的程度。创新主体需要强有力的控制机制来确保对创新成果的所有权及其投资的充分回报，而市场通常不具备完成这些任务的全部能力。因为当涉及复杂而长期的研究合作时，合作各方都难以确定将要开展的工作及将来取得的回报，所以无法签订正式的合同。而组织邻近减少了这种不确定性和机会主义行为，因此被认为更有利于创新网络的建立（Boschma and Martin，2010）。

除了分析各维度邻近性对创新网络的独立影响外，学者们也尝试分析它们之间的替代和互补效应。从替代的角度看，地理邻近不是知识共享或协同创新的充分必要条件（Torre and Rallet，2005），其他邻近也有可能取代地理邻近对于创新网络的作用（Agrawal et al.，2008；Maggioni et al.，2007）。例如，Cassi 和 Plunket（2014）研究发现组织邻近、社会邻近和地理邻近扮演着相似的角色，因此是可以相互替代的；Torre 和 Gilly（2000）研究发现制度邻近和认知邻近达到一定程度时，创新网络对地理邻近的依赖就会降低。从互补的角度看，其他地理邻近可以降低面对面互动的必要性，而地理邻近可以在制度、认知和技术邻近的建立和加强方面发挥催化作用。例如，Teng 等（2021）研究发现组织邻近性对中国光伏产业创新网络的形成起到直接而重要的作用，而地理邻近性的作用相对较弱，并且随着地理距离逐渐增加，组织邻近的作用将进一步增强；Liu 等（2020）研究发现地理邻近、认知邻近、制度邻近和技术邻近共同决定了中国绿色创新网络的形成。

（2）网络结构对创新产出的影响

除了多维邻近性，学者们还尝试分析网络嵌入性、节点中心性、结构洞（structural holes）、聚类系数（clustering coeffcient）等网络结构指标对创新网络产出的影响。社会网络理论认为，拥有众多联系的参与者比联系较少的参与者掌握更多的社会资本，而社会资本将提高创新主体的受信任程度和基于信任的创新合作可能性，由此进一步提高其创新产出。例如，Ba 等（2021）计算并发现城市在合作创新网络中的影响力及城市本地知识网络在整个知识网络中的嵌入深度和嵌入广度都与其创新产出成正相关关系；Yao 等（2020）计算了城市在区域创新网络的度中心性、邻近中心性、结构洞及聚类系数，通过负二项回归模型发现度中心性和结构洞对城市创新绩效具有正向作用，而邻近中心性和聚类系数的作用则不明显；Morrison 和 Rabellotti（2009）研究发现企业在创新网络中的地位决定了知识流的动态；白俊红和蒋伏心（2015）研究发现区域间创新要素的动态流动有利于知识溢出，能够提高区域创新绩效。

2.1.1.3　创新网络演化

随机网络（random network）通常具有两个重要特征：一是网络中节点度数分布遵循正态分布；二是网络中两个节点被连接的概率完全独立于这两个节点是否通过第三个节点间接相连。不同于随机网络，创新网络通常被认为是一种结构化网络（structured network）。因为创新网络中通常会观察到节点度分布偏斜的现象，即少数节点具有较高的度数，而大多数节点具有较低的度数，这在复杂网络中也被称为无标度特征。此外，创新网络还具有明显的聚类特征，在创新网络中经常可以见到创新主体间的三角形关系（triangle relationships）。

Boschma 和 Martin（2010）采用优先连接（preferential attachment）和闭合（closure）两个机制解释创新网络节点间的度数差异和聚类发展的变化过程。其中，优先连接主要指网络中新增节点更倾向于同网络中度数较高的节点优先建立联系，因为后者能够使前者以较短的路径同网络中其他节点建立联系；而闭合主要指新的网络关系通常是从现有关系中产生的，即一个创新主体将自己的一位合作伙伴介绍给另一位合作伙伴，从而使他们之间建立新的合作关系。Ter Wal（2013）通过研究 1970~1995 年德国生物技术合作创新网络的发展过程，验证了闭合是推动网络形成和演化的关键动力。作者还发现，随着生物技术行业从知识探索阶段过渡到产品开发阶段，闭合对网络发展变得越来越重要。因为闭合机制能够增进合作者之间的互信程度，减少机会主义行为的发生，而在产品开发阶段，随着规范化的知识转化成产品或服务，合作伙伴双方的信任及避免机会主义行为将变得尤为重要。

此外，Ter Wal 和 Boschma（2009）还提出了关于创新网络演化的生命周期观点：①随着某个行业的不断发展及行业知识的逐步规范化，创新网络关系的平均地理距离预计会逐渐增加；②创新网络中节点被淘汰的可能性与其网络中心度负相关，而这意味着随着时间的推移，网络中节点平均中心度会增高；③随着行业内公司数量的先多后少，创新网络密度会逐渐提高；④尽管全球化不断推进，但局部创新网络关系仍会随时间推移而变得越来越紧密。

2.1.1.4 小结

综上所述，作为区域创新空间格局的重要表现形式，学界对于创新网络的形成、发展和演化过程及其驱动因素进行了深入的研究，这些文献为本书提供了以下三方面启示。

（1）研究视角方面

在当今这样一个全球化和信息化时代，创新的主要模式正逐渐从独立创新向协同创新转变（De Souza et al., 2015），城市间创新关系对区域创新空间格局的影响越来越重要，而"网络化"能够为分析区域创新空间格局提供恰当的研究视角。

（2）研究方法方面

计量经济模型和社会网络分析技术是创新网络研究中最常使用的两种方法，两者各有优势和不足。其中，计量经济模型可以有效识别自变量与因变量之间的因果关系，并同时分析多种变量的共同作用，但因为复杂网络中的节点关系通常不相互独立，所以最小二乘法等参数估计方法无法直接应用于多个网络的动态耦合关系检验之中；而社会网络分析技术提供了分析网络结构特征的多维视角和多元指标，可以定量描述网络的动态演化过程，但其通常仅能识别两个网络之间的相关关系，而无法证明两者之间的因果关系。

（3）研究数据方面

专利数据因包含信息内容丰富、获取相对容易等特点，为大量的创新领域研究所使用，被视作衡量创新产出的最重要指标之一（Ba et al., 2021；Csomós and Tóth, 2016；Maisonobe et al., 2016；Ortega and Aguillo, 2013；Guan et al., 2015；Potter et al., 2020；Yao et al., 2020）。专利数据既可以反映个人、企业、高校等创新主体的创新绩效，又可以汇聚到不同空间尺度之上衡量区域创新产出水平，还可以描述创新的具体领域和内容，将在本书关于区域创新水平、区域创新合作和区域创新分工的研究中发挥重要作用。

2.1.2 高速铁路的区域经济社会效应研究

自 1964 年日本新干线开通以来，高速铁路开启了客运交通的现代化时代。因为速度快、载客量大、节能环保等特点，高速铁路不仅为人们城际旅行提供了一种更加快捷高效的交通方式，还给区域经济社会发展带来了一系列复杂而深远的影响。截至目前，学界对于高速铁路的区域经济社会效应已经进行了广泛的探索，并取得了丰富的研究成果。结合本书的研究问题和研究内容，本小节将围绕高速铁路的时空压缩效应、人口再分配效应和产业结构调整效应展开文献综述，系统归纳高速铁路经济社会效应研究的思路、方法和局限性。由于相关内容涉及的研究尺度较广，本小节将主要筛选在开放城市体系下进行的实证研究，忽略城市空间内部、车站等其他尺度的研究。

2.1.2.1　高速铁路的时空压缩效应

高速铁路的时空压缩效应是其他经济社会效应的前提和基础。作为反映时空压缩的重要指标，可达性（accessibility）概念最早由 Hanson（1959）提出，指依靠某种交通方式从某一地点到达指定地点的难易程度。可达性描述了某一区域与外界区域交流联系的机会和潜力，高速铁路网络中区域可达性的衡量通常采用加权旅行时间、路网距离、经济潜力等方法。围绕高速铁路网络对区域可达性的影响，学者们已经基本达成共识。一方面，随着高速铁路的开通，沿线城市的可达性将显著提升，城市的市场规模和经济潜力将逐渐扩大（Shaw et al.，2014；Liu and Zhang，2018）；另一方面，因为高速铁路网络不能覆盖所有地区，所以随着高速铁路网络发展，区域可达性将呈现明显的空间分异特征，未开通高速铁路的城市将逐渐成为边缘城市（Jiao et al.，2014）。

除了提高沿线城市的可达性，高速铁路的时空压缩效应还体现在加速各类生产要素的跨区域流动上。Cheng 等（2015）以欧洲西北部高速铁路网络及中国珠江三角洲地区高速铁路网络作为研究对象，发现高速铁路开通显著降低了城市之间的通行时间，提升了城市之间的客流量。Lin（2016）以我国高速铁路网络为研究对象，通过计量经济学模型发现高速铁路开通显著提升了沿线城市的交通客运量，其中轨道交通客运量提升最为明显，公路交通客运量提升幅度较小，而航空客运量则显著降低。此外，还有学者基于社会网络分析方法计算城市在高速铁路网络的度中心性（degree centrality）、接近中心性（closeness centrality）和介数中心性（betweenness centrality），分别反映城市的连通性（connectivity）、可达性（accessibility）和传递性（transitivity），分析高速铁路网络发展对不同城市的差异化影响。

整体而言，根据作用效果划分，高速铁路网络时空压缩效应的作用对象主要包括三类：第一类是未接入高速铁路网络的边缘城市；第二类是接入高速铁路网络的普通节点城市；第三类是接入高速铁路网络并成为网络枢纽的中心城市。随着高速铁路网络不断发展，这三类城市的连通性、可达性和传递性将发生不同的变化，由此也将导致它们的经济社会发展受到不同的影响。为了方便起见，本书将后两类城市统称为高速铁路沿线城市。目前绝大多数文献都将研究重点放在高速铁路对边缘城市和高速铁路沿线城市的作用效果上，忽视了高速铁路对于普通节点城市和网络中心城市的差异化影响。

2.1.2.2 高速铁路的人口再分配效应

高速铁路不仅可以在短期内促进人口跨区域流动,还能够在长期内改变人口的空间分布格局。学者们对于高速铁路的人口再分配效应研究已久,但是目前在某些问题上仍未形成共识,其矛盾主要体现在不同城市受到高速铁路影响的差异性上。一部分研究认为,随着高速铁路的开通,沿线所有城市的人口都能获得增长。例如,Murayama(1994)研究发现日本新干线开通以后,人口不断由非沿线城市向沿线城市集聚。覃成林等(2014)以我国高速铁路网络为研究对象,发现高速铁路开通能够显著促进沿线城市的人口和劳动力增长。

而另一部分研究则认为,即使都处在高速铁路沿线,不同城市也会受到高速铁路网络的异质性影响。例如,王赟赟和陈宪(2019)研究发现在我国东部地区,高速铁路使沿线中小城市人口数量增多,而沿线大城市人口数量没有明显变化,但是在经济相对欠发达的中西部地区,高速铁路却显著提高了沿线大城市的人口数量,而降低了沿线中小城市的人口数量。Chen 和 Hall(2011)研究发现,1971~2001 年,伦敦 2 小时交通圈以内的高速铁路沿线城市和非高速铁路沿线城市的人口均出现增长,而伦敦自身及伦敦 2 小时交通圈以外的高速铁路沿线城市人口则呈现下降趋势。吴嘉贤和刘修岩(2022)分析了高铁对农村人口流动的影响,发现高铁开通所引发的异地迁移效应并不明显。

关于高速铁路对人口空间分布格局的作用机制,王赟赟和陈宪(2019)提出高速铁路开通引起的市场可达性提高是沿线城市吸引人口集聚的关键因素,而之所以不同地区城市的人口变化情况不同,是因为经济发达地区的中心城市在人口承载力方面已达到极限,由此给了普通节点城市更多的人口增长机会,而经济欠发达地区的中心城市人口承载力还未达到极限,故仍可以不断地从其他城市吸收人口。柳泽等(2015)认为高速铁路通过改善沿线城市的交通可达性提升当地企业的利润空间,进而提高企业劳动力需求以及劳动力价格,从而吸引更多劳动力集聚到高速铁路沿线城市。Lin(2016)提出高速铁路开通所引起的城市市场潜力提升将导致城市客运量和就业人数显著提高,尤其是旅游业、技术密集型产业,以及依赖于非常规认知技能的行业就业提升最为明显。综上所述,高速铁路沿线城市可达性的提升是人口集聚的外在原因,而可达性提升引起的市场规模和经济潜力扩大是人口集聚的内在原因。值得注意的是,这里的市场既包括劳动力市场,又包括相关产业的供需市场。

2.1.2.3 高速铁路的产业结构调整效应

高速铁路的时空压缩效应和人口再分配效应是区域产业重构的直接动力。目前关于高速铁路产业结构调整效应的研究主要从城市的产业构成角度分析高速铁路的开通效应。一部分研究将重点放在第三产业上，认为随着高速铁路沿线城市人口集聚，当地市场规模和市场潜力逐渐扩大，各种类型的服务业将迎来发展机会。例如，Shao 等（2017）研究发现高速铁路列车班次的增加会提高城市服务业集聚水平，其中生产性服务业受到的正向作用最大，而消费性服务业和公共服务业受到的影响则不显著。同时，作者们还进一步发现高速铁路对于沿线中小城市服务业集聚的正向作用更加明显，这在一定程度上说明高速铁路有助于服务业从沿线大城市向沿线中小城市扩散。董艳梅和朱英明（2016）研究发现高速铁路的开通促进了沿线城市餐饮、酒店、零售等消费性服务业和信息、软件等高附加值生产性服务业的发展。此外，还有许多研究专注于高速铁路对旅游业发展的影响，认为高速铁路为旅客出行提供了便利，有高速铁路停靠的城市当地旅游业将获得明显的进步（Campa et al.，2016；Gao et al.，2019；Yin et al.，2019）。

另一部分文献则将研究范围扩大至第二产业。例如，Chang 等（2021）研究发现随着粤港澳大湾区高速铁路网络发展，大型制造企业呈现分散趋势，而服务业则不断集聚。Dai 等（2018）以京沪高速铁路为研究对象，以区位熵反映城市特定产业的专业化程度，发现高速铁路开通所引起的城市市场潜力增长将显著提升高速铁路沿线城市及其腹地制造业、建筑业、信息传输业、房地产业、租赁业及教育和科研的专业化水平。对于已开通高速铁路的城市来说，高速铁路显著提升其制造业、信息传输业、金融业等11个行业的集聚程度；对于未开通高速铁路的城市来说，高速铁路则显著降低其电力业、交通运输业等13个行业的集聚程度。他们认为随着高速铁路网络发展，知识密集型、资本密集型和技术密集型产业将不断向高速铁路网络节点城市集聚。此外，Xiao 等（2020）、Lin 和 Xie（2020）、Xiao 和 Lin（2021）研究发现高速铁路对于沿线城市制造业升级具有促进作用。Cheng 等（2015）则对比了欧洲和中国高速铁路网络发展对区域产业结构的差异化影响。经研究发现，欧洲的高速铁路网络显著提高了沿线节点城市及其腹地公共管理、住房等多部门的就业人数，以及金融和房地产部门的就业增长率；中国的高速铁路网络则显著提高了沿线节点城市及其腹地制造业的就业人数。因此，作者们认为高速铁路对于城市产业集聚与专业化发展的作用具有不确定性。

关于高速铁路对区域产业结构调整的作用机制，罗能生等（2020）提出高速铁路一方面能够提升沿线城市对人才的吸引能力，提高当地就业水平，使城市聚集更多的信息流、知识流、技术流和资金流，从而带动当地知识技术密集型和资本密集型产业的发展；另一方面能够打破资源要素流动壁垒，提升区域间经济社会联系，使资源要素能在更广阔的空间范围内有效配置，进而推动产业合理布局。邓慧慧等（2020）提出高速铁路在促进资源要素区际流动的同时，通过规模经济、技术创新和资本劳动力配置优化等三条路径影响区域产业布局。李建明等（2020）则认为高速铁路的客运属性是导致铁路沿线城市生产性和生活性服务业集聚的关键因素，同时高速铁路引起的知识溢出和技术扩散效应有助于相关产业提效升级。但是，随着资源要素不断向高速铁路沿线的大城市集聚，企业地租成本和劳动力成本不断上升，将导致低端制造业企业迁移到中小城市。张军等（2021）分析了县域高铁开通对农村劳动力转移的情况，研究表明，交通基础设施建设有利于降低劳动力流动成本，促使地区劳动力向非农产业转移了3%。

2.1.2.4 小结

通过梳理高速铁路时空压缩效应、人口再分配效应以及产业结构调整效应的相关文献，可以从以下三个方面得到启示。

（1）研究对象方面

目前绝大部分研究都选择以城市作为主要研究对象，缺少对于城市之间相互作用以及城市网络整体发展情况的分析。例如，相关研究仅关注高速铁路对于城市人口和产业的集聚效应，却忽视了高速铁路对城市间人口流动和产业关联的影响。随着交通基础设施和信息通信技术的发展，流空间逐渐成为区域空间形态中占主导地位的空间逻辑，城市间相互作用及城市网络演化研究应给予更多的关注。

（2）研究方法方面

当前研究广泛采用实证经济学方法，包括倾向得分匹配、双重差分模型、工具变量模型等。这些模型虽然能够有效识别开通高速铁路城市和未开通高速铁路城市在高速铁路开通前后的差异变化，从而测算出高速铁路的"开通效应"，但是由于同等对待所有开通高速铁路的城市，忽略了不同城市在高速铁路网络中的位置差异，导致无法测算出高速铁路对区域经济社会发展的"网络效应"。

（3）研究内容方面

现有研究主要关注高速铁路对于城市某一方面经济社会属性的影响，如劳动力数量、产业结构和经济产出，尚未将这些属性联系在一起，探讨高速铁路对于区域经济社会发展的系统影响，也缺少从城市网络视角出发对城市间分工和合作关系的深入研究。与此同时，现有文献在有些关键问题上仍未形成统一的研究结论，如高速铁路对于区域发展的极化与均衡效应，以及各类资源要素在高速铁路网络中的集聚和扩散规律等。相关研究在理论和实证层面都有进一步拓展的空间。

2.1.3 高速铁路对区域创新的影响研究

2.1.3.1 高速铁路对区域创新的影响效果

目前，学者们主要从数量维度测度高速铁路对区域创新产出的影响效果。通过梳理相关文献，可以发现当前学界主要存在两种观点：一是认为高速铁路将为区域创新产出带来极化效应；二是认为高速铁路将为区域创新产出带来均衡效应。所谓极化效应，是指随着高速铁路网络发展，人才、资金等创新要素不断向中心城市集聚，中心城市创新产出提高的同时，边缘城市的创新产出降低，由此导致区域创新水平的空间失衡；所谓均衡效应，是指随着高速铁路网络发展，人才、资金等创新要素得以在中心城市和边缘城市之间自由流动，中心城市与边缘城市通过相互合作，共同提高各自的创新产出水平。

围绕高速铁路网络对区域创新产出的极化效应和均衡效应，学者们从多角度出发进行了广泛的探索。诸竹君等（2019）以我国规模以上工商企业为研究对象，以企业专利申请量表示企业创新水平，以企业专利类型及被引用量表示企业创新质量，通过倾向得分匹配和双重差分模型发现高速铁路开通对相应城市企业的创新水平和创新质量均具有显著提升效果，且该正向效果在空间上存在"U型"曲线关系，即距离创新和资本中心（北京、上海、深圳）相对更近和更远的企业受到的积极影响更大。谭建华等（2019）以我国A股非金融上市公司为研究对象，以公司专利申请量表示公司创新产出，以公司研发费用表示公司创新投入，通过DID模型发现高速铁路开通对相应城市企业的创新投入和创新产出均产生正向作用，经过异质性检验发现高新技术企业、非国有企业、融资约束较低的企业及处在市场竞争较激烈行业的企业受到的正向作用更为显著。吉赟和杨青（2020）以我国A股上市公司为研究对象，以公司专利申请量和授权量表示公司创新产出，通过DID模型发现高速铁路开通对相应城市公司创新产出具有正向作用，并且位于大中城市、处于高创新强度行业的公司受到的正向作用更大。Zhang等（2020）以我国A股非金融上市公司为研究对象，以公司专利授权量表示公司创新产出，以公司研发费用表示公司创新投入，以公司专利申请量与创新投入之比表示公司创新效率，通过DID模型发现高速铁路开通对相应城市公司的创新投入、产出及效率均具有正向作用，并且这些正向作用对于非国有公司、规模较小的公司及处在对知识产权保护更好地区的公司更加显著。傅卫东和汪宏华（2019）通过DID模型实证分析我国高校专利申请和授权的省际面板数据，发现高速铁路开通显著提高高校专利申请和授权数量，且科研基础较差省份的高校受到的正向作用更显著。他们认为高速铁路开通影响高校创新的机制主要包括两方面：一是促进高校与外部组织合作创新；二是促进信息、资金和人才向高速铁路开通城市的高校集聚。

在以城市作为主要研究对象的文献中，石敏俊和张雪（2020）通过 DID 模型发现高速铁路提升了沿线节点城市的创新水平，但在城市规模上存在门槛效应，100 万人口以下的城市受高速铁路开通的正向效应并不显著，同时在空间上还存在圈层效应，距离中心城市（北京、上海、广州）两小时以内的城市受高速铁路开通的正向作用更为显著。刘芳（2019）通过空间计量模型发现高速铁路开通对城市创新水平有积极影响，并且这种积极影响在人口规模不等的大中小城市均显著存在，其中城区人口超过 100 万的城市在开通高速铁路后创新水平提升最大。卞元超等（2019）通过 DID 模型发现高速铁路开通对我国东部地区城市创新水平具有正向作用，而对中西部地区城市的作用则不显著，此外作者还发现高速铁路开通拉大了高速铁路网络节点城市与非节点城市的创新水平差距。张雪（2019）通过面板分位数回归发现高速铁路开通后，创新水平较低的城市受到的积极影响要强于创新水平较高的城市，说明高速铁路开通将缩小高速铁路网络节点城市间的创新水平差距。郭立宏和冯婷（2019）通过 DID 模型发现高速铁路开通对中小人口规模的城市、中高产品市场化的城市、中低要素市场化的城市创新水平的正向作用更显著。林晓言和李明真（2020）通过 DID 模型发现高速铁路开通及高速铁路服务强度对城市创新水平具有正向作用，并且核心城市受到的正向作用更大。刘国燕和李涛（2021）通过空间计量模型发现高速铁路开通对我国东部地区城市创新水平的正向作用更为显著。Komikado 等（2021）通过分析日本高速铁路网络，发现高速铁路经停城市的创新水平获得显著提升。

除了专利数据，学者们也尝试寻找其他数据源衡量区域创新水平。例如，杨思莹和李政（2020）以《中国城市和产业创新力报告 2017》中的城市创新指数衡量城市创新水平，通过 DID 模型和空间计量模型发现高速铁路开通具有"俱乐部效应"，即开通高速铁路城市之间的创新水平差距逐渐缩小，而开通高速铁路城市与非开通高速铁路城市的创新水平差距逐渐拉大。何凌云和陶东杰（2020）基于同样的数据，通过双向固定效应模型发现高速铁路开通对于沿线非中心城市（非直辖市、省会城市及副省级城市）的创新产出具有正向作用。

以上文献均是从节点维度探究了高速铁路开通对于城市创新产出水平的作用，此外还有少部分文献从节点之间的相互关系维度出发，分析高速铁路连通对城市间合作创新强度的影响。例如，Dong 等（2020）基于 Web of Science 科研论文数据库，通过 DID 模型发现高速铁路连通促进了城市间的科研合作和科学论文的引用数量。Wang 和 Cai（2020）以城市间联合申请发明专利数量衡量城市间合作创新强度，通过 DID 模型发现高速铁路连通促进了城市间合作创新，其中高水平创新城市和低水平创新城市之间的合作创新提升最为明显，说明高速铁路有助于缩小城市间创新水平的差距。

2.1.3.2 高速铁路对区域创新的作用机制

目前关于高速铁路对区域创新作用机制的研究依然较为缺乏，少数研究尝试从高技能劳动力、知识技术、资本等创新要素流动层面进行解释。Wang 和 Cai（2020）提出两条高速铁路影响城市创新水平的路径：一是高速铁路开通加速了劳动力等要素的流动；二是高速铁路开通促进了城市间的合作创新。Zhang 等（2020）研究发现高速铁路建设可以提升企业创新投入、产出和效率，进而提高企业创新水平，此外，作者们还认为高速铁路可以促进信息流动并提高企业监控能力，可以通过减少融资约束、加强人才流动及增加机构投资者的实地考察来刺激企业创新。Duan 等（2020）研究高速铁路和航空构成的交通网络对不同城市企业间风险投资的影响，发现城市间通行时间的缩短，以及高速铁路和航空班次的增加提高了城市间风险投资的笔数、金额及新被投资企业的数量，其中新兴产业风险投资、小规模风险投资及初创企业风险投资受到的正向作用更强，由此可能对区域创新水平产生积极影响。Gao 和 Zheng（2019）研究发现高速铁路通过激发企业家对创新和知识产权保护重要性的认识、开拓创新渠道及市场规模效应等路径促进沿线城市企业进行创新。Dong 等（2020）提出高速铁路既促进了高技能劳动力之间的面对面交流，又改变了高技能劳动力的城市选择和空间分布，进而影响区域创新产出。Chen 和 Hall（2011）研究发现高速铁路开通引起的时空压缩效应有助于区域间知识溢出，通过促进知识密集型产业的发展提高城市创新水平。

国内文献方面，龙玉等（2017）在调查高速铁路开通与风险投资关系的过程中提出高速铁路开通所引发的时空压缩效应有利于知识等"软信息"的传播，这在促进风险投资的同时，也有利于区域创新活动的开展。王雨飞和倪鹏飞（2016）认为高速铁路网络在全国的普及打破了知识流动在空间上的限制，提高了知识技术的传播速度。郭进和白俊红（2019）基于面对面理论，提出高速铁路开通提高了技术和知识的传播效率，促进企业的专利产出。

2.1.3.3 小结

综上所述，围绕高速铁路对区域创新的影响及作用机制，学者们已经进行了一定的探索。但是可以看到，当前研究仍存在明显的局限性。具体来说，在分析高速铁路对区域创新的影响效果时，几乎所有研究都只从数量维度分析高速铁路开通后城市或城市对（city-pair）的创新产出变化，导致研究内容高度同质化。但与此同时，这些研究的结论存在一定矛盾，主要体现在对高速铁路极化和均衡效应的不同观点上。实际上，对区域创新空间格局的系统分析不应该只局限于创新产出水平，还应该关注各城市的创新领域和具体内容；不应该只局限于城市间的创新合作，还应该关注城市间的创新分工；不应该只局限于城市和城市对维度的分析，还应该关注区域创新网络的整体结构特征及动态演化规律。

此外，在分析高速铁路对区域创新的作用机制时，绝大多数研究都试图从创新要素流动的角度给出合理的解释。但是，表征人才、资金、知识、技术等创新要素动态流动的数据有限，导致现有的大多数作用机制研究可靠性和严谨性不足。实际上，除了创新要素的流动与集聚，创新主体的空间分布也可以在一定程度上解释区域创新空间格局的形成机制和发展规律，而这一研究视角尚未引起学者们的足够重视。

2.1.4 高速铁路对区域创新协同的影响研究

信息是区域创新的原材料和源泉，高速铁路开通为信息在区域间的流转提供高速通道，促进知识流动，增加知识的区域可达性。Petruzzelli（2011）通过对企业及高等院校专利申请的研究指出，地理间的临近性是产学研合作创新绩效的重要影响因素。Fan 等（2020）认为交通基础设施促进城市间的合作并推动创新协同发展，区域内协同创新和区域间协同创新都促进了区域创新效率的提高。杨陈和徐刚（2016）基于效应理论的视角，研究了对协同创新机制产生影响的因素，研究表明地理位置临近性等对隐性知识的供求匹配度具有显著正向影响，高速铁路开通压缩了区域间的时空距离，使地理距离的影响大大减弱。高速铁路增加了区域间协同创新的选择，而技术创新合作溢出行为具有较强的空间邻近偏好（李文辉等，2021）。

高速铁路改善了区域交通基础设施条件，加快了区域协同一体化发展的进程，缩减了区域间的发展差距。促进区域经济协同的关键在于加快欠发达区域的经济发展进程，强化区域间的经济联系，促使区域经济形成密切联系、相互促进的发展关系（张敦富和覃成林，2001）。众多学者的研究表明，高速铁路可以有效改善区域交通状况，破除交流隔阂，增强区域间的可达性，从而降低信息和物质的交易成本，吸引资源要素流入，促进发展成果的溢出。同时高速铁路开通带动了区域间的互联互融，有利于缩小区域间发展差距，促进区域一体化进程，进而带来区域间发展的协同，形成协调发展新局面。区域协同发展的主题是区域间经济的协同，其核心是讨论区域间的经济关系而不是区域内的经济发展，促进区域间协同发展的主体应该是中央政府（姜文仙和覃成林，2009）。

此外，区域创新系统协调发展是区域协同发展的必然要求之一，进一步挖掘高速铁路对其作用机制具有深层次的现实意义。朱桃杏和陆军（2015）从高速铁路对创新的集聚、交流、扩散角度分析了高速铁路对区域创新协调的作用机制，并基于"投入-产出"理论，应用 DEA 方法对高速铁路作用下的区域创新效率作出判断。高速铁路是实现互联互通，促进国内外统筹发展的重要载体。张恒龙和陈方圆（2018）运用计量分析方法研究了高速铁路对沿线区域经济增长、可达性及经济潜力的影响，并在此基础上，就高速铁路对区域协同发展的影响展开探讨。研究表明高速铁路促进了 GDP 的提高，增强了城市间的可达性，扩大了中心城市的腹地辐射范围。董同彬（2017）通过对珠江三角洲地区进行研究发现，发展高速铁路经济不仅可以大大改善珠江三角洲的交通状况，而且可以对经济发展、社会建设、人口流动、旅游等产生重要影响，进而影响区域的协同发展水平。总体来说高速铁路开通能够显著提高城市的创新水平，但对不同规模等级和地理区位创新的影响具有异质性，这会在很大程度上影响不同区域创新的协同性。石敏俊和张雪基于 264 个地级市的数据研究发现一方面高铁网络对区域创新存在城市规模的门槛效应，城市规模越大，作用越明显；另一方面高速铁路开通对城市创新的作用存在空间上的有效区间，根据受影响程度由深到浅依次为距中心城市 2 小时圈层、1 小时圈层和 3 小时及以上圈层。基于此，高速铁路线路规划要充分考虑到城市规模与地理区位的差异影响，科学布局高铁站点，形成城市间协同创新的空间形态，促进共同发展。

2.2 理论基础

在 2.1 节对相关文献的研究内容、方法和结论进行梳理后，本节将对与研究主题相关的经典理论进行归纳和概括。其中，新经济地理学重点关注创新活动的空间格局和发展规律，与研究主题紧密相关；而产业地理学和劳动力地理学分别阐明了产业和劳动力空间流动与空间集聚的规律和效应，能够为本研究关于高速铁路网络对区域创新空间格局作用机制的研究提供理论支持。

2.2.1 新经济地理学相关理论

创新是一种具有嵌入性特征的交互式学习过程，包括社会嵌入性和空间嵌入性，因此对创新活动的研究不能脱离具体的社会和空间背景（贺灿飞，2021）。自熊彼特在其著作《经济发展理论》中提出创新的内涵和价值以来，创新经济学受到各领域学者广泛的关注，在研究过程中，越来越多证据表明创新活动在空间上的分布具有规律性。因地理学重点关注人地关系和区域系统，为分析创新活动空间规律及效应提供了理论和方法支撑，由此诞生了新经济地理学这一学科分支（Feldman，1994）。甄峰等（2001）指出新经济地理学主要是研究人才、知识、技术、信息等创新要素在时间和空间上分布组合的规律、机制和效应的一门学科。

2.2.1.1　创新的空间集聚

新经济地理学认为创新活动具有空间集聚特征，即创新活动往往集中在特定的区域。国内外学者主要以创新投入、创新产出及创新主体等作为观测对象，对创新的空间集聚特征进行描述和分析。其中，创新投入经常以自变量的形式纳入知识生产函数，用于检验知识溢出效应，主要包括研发人员和研发费用等（Jaffe，1989）；作为区域创新最直接的成果之一，专利被学者们广泛用于创新产出的识别和度量（Godin，2002）；创新主体的空间分布和空间关联是新经济地理学区别于其他子学科关注的重点领域，因为企业、高等院校、科研机构等创新主体与创新活动密切相关，而其空间分布往往具有规律性。例如，Audretsch 和 Feldman（1996a）认为新企业的成立可以在一定程度上反映创新活动；Malecki（1985）以新企业的数量描述美国大都市区的创新活动；Jaffe 等（1993）研究了美国商业产品创新在各州的空间分异特征，发现创新活动主要集中在加利福尼亚州和东北部各州，而中西部的创新活动较少。此外，创新经济地理学理论认为区域创新水平主要受区域"技术基础设施"条件影响，包括研发投入、相关行业企业、商业服务、高等院校、科研机构等（Feldman，1994）。

创新活动之所以表现出地方性集中的特点，首要原因在于知识具有本地性。Polanyi（1958）将知识分为两类，分别是显性知识（也被称为编码知识）和隐性知识（也被称为缄默知识或默会知识）。其中，显性知识主要指能够通过书面文字、数学公式或图表表述的知识，人们可以通过编码对其进行直接传递；隐性知识主要指未被表述的、无法通过编码进行传递的知识，通常只可意会，不可言传。创新活动既依赖于显性知识，又离不开隐性知识，而隐性知识因无法被编码，在传播过程中会受到更多的时空阻碍，其距离衰减特性更加明显。而且，隐性知识通常需要针对某一特定问题进行讨论才能得出并进行传递，往往依赖于讨论者之间面对面的交流。这与 2.1.1 节提到的创新多维邻近性理论观点一致，即隐性知识在具有相近距离、相似组织和制度背景以及紧密社会关系的主体之间更容易传播。创新集聚的另一原因在于企业、高等院校、科研机构、高技能劳动力等创新主体往往具有空间集聚性。通过集聚，创新主体将享受到包括降低搜寻成本、提高匹配效率，以及知识溢出和技术扩散在内的一系列好处（Feldman，1994）。

2.2.1.2 创新的空间扩散

创新活动除了具有地方性集中特点外，往往还表现出全球性传播特征（贺灿飞，2021）。现如今，随着人类科学技术不断进步，单一个体往往难以独立完成重大的创新任务，创新活动越来越依赖于多元主体间的知识分享和技术传播。在新经济地理学中，与创新空间扩散相近的概念是知识溢出，贺灿飞（2021）将其定义为"个人、企业、区域和国家之间发生的知识流动、转移或扩散"，Bathelt 等（2004）提出知识通过"全球通道"（global pipeline）在区域间传播，Maggioni 等（2014）基于专利引用数据分析区域知识流动，发现随着知识流动加剧，区域创新水平逐渐提升。

最早对创新空间扩散与知识溢出的研究可以追溯到 20 世纪 50 年代。通过对农业创新空间扩散过程的研究，Hägerstrand 提出创新三阶段空间扩散模式，即新技术在第一阶段首先传播到中心城市，随后在第二阶段扩散到周边和次中心城市，最后在第三阶段到达次中心城市周边。Hägerstrand 还总结了创新空间扩散的三种基本类型，分别为感染扩散、等级扩散和空间位移扩散。其中，感染扩散主要指知识技术由原点向外、随距离增加而逐渐衰减的扩散过程；等级扩散主要指知识技术越过地理邻近的低等级城市，优先向等级和规模相近的城市流动，因为某些新的知识技术具有一定"认知门槛"；空间位移扩散主要指知识技术并没有向更多区域溢出，而是从一个区域位移到另一个区域，典型的例子是尖端技术人员移民导致的特定技术转移。

在 Hägerstrand 之后，Pred（1977）提出知识随城市等级体系由高到低的扩散机制，并且等级高的城市具有循环优势。Audrestch 等（1996）提出在技术生命周期内，创新活动具有不同的空间集聚与扩散规律，在初始阶段通常呈现集聚趋势，而在成熟阶段则趋于分散。Feldman 等（2015）通过研究美国 rDNA 技术的空间扩散过程，发现 rDNA 专利数量从 20 世纪 80 年代到 90 年代呈现 S 型曲线增长趋势，社会邻近性在 rDNA 技术扩散过程中扮演最重要的角色，即相关技术主要在专利合作者之间传播，而认知邻近性使技术早期主要在有相关技术基础的部分大城市之间传播。

关于创新空间扩散及知识溢出背后的动力机制，学者们认为产业集群产生的"本地蜂鸣"（local buzz）是一个重要的分析角度（Bathelt et al.，2004）。Keeble 等（1999）通过对英国高新技术企业的研究，提出企业衍生、企业间相互作用和高技能劳动力流动构成了知识技术流动的三种机制。Baptista 和 Swann（1998）研究发现产业集群能够引起学习效应，一家企业如果创新成功，那么它通常能带动其周边有合作关系的其他企业参与创新。Henry 和 Pinch（2001）通过对英国赛车城进行研究，发现产业集群与知识技术流动密切相关。

2.2.2 劳动力地理学相关理论

劳动力既是经济行为的关键主体，也是经济活动的基本要素，通常指具有劳动能力的人口（贺灿飞，2021）。将劳动人口视为生产要素的观点最早可以追溯到 18 世纪（Petty，1769），此后，从新古典经济地理学到新经济地理学都对劳动力进行了深入的分析，不同之处在于前者将劳动力看作是与土地、资源、资本一样的影响企业布局的区位要素（Clark et al.，2000），后者则进一步强调劳动力具有主观能动性，而非简单嵌入于经济社会背景或制度环境之中（Fleetwood，2011）。劳动力地理学作为一个学科分支，主要探讨劳动力在空间上对经济活动的参与和响应。由于该理论涉及内容较广，结合本书研究主题，本节主要介绍劳动力地理学中有关劳动力迁移规律、劳动力对产业与创新影响的相关理论成果。

2.2.2.1 劳动力迁移规律

劳动力迁移理论最早由 Ravenstein（1885）提出，他通过对英国国内的人口迁移过程进行研究，总结了七条劳动力迁移规律：一是距离对迁移产生影响；二是迁移具有阶梯性；三是人口吸收过程是以分散为代价的；四是每一股迁移流都会伴随反向迁移流；五是长距离迁移的目的地通常是较大的工商业中心；六是农村人口比城镇人口迁移地点更多；七是女性比男性迁移更加频繁。此后，Jackson（1969）提出劳动力迁移的推—拉理论，即有一系列因素构成人口移出的推力，如贫困、战争、政治压迫、环境危机等，还有一系列因素构成人口移入的拉力，如工作机会和生活环境等。Zelinsky（1971）提出迁移转型假说，指出人口迁移规律随经济社会发展阶段不同而变化，通过对北美洲和欧洲人口迁移情况的研究，他将人口迁移划分为五个阶段，分别是现代化前的传统社会时期、向工业社会转型初期、向工业社会转型晚期、发达的后工业社会时期和高度发达的社会时期。此外，诸如刘易斯二元结构模型（Lewis，1954）、拉尼斯—费景汉模型（Ranis and Fei，1963）、乔根森模型（Jorgenson，1961）以及哈里斯—拓达罗模型（Todaro，1969）都对劳动力在农业和工业等不同部门之间的迁移进行了理论分析。还有学者从社会网络视角对劳动力迁移规律进行研究，提出劳动力以社会、文化等多种网络为媒介实现迁移。

关于劳动力迁移的动机，劳动力地理学家认为经济因素是主要驱动力，此外，社会关系与区位环境因素也起着重要作用。Brown 和 Moore（1970）提出，劳动力会权衡其在迁入地与迁出地的效用，进而决定是否进行迁移，而效用的关键构成包括就业、薪资水平和生活成本（Greenwood et al., 1991）。此外，人们从一个地区迁出时，还可能考虑其社会资本受到的影响，特别是那些需要维系社会关系的劳动力（Ladinsky, 1967）。迁入地的社会文化、自然条件、生活舒适度等环境因素，也随着理论研究不断深入而被加入到迁移者的效用函数之中（Nelson and Nelson, 2011；Morrison and Clark, 2011）。另外，低技能劳动力和高素质劳动力的迁移驱动因素也存在差异，相较之下后者会更多考虑自身能力与潜在迁入地经济产业结构及劳动力市场需求的匹配程度（贺灿飞，2021），更关注当地的舒适性（amenity），如气候环境、公共服务和消费性设施等，甚至还有多元、开放的生活与工作氛围（Florida, 2002）。

2.2.2.2 劳动力对产业的影响

作为最重要的生产要素之一，劳动力与产业的关系密不可分。一方面，产业的空间分布格局受到区域劳动力成本、人力资本及劳动力技能匹配等因素的影响。早在韦伯的工业区位论中，劳动力成本就与货物运费等因素共同作用于工业企业的区位选择，也就是说，当劳动力成本节约大于货物运费增长时，工业企业就可能发生迁移。国内外案例都证明了劳动力成本低廉在吸引投资方面的作用（Barbosa et al., 2004；Kim and Kim, 2008；魏后凯等，2001）。

此外，区域人力资本同样对产业区位产生影响。人力资本不仅指劳动力的技能，还包括其身体健康状况和受教育水平等。高技能劳动力不仅能够为企业提供常规性劳动，还能促进企业知识技术流动，推动企业创新发展，提高企业生产效率（Benhabib and Spiegel, 1994）。国内外案例均表明企业往往更倾向于布局在人力资本丰富的地区（Coughlin and Segev, 2000；Cassidy et al., 2006；Cheng and Stough, 2006；Alama-Sabater et al., 2011）。

然而，劳动力成本和人力资本具有一定的对立关系，需要企业在两者之间进行权衡。一般来说，劳动力成本即工资，可以反映劳动力的人力资本水平（Basile et al., 2008），人力资本越高，往往意味着劳动力成本也越高。企业所处产业和承担职能不同，对两者的需求也不同。技术密集型产业对人力资本更为敏感，而劳动密集型产业则对劳动力成本更为敏感（Zucker et al., 1998）；研发部门一般更关注人力资本，而后勤部门则更关注劳动力成本（阎小培，1996）。此外，产业区位还受到劳动力技能匹配度的影响。Marshall（1920）提出，企业往往选址在其所需技能类型劳动力丰富的区域，同时，专业技能人才也会选择到与其技能匹配的产业区工作和生活。

另一方面，产业的升级、转移与联系也受到劳动力的影响。随着经济发展，区域劳动力成本和人力资本水平会逐渐提高，进而促使劳动密集型产业转移到劳动力成本相对较低的区域，本地企业将投入更多资本、技术要素来代替劳动力要素，实现产业升级转型（Hicks，1932）。而人力资本提高将促进区域知识和技术创新（Benhabib and Spiegel，1994，2004；Kerr，2013），为产业升级转型提供技术支撑。同时，劳动力收入增长还意味着消费需求增加，有助于扩大当地市场潜力，从需求侧推动当地服务业发展。还有研究表明，劳动力在迁移到新的地区后，可以借助其自身社会网络为迁入地和迁出地的产业联系提供支持（Saxenian and Sabel，2008）。

2.2.2.3 劳动力对创新的影响

高技能劳动力是创新的基本要素和重要主体。舒尔茨（Schultz，1939）将人力资本定义为"凝聚在劳动者身上的知识、技能以及他们所表现出来的劳动能力"（贺灿飞，2021）。目前，相关研究已经验证了人力资本与知识技术创新的正向关系（Benhabib and Spiegel，1994，2004；Kerr，2013）。劳动力地理学家还尝试分析高技能劳动力迁移对区域创新的影响。例如，Page（2007）提出技术密集型产业部门中多样化的人才集聚更能促进创新；Saxenian 和 Sabel（2008）、Foley 和 Kerr（2011）提出通过高技能国际移民网络，企业可以吸收和扩散知识，并取得进入国际市场的优势；Jacobs（1969）提出多样化外部性能够通过推动知识跨部门溢出而推动区域创新；Niebuhr（2010）研究发现欧盟国家高素质移民的数量与其创新水平呈正相关关系。

2.2.3 产业地理学相关理论

产业地理学主要研究产业活动的时空格局、演化规律、效应及机制等问题。自20世纪20年代以来，产业地理学经历了从区位论到新经济地理学的发展，关注内容从区位资源禀赋和交通成本等传统产业发展要素，逐渐转向到知识、学习、创新、制度、关系等新型发展要素（贺灿飞，2021）。企业是创新的重要主体之一，结合研究主题，本节主要梳理产业地理学关于产业空间分布特征、产业集聚形成机制，以及产业区位对创新影响的理论研究成果。

2.2.3.1 产业空间分布特征

自产业地理学诞生以来，"区位"这一描述产业活动空间分布特征的概念就受到学者们广泛关注（Clark et al.，2000）。古典区位论最早对各类产业的区位特点进行理论分析，包括德国经济学家杜能在1826年提出的农业区位论，指出利润最大化前提下农业生产空间的同心圆格局（Thunen，1826）；德国经济学家韦伯在 1909 年提出的工业区位论,指出成本最小前提下,工业企业在原料地、市场和劳动力等因素作用下的布局规律(Weber,1929);克里斯塔勒、廖什等经济学家在 1933 年、1940 年提出的中心地理论,对中心地的等级体系、分布模式、市场边界等进行了理论描述(Christaller,1933;Losch,1954)。

古典区位论主要基于新古典经济学的静态局部均衡法分析问题,而新古典区位论则尝试建立一般均衡模型对产业活动的空间分布特征进行研究(贺灿飞,2021)。诺贝尔经济学奖获得者俄林结合贸易理论和价格理论提出一般区位理论,指出不同区域因资源条件和生产要素价格差异而形成分工,进而促进区域间贸易。如果劳动力和资本可以自由流动,那么工业区位主要受运输成本影响;如果生产要素无法自由流动,那么工业区位主要受生产要素的相对价格影响(Ohlin,1933)。艾萨德基于替代理论分析产业区位并提出一般空间区位理论,指出要素流动会受到地理距离、交通运输成本等因素的空间摩擦,区域经济活动具有空间关联性和时间动态性,时空距离、要素成本、产品价格等因素共同决定了产业的空间分布特征(Isard,1956)。

此后,新经济地理学不断发展,进一步扩展了产业区位的理论体系。一方面,以诺贝尔经济学奖获得者克鲁格曼为代表的学者在垄断竞争市场、规模报酬递增和消费者偏好多样化产品等假设下,构建核心—边缘模型、城市体系模型以及国际模型,对经济活动的空间集聚、空间分异及城市发展等问题进行理论分析,指出当区域间贸易成本过高或过低时,规模经济不存在,产业分布趋于分散,而当贸易成本适中时,产业倾向于集中布局;制造业中心城市的人口增长和市场规模扩张对新城市形成具有决定作用;上下游企业为降低交通运输成本而形成专业化集聚与分工(Stiglitz,1977;Krugman,1991;Fujita et al.,1999;Krugman and Venables,1995;Fujita and Krugman,2004)。另一方面,在从地理学视角出发的新经济地理学理论中,学者们更关注文化、制度、关系网络以及历史等因素对产业区位的作用(贺灿飞,2021)。例如,Granovetter(1985)提出"嵌入性"理论,指出经济活动嵌入于社会文化之中;Boschma 和 Martin(2010)基于路径依赖理论,提出知识和创新是区域产业演化发展的关键因素。

2.2.3.2 产业集聚的形成机制

产业集聚是产业区位研究中最常见也最受关注的特征,指一定数量的企业在某一范围区域内集中以获得集聚外部性。马歇尔等将集聚外部性概括为知识溢出效应、劳动力市场共享效应以及形成中间产品市场效应等,这些效应将有助于企业降低搜寻、交通、生产和创新等各种成本(Marshall,1920;Rosenthal and Strange,2004)。此外,Baldwin 和 Okubo(2006)将产业集聚效应总结为集聚经济效应、人才选择效应和市场选择效应，而选择效应又可以分为主动选择效应（selection effect）和被动选择效应（sorting effect）。

早期对产业集聚形成机制的分析主要基于利润最高或成本最低原则，强调劳动力、资源、市场、交通的作用（Thunen，1826；Weber，1929；Christaller，1933；Losch，1954；Ohlin，1933；Isard，1956）。例如，Crafts 和 Mulatu（2005）提出运输成本是决定英国 19～20 世纪工业地理格局的关键因素；Klein 和 Crafts（2011）提出市场潜力和规模经济是美国同时期工业区位的决定因素；Galarraga（2012）提出比较优势和资源禀赋共同影响西班牙工业企业的空间选址。

此外，随着全球化、区域一体化，以及交通基础设施和信息通信技术的发展，地理区位、空间距离对产业活动的影响逐渐弱化，而知识和创新的作用逐渐加强，因其能够决定生产要素的利用效率（Dicken，2011）。演化经济地理学则将社会资本、社会关系网络等作为产业集聚的关键驱动因素（Coleman，1990；Harrison，1992）。Porter（1990）从管理学视角提出产业空间集聚可以加快信息传递，促进企业创新，而随着集群内部各企业之间相互交流与合作，产业集群整体将获得发展。新经济地理学理论认为，产业集聚的驱动力包括交通成本、市场潜力以及规模经济（Fujita and Krugman，2004），特别是交通成本与产业集聚呈"倒 U 形"关系。

随着研究不断深入，学者们又根据多样化程度将产业集聚细分为地方化经济（localization economy）和城市化经济（urbanization economy）。其中，前者主要指由同类产业空间集聚引起的行业内溢出效应，后者主要指由不同类型产业空间集聚引起的行业间溢出效应。

Henderson（2003）提出地方化经济形成的四方面机制：一是产业自身专业化引起的成本节约，即随着产业规模扩大，中间产品市场、金融市场及专业化服务将不断完善，从而降低企业成本；二是劳动力市场上的成本节约，即产业集聚能够降低劳动力搜寻、匹配和培训成本；三是交通和通信方面的成本节约；四是可以共享公共产品和服务。

Duranton 和 Puga（2001，2004）提出城市化经济形成的三方面机制，分别是共享、匹配及学习。其中，共享公共资源、劳动力、市场等均可提高企业效率，降低生产成本，还可以实现企业间风险共担；产品、市场和劳动力的高效匹配也有助于企业降低成本，提高收益；企业间相互学习促进了知识流动，而多样化的知识融合后更容易形成新的知识。类似的，Jacobs（1969）提出城市化经济带来的产业多样化有助于知识流动和溢出，促进区域创新活动。

演化经济学家进一步提出处在不同生命周期的企业对专业化与多样化的需求不同。其中，新兴企业更依赖于城市化经济，因为创业通常需要对多元产品和多样化知识技术进行融合，而成熟企业更依赖于地方化经济，因为规模化和专业化可以降低企业成本（Henderson，1997；Potter and Watts，2011；Neffke et al.，2011）。此外，演化经济学家还根据技术关联，即认知邻近性，将产业多样化分为相关多样化和不相关多样化，提出知识不会在任意两个无关的产业之间传递。Feldman 和 Audretsch（1999）提出学科基础相近的产业多样化更有利于企业创新和城市发展。Nooteboom（2000）提出认知距离太近或太远都不利于创新，太近容易产生路径依赖和锁定，而太远则降低沟通有效性。Porter（2003）提出技术关联的多样化产业比专业化产业更能促进区域发展。

2.2.3.3 产业集聚对创新的影响

根据内生增长理论，产业集聚通过知识溢出和技术扩散促进区域经济增长（Martin and Ottaviano，2001）。Fujita 和 Thisse（2003）通过构建两地区内生增长模型，发现随着产业集聚，创新速度将显著提高。Paci 和 Usai（2000）研究发现创新活动的集聚现象明显强于经济活动的集聚现象。Carlino 等（2007）研究发现大都市区人口密度每增长一倍，人均专利数会提高 20%。

产业集聚之所以与创新产出正相关，在于集聚带来的分享、匹配和学习效应都对创新活动具有促进作用。例如，Helsley 和 Strange（2002）研究发现产业集群内的企业能够更便捷地匹配到合作伙伴，进而降低创新成本；Gerlach 等（2009）研究发现产业集群内的企业具有更强的研发支出意愿和风险承担能力；Sturgeon（2002）研究发现产业专业化集聚使集群内企业在其专业领域创新能力不断增强；Olson 和 Olson（2003）研究发现产业集聚带来的地理邻近有助于创新主体面对面交流，进而促进隐性知识传递；Saxenian（1996）研究发现产业集聚可以提高企业之间竞争强度，促使企业通过创新提高自身竞争力。

2.2.4 系统协同理论

系统协同强调通过不同形式的调控和组织解决系统运行过程中存在的冲突和矛盾，是系统的发展从无序转变为稳定的有序发展，最终实现协同或和谐的状态（苏屹等，2016）。协调是管理目标实现的手段和过程，在协同系统要素的过程中需要对各种要素进行综合考虑。系统科学中，协调表示的是两种或多种相互关联的系统及要素相辅相成、相互促进、共同发展，以实现系统的良性发展以及系统目标的总体演进。从系统科学的角度看，开放系统各部分首先需要协调、均衡地发展，无论哪一部分的薄弱都会给系统整体功能的发挥造成影响。系统协调性反映了某一时间内区域系统内部以及系统之间数量关系的调整过程，它表现的是系统内部各要素之间、系统与外部环境之间多维、复杂的关系。一方面是构成系统的诸要素间的相互配合与协调；另一方面是系统内部诸要素由原本的无序状态变为各要素之间的相互配合共同作用，而使得系统产生新质。协调进一步放大了系统原本的功能和质量，发挥出部分要素所不具备的整体系统功能，有助于整个系统的稳定和有序。

区域科技创新系统是一个具有复杂性和多维性的复合系统，科技创新系统的协调是创新系统内部各子系统在非线性的复杂作用下所形成的单个系统无法达到的整体协调的过程（苏屹等，2016）。创新系统的协同理论强调创新要素的相互配合，使系统向着稳定有序的方向发展（蒋兴华等，2022），在科技创新系统内各创新要素通过多种形式相互合作，共同发展，使得创新成果在区域间不断流通，降低信息交流成本，以实现系统功能的最大化（张清江和李慧，2020）。就区域创新系统而言，它意味着各个创新子系统内部要素的动态协调以及子系统之间的协调发展，进而使各创新要素在发展速度以及功能等方面都具有良好的相互匹配关系，形成功能良好的整体系统。评价区域创新系统的协调性一方面要观察子系统内部的协调性，它反映了单个系统内部序参量的有序性；另一方面要观察子系统之间的协调性，它衡量的是区域创新系统整体协调发展水平。

2.2.5 理论总结

结合以上对新经济地理学、劳动力地理学和产业地理学相关理论的归纳与总结，可以发现交通网络、劳动力、产业与区域创新之间相互作用，共同交织在一起构成一个相对完整的理论逻辑框架（图2-1）。

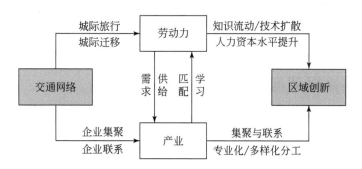

图 2-1 网络交通、劳动力、产业与区域创新之间的理论逻辑关系

第一，关于交通网络与劳动力。交通网络不仅能够在短期内为各类劳动力提供城际出行的工具，加速区域间人口流动，还可以在长期内通过提高城市可达

性、宜居性及市场和经济潜力，帮助城市吸引更多劳动力，从而改变劳动力分布的空间格局。

第二，关于劳动力与区域创新。一方面，随着各类劳动力在城市间流动，创新主体之间面对面交流的机会增多，以人为载体的知识、技术和资金等创新要素流动加剧，由此将提高城市间创新合作的可能性。另一方面，随着劳动力不断迁移到交通网络节点城市，城市人力资本水平持续提升，区域内知识元素更加丰富多元，由此将影响区域创新的产出水平及专业化和多样化集聚特征。

第三，关于交通网络与产业。随着交通系统不断完善，城市可达性和城市间连通性逐渐提升，城市的市场规模和经济潜力相应提高，城市间交流、合作及贸易的成本不断降低，由此改变城市的产业集聚情况，影响交通网络沿线城市间的产业联系，推动区域产业重构。

第四，关于产业与区域创新。企业是创新活动最直接、最重要的参与主体之一。一方面，产业的集聚规模将直接影响区域创新产出的水平。另一方面，每一类产业都有其各自专注的创新领域，区域产业的专业化分工将直接作用于区域创新的专业化分工。

第五，关于劳动力与产业。劳动力既是一种重要的生产要素，又是各类产品和服务的消费者。因此，劳动力集聚不仅会影响当地劳动力市场和人力资本水平，还能扩大城市相关产业的市场规模和市场潜力，从而改变区域产业分布的空间格局。反过来，区域产业集聚也会影响劳动力的就业匹配，进而影响劳动力的城市迁移选择。同时，城市产业集聚可以为劳动力提供更多学习、培训和交流的机会，有助于区域内知识溢出和技术扩散。

2.3 理论逻辑和待检验的关键实证问题

2.3.1 整体框架与逻辑

围绕高速铁路网络对区域创新空间格局的影响及作用机制问题，本研究首先基于经济地理学理论框架，对开放城市体系下"高速铁路产业创新"的微观经济机制展开理论分析；从局部均衡和一般均衡的视角，基于双重差分和工具变量估计等计量统计模型，定量测度高速铁路对人口流动的开通效应和网络效应，并探究其主要影响机制；基于社会网络分析技术对我国高速铁路和区域创新空间格局进行网络化建模，分析两个网络的结构特征和演化规律，探究两者的动态耦合关系；运用系统动力学的"政策实验室"功能，对基于高速铁路的区域创新系

统进行仿真模拟，以研究区域创新资源要素从不同路径对创新成果的影响；基于
计量经济学模型，从区域创新水平、区域创新合作和区域创新分工三个维度，在
城市、城市对和城市群三个层面检验高速铁路网络对区域创新空间格局的影响；
基于逐步因果检验方法，分别检验产业集聚、产业同构和产业分工在高速铁路网
络影响区域创新空间格局路径中的中介效应；以线性规划及 Stackelberg 博弈为方
法基础，构建有无高速铁路、是否集中管制四种场景下的区域系统创新利益博弈
模型，采用仿真方法模拟不同外生变量对区域创新系统利益的影响，并分析不同
创新规划在高速铁路发挥作用中扮演的角色。

　　针对高速铁路与区域协同创新的具体特征研究，将分别围绕高速铁路网络对
区域创新水平、区域创新合作与区域创新分工的影响及作用机制展开理论分析和
理论假设，归纳各部分研究待检验的实证问题。图 2-2 展示了本研究分析和研究
问题的逻辑框架。

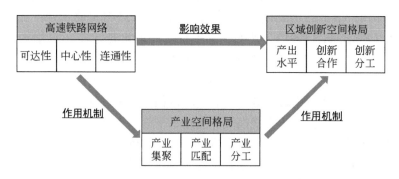

图 2-2　高速铁路网络影响区域创新空间格局的逻辑框架

2.3.2　高速铁路网络与区域协同创新特征的关键假设

（1）高速铁路网络与区域创新水平

　　如前所述，高速铁路网络可以通过提升沿线城市的可达性以及当地市场规模
和经济潜力，提高城市对于企业和劳动力的集聚效应（Lin，2016；Dai et al.，
2018）。作为重要的创新主体，企业的空间集聚将为区域创新产出带来积极影响
（Fujita and Thisse，2003；Carlino et al.，2007；Niebuhr，2010）。因此有理由相
信，高速铁路网络可以通过改变产业的空间集聚特征影响区域创新水平。但是，
围绕这一影响路径，目前仍存在两个关键问题有待分析和检验。

　　第一个问题是高速铁路网络究竟如何影响产业集聚。关于产业集聚，既可以
从规模角度进行描述，如分析产业总产值、企业和劳动力数量等，也可以从结构

角度展开分析，如识别产业集聚的专业化与多样化特征。如 2.1.2.3 节所述，目前绝大多数文献都是从产业集聚规模角度研究高速铁路网络的产业重构效应，少有文献分析或检验了高速铁路网络对产业专业化集聚水平的影响。高速铁路网络发展引起的可达性改善将扩大城市的辐射范围，降低人员通行和生产要素流动的成本，提升城市的市场规模和经济潜力。根据新经济地理学相关理论，企业将在市场潜力的驱动下集聚到高速铁路沿线城市（Fujita and Krugman，2004）。但是，随着产业集聚规模不断扩大，中心城市的地租和劳动力价格将相应提高，对成本更为敏感的产业不得不从高速铁路网络中心城市迁离，而对市场潜力及人力资本更为敏感的产业将进一步向中心城市集聚，直到达到一种空间均衡状态。本研究认为，不同城市在高速铁路网络的位置不同，其受到高速铁路网络的影响也将存在差异，上述有关产业集聚与扩散的过程将对高速铁路网络中不同城市的产业专业化特征产生异质性影响。虽然新经济地理学从理论角度分析了交通系统对城市专业化的作用，指出更完善的交通系统带来的贸易成本降低将加强产业集聚的专业化水平（Krugman，1991）。然而，克鲁格曼的理论是建立在对货物运输成本的理论分析之上的，由于高速铁路以载人为主，货运能力十分有限，因此，关于高速铁路对城市产业专业化集聚的影响仍有待检验。

第二个问题是产业集聚究竟如何影响城市创新水平。同上一个问题一样，本问题中的产业集聚也涉及集聚规模及专业化水平等多个维度。关于产业集聚规模对区域创新水平的影响，学者们已经进行了一定探索。如 2.2.3.3 节所述，产业集聚规模的扩大将通过分享、匹配和学习等效应促进区域创新产出水平提升。而关于产业专业化对区域创新水平的影响，目前学界主要有两种理论。以 Marshall（1920）为代表的专业化理论认为，城市中的产业专业化集聚可以推动区域创新。因为通过专业化集聚，产业集群中的企业不仅能够受益于同行业邻近企业的知识溢出和技术扩散，还可以获得更充足、匹配度更高的劳动力市场及更专业的服务（Shearmur，2012）。而以 Jacobs（1969）为代表的多样化理论认为，推动创新水平提升的是城市的多样化环境。城市因为提供了各种经济参与主体，以及多元化的种族、文化和社会结构，使得不同类型的知识能够相互碰撞融合，更有利于新知识的产生。以上两种理论都提出了相对合理的推论和分析，但在现实中，特别是在我国这样一个处在高速发展阶段的经济系统内，产业集聚究竟会对区域创新水平产生何种影响，仍有待进一步验证。

基于上述理论分析，本研究提出如下假设。

假设 1：高速铁路网络可以通过改变产业集聚规模及专业化程度，影响城市创新产出水平。

为了验证以上理论假设，本研究将基于计量经济学模型展开一系列实证研究，具体包括以下问题。

实证问题1：检验高速铁路网络对城市创新水平的影响。

实证问题2：检验高速铁路网络对城市产业集聚规模及专业化程度的影响。

实证问题3：检验产业集聚规模及专业化程度对城市创新水平的影响。

（2）高速铁路网络与区域创新合作

根据多维邻近性理论，地理邻近是不同主体间创新合作的重要驱动因素（Boschma and Martin，2010）。高速铁路网络的时空压缩效应提高了沿线城市之间的地理邻近性，有助于降低创新人员面对面交流的成本，提高隐性知识转移和物质资源运输的便利性，从而推动城市间创新合作——这是现有的绝大多数文献关于高速铁路对区域创新合作作用机制的解释。但是，正如多维邻近性理论所阐述的，决定创新合作的不只地理邻近一方面因素，高速铁路对区域创新合作的影响路径也不止这一条。为了填补现有研究空白，本研究尝试从创新主体匹配角度分析高速铁路对区域创新合作的作用机制。

随着高速铁路网络发展，不同行业的企业和劳动力将在区域内作出差异化的选址决策，呈现出差异化的集聚和扩散规律。例如，有研究表明高速铁路将促进技术密集型和资本密集型产业向高速铁路沿线城市集聚，同时使劳动密集型产业向边缘城市扩散（Dai et al.，2018）。当同类产业不断向高速铁路沿线城市集聚时，高速铁路沿线城市之间的产业构成将可能逐渐趋同。也就是说，高速铁路网络有可能对城市间产业同构化产生影响。

与此同时，高速铁路网络提供了信息、资金和人员流动的通道。现有研究表明，高速铁路建设可以促进信息流动并提高企业监控能力，可以促进资金流动并减少企业融资约束，还可以促进人员流动并增强企业间的交流访问（Duan et al.，2020；Zhang et al.，2020）。随着城市间高速铁路连通性提升，城市间企业交流合作的机会将逐渐提升，这将有助于沿线城市企业搜寻和匹配合作伙伴。因此，产业相关联的企业更有可能布局在高速铁路沿线城市。由于同一产业的企业之间通常具有相近的认知基础，根据多维邻近性理论，当行业相近的企业落户到高速铁路沿线城市时，城市间创新合作的可能性将得到提升。换句话说，城市间产业同构化引起的认知邻近提升，将有助于城市间创新合作。

基于上述理论分析和推断，本研究提出如下假设。

假设2：高速铁路网络可以通过改变城市间产业同构化趋势，影响区域创新合作。

为了验证以上理论假设，本研究将基于计量经济学模型展开一系列实证研究，具体包括以下问题。

实证问题4：检验高速铁路网络对区域创新合作的影响。

实证问题 5：检验高速铁路连通性对城市间产业同构化的影响。

实证问题 6：检验产业同构化对城市间创新合作的影响。

(3) 高速铁路网络与区域创新分工

关于区域产业分工，俄林结合贸易理论和价格理论提出一般区位理论，指出不同区域因资源条件和生产要素价格差异而形成分工，进而促进区域间贸易。如果劳动力和资本可以自由流动，那么工业区位主要受运输成本影响；如果生产要素无法自由流动，那么工业区位主要受生产要素的相对价格影响（Ohlin，1933）。艾萨德基于替代理论分析产业区位并提出一般空间区位理论，指出要素流动会受到地理距离、交通运输成本等因素的空间摩擦，区域经济活动具有空间关联性和时间动态性，时空距离、要素成本、产品价格等因素共同决定了产业的空间分布特征（Isard，1956）。以克鲁格曼为代表的新经济地理学派进一步指出，当区域间贸易成本过高或过低时，规模经济不存在，产业分布趋于分散，而当贸易成本适中时，产业倾向于集中布局；制造业中心城市的人口增长和市场规模扩张对新城市形成具有决定作用；上下游企业为降低交通运输成本而形成专业化集聚与分工（Stiglitz，1977；Krugman，1991；Fujita et al.，1999；Krugman and Venables，1995；Fujita and Krugman，2004）。

在上述理论中，交通运输成本均被视为决定区域产业分工的重要因素。高速铁路虽然几乎无法提供货物运输功能，但是却可以承载劳动力、资本、信息、知识、技术等，与货物、原材料一样重要的生产要素进行跨区域流动，还可以改变城市市场潜力及劳动力分布的空间格局，因此也将对区域产业分工产生深刻影响。例如，罗能生等（2020）提出高速铁路能够打破资源要素流动壁垒，提升区域间经济社会联系，使资源要素能在更广阔的空间范围内有效配置，进而推动产业合理布局。邓慧慧等（2020）提出高速铁路在促进资源要素区际流动的同时，通过规模经济、技术创新和资本劳动力配置优化等三条路径影响区域产业布局。

前节内容围绕高速铁路对区域产业专业化和多样化集聚及城市间产业同构化趋势的影响，作了理论分析和理论假设。如果以上理论推断成立，那么可以认为高速铁路网络将重塑区域产业分工。由于产业是创新的直接主体，不同产业有各自专注的创新领域，所以进一步推断，高速铁路网络的区域产业分工效应将直接传导到对区域创新分工的影响之上。具体来说，随着城市和区域产业在高速铁路网络影响下表现出专业化和多样化集聚特征，城市和区域创新领域的专业化和多样化程度也将同步发生变化；随着城市间产业结构在高速铁路网络影响下表现出同构化趋势，城市间创新内容的关联性也将同步发生变化。

基于上述理论分析和理论推断，本研究提出如下假设。

假设 3：高速铁路网络可以通过改变区域产业分工格局影响区域创新分工。

　　为了验证以上理论假设，本研究将基于计量经济学模型展开一系列实证研究，具体包括以下问题。

　　实证问题 7：检验高速铁路网络对区域创新分工（专业化、多样化、关联性）的影响。

　　实证问题 8：检验高速铁路网络对产业分工（专业化、多样化、同构化）的影响。

　　实证问题 9：检验产业分工（专业化、多样化、同构化）对创新分工（专业化、多样化、关联性）的影响。

第 3 章 | 我国高速铁路网络和高速铁路创新环境构建特征

本章首先基于高速铁路线路和站点数据，构建城市和区县尺度高速铁路开通的面板数据和市场可达性的长时序差分数据；其次对高速铁路条件下科技创新环境和京津冀城市群科技创新协调发展水平进行测度，并形成对高速铁路运营与区域科技创新的关联性的初步识别。通过有效平均旅行时间、日常可达性、科技创新潜力模型对高速铁路科技创新外部环境进行测度。

3.1 我国高速铁路发展历程及网络效应测度

3.1.1 我国高速铁路网络的发展历程

高速铁路作为一种舒适、高效的城际交通方式，在中短距离的出行中具有极强的竞争力（Yu et al.，2019）。根据表 3-1 所总结的多个问卷调查结果，我国高速铁路旅客在城市群内部的出行目的多为商务和通勤，500km 以上的中长途旅行则多为非通勤商务出行和休闲娱乐。伴随着城市化的快速推进，我国的高速铁路网络迅速成型，人员、资金、货物在区域和城市间的流动更加方便和快捷。与日本、法国、西班牙等国相比，我国高速铁路的起步较晚，但是发展迅速。根据国家铁路局的数据，截至 2023 年底，我国高速铁路的总运营里程达到了 4.5 万 km。占全球高速铁路运营总里程的 2/3 以上。

表 3-1 我国高速铁路旅客出行目的调查

高铁线路	样本数量	出行目的	来源
长春—吉林 （110km）	1001	非通勤商务出行：26%	Ollivier et al.，2014
		休闲：46%	
		通勤：19%	
北京—天津 （120km）	1379	非通勤商务出行：45.2%	侯雪等，2011
		通勤：13%	

高铁线路	样本数量	出行目的	来源
北京—天津 （120km）	1108	非通勤商务出行：39%	吴康等，2013
		休闲：33%	
		通勤：约15%	
武汉—广州 （968km）	556	非通勤商务出行：59%	李建斌，2011
		休闲：16%	
		走亲访友：17%	
天津—济南 （357km）	1001	非通勤商务出行：62%	Lin，2016
		休闲：28%	
		通勤：0	
深圳—厦门 （514km）	328	非通勤商务出行：15.2%	Chan et al.，2017
		休闲：52.4%	
		通勤：4.9%	
		走亲访友：22%	
南京站	—	通勤与商务：55%	王丽，2015
		休闲：33%	
		走亲访友：12%	
合肥南站	682	通勤与商务：43%	芮海田和吴群琪， 2016
		休闲：22%	
		走亲访友：17%	

注：通勤、商务、休闲和走亲访友四种类型之和并不等于100%，受访者也会有其他的一些出行目的，如上学、医疗等

与其他国家和地区相比，我国高速铁路的票价相对较低。根据陈淑玲和李红昌（2016）的测算，我国高速铁路的每千米票价约为法国和意大利的1/3、日本的1/5、德国的1/6、英国的1/10。时间和货币成本的下降极大地促进了高速铁路客运量的提升，《中国统计年鉴》的数据显示，我国铁路客运量占全社会营业性客运量的比例从2007年的6.1%上升至2022年的29.9%，这在很大程度上归因于高速铁路网络的建设（Chang and Zheng，2022）。

我国高速铁路网络的快速扩张主要有以下三方面的推动因素（Chang and Zheng，2022）：①交通网络对我国经济的发展起着支撑作用。高速铁路可以显著提高城际出行速度，这可以进一步地扩大集聚经济并促进区域和城市的发展。②随着我国经济的快速增长和城镇化的推进，普通铁路的服务水平、承载能力和

运输效率已经越来越难满足日益增长的跨城出行需求。自1990年以来，随着航空运输业的蓬勃发展和高速公路网络的不断完善，铁路的客户在不断地流失，铁路客运量的占比逐年下降。高速铁路建设有望在提高客运承载量的同时，提升铁路服务质量和运输效率（Cheng and Chen，2021）。③高速铁路等交通基础设施的建设被中央政府视为刺激经济增长的国家战略之一。在2008年金融危机时，我国政府出台了4万亿的投资计划，加快高速铁路等重大基础设施建设，以期带动经济的复苏和增长。

我国高速铁路网络的建设可以分为两个阶段：

第一阶段包括试验期、过渡期和准备期（2003～2007年）。这一阶段以2003年秦沈（秦皇岛—沈阳）客运专线的建成运营为标志。该线路的设计速度为250km/h，最初开行的是"中华之星"电力动车组，运营速度为160km/h，后来更换动车组之后运营速度达到了210km/h，验证了我国高速铁路轨道和列车技术的可行性与稳定性。该线路开通后的2004年4月18日，我国铁路实施了第五次大提速，国家主要干线铁路的部分地段线路基本达到了时速200km的要求，这些干线铁路的最高运营速度由160km/h尝试性地提升到200km/h的亚高速，全国客运列车的平均运行速度也提升到了65.7km/h。随着国家干线铁路亚高速运营经验的积累，2007年4月18日我国铁路实施了第六次大提速，实验性地将部分干线铁路的运营速度提升到250km/h，运营速度达200km/h的铁路总里程增加到了6000km。

我国高速铁路发展的第二阶段是大规模建设期，以2008年运营速度达350km/h的京津城际铁路的开通为标志。随着运营经验的积累和高速铁路技术的成熟，运行速度在250km/h以上的高速铁路网络的建设拉开了帷幕。2008年恰逢金融危机，中央政府出台了4万亿的投资计划，金融环境较为宽松，地方政府的财政赤字监管放松，这为高速铁路的大规模建设提供了较为充足的资金保障，进一步加速了高速铁路网络的建设进程。2008年8月1日，运营速度达350km/h的京津城际铁路投入运营，这是我国第一条具有自主知识产权的高速铁路，该条线路的成功运营扫清了我国高速铁路大规模建设的技术障碍。在资金和技术的保障下，我国的高速铁路进入了大规模建设期。如图3-1所示，2008～2013年，我国高速铁路运营里程基本保持了每年新增2000km的建设速度，高速铁路站点也保持着每年新增50座的态势。2013年后，我国高速铁路网络的建设速度进一步提速，每年新增运营里程进一步提升到了3000～4000km，每年新投入运营的高速铁路站点数量也达到了近百座。

高速铁路的快速发展得益于2004年国务院审批通过的《中长期铁路网规划》，其发展目标为在2020年建成运营里程达12000km的高速铁路网络。这一高

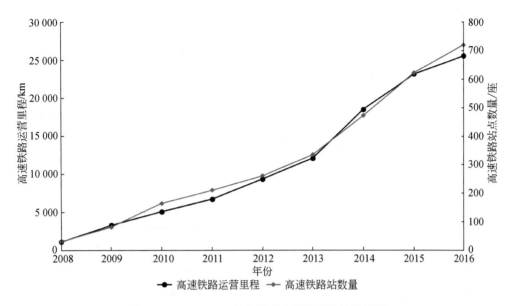

图 3-1 2008～2016 年我国高速铁路网络扩张情况

速铁路网络发展规划的核心是"四纵四横"高速铁路干线的建设。其中,"四纵"是指四条南北方向的高速铁路线路,"四横"是指四条东西方向的高速铁路线路。《中长期铁路网规划》于 2008 年进行了修订,建设目标由 12000km 上调至 16000km,到 2015 年,"四纵四横"的高速铁路干线网络便提前 5 年完成。2016 年,国务院审批通过了新的《中长期铁路网规划》,目标是在 2025 年前建成 38000km 的高速铁路网络,并将"四纵四横"的高速铁路网络布局拓展为"八纵八横"。

2016 年调整修订的《中长期铁路网规划》旨在连接 50 万人口以上的大中城市,建设以特大城市为中心、以省会城市为支点、覆盖全国的高速铁路网络,形成城市群内 0.5～2 小时通勤、相邻城市群 1～4 小时到达的城市间快速交通系统。截至 2020 年,以特大城市和区域中心城市为关键节点的全国性高速铁路网络已经基本形成。

我国的高速铁路网络连接了东部沿海的发达地区和中西部的欠发达地区,加强了区域间的联系,这也是高速铁路建设的初衷之一。高速铁路在我国成为一种主流的跨城交通方式,为乘客提供了安全、舒适、高效的客运服务,大大降低了城际出行的时间和货币成本。

3.1.2 开通效应的测度

高速铁路的开通效应是指高速铁路开通对区域经济社会产出的影响，其假设所有高速铁路站点都是独立并且同质无差别的，一个高速铁路站点的开通不会对其他站点产生影响。高速铁路站点的开通就意味着当地居民可以享受高速铁路的跨城出行服务，加强当地与其他地区的知识、信息、人力资本等生产要素上的联系，打破当地劳动力市场和企业选址的空间均衡，进而影响当地的社会经济产出。

开通效应重在识别高速铁路站点开通对当地经济社会产出的影响，现有文献多采用准自然实验框架下的双重差分（difference-in-differences，DID）模型来进行测度（Qin，2017）。具体地，双重差分模型是将地级市或区县划分为开通高速铁路的实验组和未开通高速铁路的对照组样本，通过对比高速铁路站点开通前后实验组和对照组样本社会经济产出变化值的差异来定量测度高速铁路的开通效应。

使用双重差分模型来测度高速铁路的开通效应，一方面需要对比高速铁路开通前后实验组和对照组变化的差异，另一方面需要保证开通高速铁路前实验组和对照组产出变量的变化趋势不存在系统性差异，即满足平行趋势假设。这就需要地级市或区县尺度连续多年的面板数据，并且样本区间要涵盖高速铁路开通前后的若干年份，以便进行平行趋势检验。同时，还需要生成测度高速铁路开通与否的虚拟变量来对比高速铁路开通前后的差异，以便准确地测度高速铁路的开通效应。

具体地，本研究首先整理收集了我国所有高速铁路线路和站点的开通时间信息，并对其进行了空间落位。其次，将高速铁路站点与地级市和区县行政边界数据进行叠加分析，判断出每个高速铁路站点所属的区县和城市。最后，根据高速铁路站点的开通时间，计算出每个城市和区县连入高速铁路网络的年份，形成高速铁路开通虚拟变量的面板数据（具体的数据来源和指标构造过程见附录A）。

3.1.3 网络效应的测度

与站点视角下的开通效应不同，全局视角下的网络效应需要考虑高速铁路网络的拓扑结构，根据高速铁路线路的空间布局及其拓扑关系，计算每个高速铁路站点的可达性。网络效应的分析需要将高速铁路网络视为一个整体，每个高速铁路站点都通过高速铁路线路与其他站点相连，形成了一个具有拓扑结构的高速铁

路网络。这就意味着，每个高速铁路站点及线路都是异质有差别的，它们在网络
中所处的位置是不同的，每个高速铁路线路或站点的变化都会对整个高速铁路网
络的拓扑结构产生影响，进而改变其他所有高速铁路站点的可达性。

高速铁路网络带来的城际出行成本的下降会促进人口的流动和市场一体化，
这可以通过市场可达性（market access，MA）来测度。典型代表是 Donaldson 和
Hornbeck（2016）在全局视角下利用市场可达性实证测度了 1870～1890 年美国
铁路网络建设对土地价值的影响。此后，越来越多的学者开始通过市场可达性来
探究交通基础设施建设对经济社会产出的网络效应（Liu，2016；Tsivanidis，
2019；Borusyak and Hull，2021）。

市场可达性是全局视角下的简约表达式（reduced form expression），测度了
交通网络变化对每个区域的直接和间接影响（Donaldson and Hornbeck，2016）。
它衡量的是一个地区通过不同交通方式与其他不同规模地区的联系强度总和，这
取决于该地区与连接地区之间的旅行成本（时间）和连接地区的经济社会产出
规模。当地区 i 与地区 j 的旅行时间下降时，地区 i 的市场可达性就会增加，特
别是当地区 j 的人口数量较多的时候。具体地，市场可达性（MA）的计算公式
如下：

$$MA_{it} = \sum_{i}^{i \neq j} \tau_{ijt}^{-\theta} \times POP_j \qquad (3-1)$$

式中，MA_{it} 是地区 i 在 t 年的市场可达性。τ_{ijt} 是地区 i 与地区 j 之间在 t 年的旅行
时间成本。地区间的旅行时间由三部分组成，起始地区 i 到最近的高速铁路站点
S_1，高速铁路站 S_1 到距离目的地 j 最近的高速铁路站 S_2，高速铁路站 S_2 到目的地
j（其具体计算过程见附录 B）。POP_j 是地区 j 的人口数量，由于人口数量与高速
铁路网络具有潜在的内生相关关系，本研究借鉴现有文献的研究成果（Borusyak
and Hull，2021），选取高速铁路网络建设前区域的人口数量来计算地区 i 的市场
可达性，以避免内生性偏差。最后，θ 是衰减系数，反映了区域间联系强度随旅
行时间的增加而衰减的速度。

一般来说，衰减系数 θ 的值需要预先设定。在国际贸易的文献中，衰减系数
θ 被解释为贸易弹性（trade elasticity），其值一般会被设定为 8.28（Eaton and
Kortum，2002；Donaldson and Hornbeck，2016）。Hornbeck 和 Rotemberg（2019）
基于美国铁路网的数据来测算铁路网络对制造业发展的影响，发现衰减系数 θ 的
值约为 2.75。本研究的研究对象是高速铁路网络，其与普通铁路最大的区别在于
主要开展客运业务，本研究中的衰减系数 θ 更多测度的是通勤弹性而非贸易弹
性。因此，在本研究中 θ 值应当显著小于 8.28，因为我国城际通勤（出行）的
时间成本要小于国际贸易中货运的时间成本。Tsivanidis（2019）通过建立空间均
衡模型来测度 TransMilenio（世界上最大的快速公交系统）在波哥大（哥伦比亚

首都）的福利效应，发现高技能劳动力的通勤弹性（θ）约为2.7，低技能劳动力的通勤弹性（θ）约为3.3。基于现有文献的研究成果（Zheng et al., 2019），本研究在基准回归中将衰减系数θ的值设定为3，后续的敏感性测试会将其调整为其他值以检验实证结果的稳健性。

基于区县对的旅行时间矩阵和2000年的区县人口数据，本研究计算了2007年和2016年各区县的市场可达性，如图3-2所示。图3-2a展示了2007年高速铁路网络未建设时区县市场可达性的空间分布，可以发现，市场可达性高的区县主要集中在东部沿海和华北地区，尤其是京津冀、长三角、大湾区等城市群区域，这表明市场可达性与经济社会发展水平和地理位置息息相关。图3-2b显示了高速铁路网络建设后区县市场可达性的增长情况，可以发现，高速铁路网络建设带来的旅行速度提升极大地促进了市场整合度，市场可达性增长幅度最大的区县集中在高速铁路走廊区域。

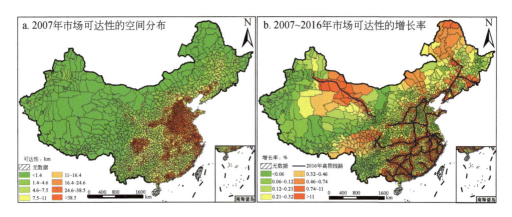

图3-2 高速铁路网络建设前后区县市场可达性的空间分布

注：①在本图的市场可达性计算中，衰减系数（θ）的值设定为3，区县与高速铁路站点之间的旅行速度为60km/h，区县人口采用的是2000年的人口普查数据；②在图3-2b中，区县的市场可达性增长率=（2016年有高速铁路网络时的市场可达性/2007年无高速铁路网络时的市场可达性）−1

3.1.4 小结

站点视角下的开通效应测度的是高速铁路开通对当地经济社会产出的影响，其假设高速铁路站点是独立并且同质无差别的，而全局视角下的网络效应测度是一个地区连入高速铁路网络后，其市场可达性的增加对当地社会经济产出的影响。网络效应的测度需要考虑高速铁路网络整体的拓扑结构，其假设高速铁路站点是相互关联并且异质化的。

在站点视角下，高速铁路站点的开通就意味着当地居民可以享受高速铁路的跨城出行服务，开通效应重在对比高速铁路站点开通前后当地经济社会产出的变化。现有文献多采用双重差分模型来探究高速铁路对区域社会经济产出的开通效应（Chang and Zheng，2022；Long et al.，2018；Qin，2017；Zheng et al.，2019）。双重差分模型中实验组地级市或区县同时受到了高速铁路开通带来的旅行速度提升和优惠政策包（policy package）的影响，如高速铁路新城项目、税收优惠等区位导向性政策，因此站点视角下的双重差分模型测度的是高速铁路开通带来的旅行速度提升和区位导向性政策的混合效应。同时，双重差分模型多基于高速铁路开通前后连续数年的面板数据，其实证结果普遍具有较高的稳健性，并且可以通过交叉项探究高速铁路开通效应在不同样本中的异质性表现。

在全局视角下，每个高速铁路线路或站点的变化都会影响到整个高速铁路网络的拓扑结构，进而对其他所有高速铁路站点的市场可达性产生影响。近年来市场可达性方法的兴起主要有两方面原因：一方面，市场可达性关注的是旅行速度提升带来的市场整合效应，测度了高速铁路网络建设带来的城市间旅行成本下降所产生的直接和间接影响，可以很好地排除高速铁路优惠政策（如高速铁路新城、税收优惠等区位导向性政策）的影响。另一方面，市场可达性的回归结果可以用来进行反事实分析，进而测度高速铁路网络建设带来的整体福利提升。

总的来说，站点视角下的开通效应和全局视角下的网络效应关注点不同，实证测度所使用的模型和数据结构也存在显著差异，在进行因果效应识别时各有利弊。本研究分别从开通效应和网络效应的视角来测度高速铁路对创新主体的影响，可以明确高速铁路对核心创新要素的影响效应及其机制。

3.2 高速铁路的区域创新环境构建特征分析

3.2.1 高速铁路创新发展环境测度模型

3.2.1.1 有效平均旅行时间

有效平均旅行时间是既定节点到达其他所有城市的平均消耗时间，城市间各种要素的流通很大程度上与中心城市的经济发展水平及综合竞争能力有关，这些因素与中心城市的空间地理位置和交通运输条件共同影响着城市间的交通环境。其指标测算结果越高，表示该中心城市的可达性越低。有效平均旅行时间计算如下：

$$A_i = \frac{\sum\limits_{j=1}^{n}(T_{ij}M_j)}{\sum\limits_{j=1}^{n}M_j} \qquad M_j = \sqrt{\text{GDP}_j \times \text{pat}_j} \qquad (3\text{-}2)$$

式中，A_i 表示城市 i 的有效平均旅行时间；n 为除城市 i 之外的其他研究区域数量；T_{ij} 表示从城市 i 到城市 j 所用的时间；M_j 表示城市 j 的城市质量，对此没有统一的设定标准，皆是根据研究领域而设定，因此为反映高速铁路影响下区域间的创新水平，本研究将创新成果专利和经济要素进行集成设定，来反映城市创新的综合水平；GDP_j 表示城市 j 的地区生产总值；pat_j 表示城市 j 的专利申请授权量。

为使城市间的有效平均旅行时间有更直观的比较，取各城市的有效平均旅行时间与所有城市平均值的比值，得到各城市的有效平均旅行时间系数，即

$$A_i^* = A_i \Big/ \frac{1}{n}\sum_{i=1}^{n}A_i \qquad (3\text{-}3)$$

式中，A_i^* 为城市的有效平均旅行时间系数；A_i 为城市的有效平均旅行时间。A_i^* 越大，说明城市的可达性越高，有效平均旅行时间系数 $A_i \geqslant 1$ 表示城市 i 的可达性高于区域间的平均水平，否则表示城市的可达性低于区域间的平均水平。

3.2.1.2　日常可达性

日常可达性是指城市在有限旅行时间内可以到达的人口数量或者经济活动规模，高速铁路建设可以有效降低城市间的旅行时间。本研究用日常可达性衡量在有限时间内某个城市的可达人口数量。

$$D_i = \sum_{j=1}^{n}R_i\delta_{ij} \qquad (3\text{-}4)$$

式中，D_i 是城市 i 的日常可达性；R_i 是城市 i 的常住人口数量；T_{ij} 表示从城市 i 到城市 j 所用的时间，若 $T_{ij} \leqslant 120$，则 $\delta_{ij} = 1$，否则 $\delta_{ij} = 0$，同时假设城市中人口在某一点上是不变的。

3.2.1.3　创新潜力

创新潜力的测度参照了物理学中万有引力公式，用来测度城市的创新实力，体现了城市对周边区域的辐射程度，其既包含由城市质量所产生的吸引力和相互作用，也重视区域间时空距离的影响，一定程度上代表了城市的区位吸引力。创新潜力与城市质量成正比，与城市间的地理距离成反比。创新潜力越大说明城市的质量越高，城市间的时空距离越小。计算如下：

$$P_i = \sum_{j=1}^{n}\frac{M_j}{T_{ij}^a} \qquad (3\text{-}5)$$

式中，P_i 是城市 i 的创新潜力；T_{ij} 表示从城市 i 到城市 j 所用的时间；a 为城市间的摩擦系数，通常取值为 1。同理，为使创新潜力具有可比性，取各城市的创新潜力与所有城市平均值的比值，得到各城市的创新潜力系数。

3.2.1.4 数据来源

本研究所需数据包括两部分，即社会经济数据和交通基础数据。社会经济数据包括各地区城市的地区生产总值、人口及三种专利申请授权量，主要来源于 2011 ~ 2021 年的统计年鉴。交通基础数据包括区域间的旅行时间，若地区间存在高速铁路，则采用高速铁路旅行时间，若不存在高速铁路，则采用地区间的最短旅行时间。当区域间无直达运输方式时，采用地区间最短中转时间作为两地间的旅行时间，不包括换乘时间。2010 年的旅行时间数据来源于 2010 版本的石开旅行列车时刻表。2013 年、2014 年、2015 年、2017 年、2019 年、2020 年交通旅行时间数据来源于对应年份版本的盛名列车时刻表。2012 旅行时间数据来自 2012 年全国列车时刻表，对于无法获得具体数据的 2011 年、2016 年和 2018 年的数据，则根据上下年份及当年是否开通高速铁路为依据，对缺失数据进行补充。本研究所有旅行时间都是客运旅行时间。

3.2.2 我国高速铁路创新发展环境分析

3.2.2.1 有效平均旅行时间

根据有效平均旅行时间模型，计算 2010 ~ 2020 年间我国各区域之间的有效平均旅行时间及其系数，如表 3-2 所示。可以看出，高速铁路网络的建设大幅度降低了我国各区域之间的通行时间，改善了地区之间的交通环境。整体而言，我国的高速铁路交通环境呈现出以省会城市及直辖市为中心，逐渐向四周城市蔓延的空间布局。区域内高速铁路网络的建设分布与各城市的地理位置一起共同影响着区域的有效平均旅行时间，在此基础上，根据高速铁路有效平均旅行时间可以将我国城市交通环境划分为四个阶级。其中，第一阶级包括河南、湖北、江苏、安徽、北京及上海，这是我国交通的铁路核心区域，其中以湖北和河南的核心特征更为突出，其高速铁路设施建设更为完善，高速铁路密度较高，同时地理位置也较为优越，和各个区域的距离都较短，截至 2020 年，已经实现有效平均旅行时间约为 300min。第二阶级是湖南、河北、浙江、山东、江西及陕西，这是我国铁路交通的中心区域，地理位置整体处于整个国家的中心，与各区域间的距离相对较短，高速铁路设施较为完善，高速铁路密度较高，截至 2020 年，有效平均旅行时间约为400min。第三阶级包括福建、天津、广东、贵州、四川、重庆、甘肃、山西、广西、云南及辽宁，这是我国铁路交通的外围区域，其高速铁路设施和高速铁路密度虽然也较为优越，但与各个区域之间的距离相对较远，使得其有效平均旅行时间较长，交通环境不占优势，截至2020年，有效平均旅行时间小于1000min。第四阶级包括吉林、黑龙江、内蒙古、青海、海南、宁夏、新疆和西藏，这是我国铁路交通的边缘区域，高速铁路密度较低，与其他城市间的高速铁路连通较少，同时与其他城市的距离也要更远，因此其有效平均旅行时间更长，西藏表现得更为显著。高速铁路大大改善了城市交流互通的外部创新发展环境，缩短了城市间的可达性，高速铁路建设完善地区的创新发展环境要远远高于高速铁路建设落后地区。

表 3-2　我国高速铁路有效平均旅行时间

地区	有效平均旅行时间				有效平均旅行时间系数	
	2020 年/min	2010 年/min	变化值/min	变化率/%	2020 年	2010 年
安徽	307	633	326	51	0.39	0.51
北京	313	690	377	55	0.39	0.55
福建	417	1 224	807	66	0.53	0.98
甘肃	631	1 364	734	54	0.80	1.09
广东	487	1 097	609	56	0.61	0.88
广西	705	1 537	832	54	0.89	1.23
贵州	580	1 484	904	61	0.73	1.19
海南	1 553	1 669	117	7	1.96	1.34
河北	326	732	405	55	0.41	0.59
河南	281	602	321	53	0.35	0.48
黑龙江	1 359	1 625	266	16	1.71	1.30
湖北	284	509	225	44	0.36	0.41
湖南	318	658	340	52	0.40	0.53
吉林	1 242	1 479	237	16	1.57	1.19
江苏	291	667	376	56	0.37	0.53
江西	362	971	609	63	0.46	0.78
辽宁	909	1 126	218	19	1.15	0.90
内蒙古	1 456	1 496	40	3	1.84	1.20
宁夏	1 586	1 792	206	11	2.00	1.44
青海	1 489	1 474	-15	-1	1.88	1.18

地区	有效平均旅行时间				有效平均旅行时间系数	
	2020 年/min	2010 年/min	变化值/min	变化率/%	2020 年	2010 年
山东	351	813	462	57	0.44	0.65
山西	701	1 030	329	32	0.88	0.83
陕西	400	946	546	58	0.50	0.76
上海	308	645	336	52	0.39	0.52
四川	582	1 666	1 083	65	0.73	1.33
天津	435	847	413	49	0.55	0.68
新疆	2 459	2 678	219	8	3.10	2.15
云南	784	2 023	1 240	61	0.99	1.62
浙江	341	819	478	58	0.43	0.66
重庆	621	1 524	902	59	0.78	1.22
西藏	2 710	2 862	152	5	3.42	2.29
均值	793	1 248				

我国整体有效平均旅行时间呈下降趋势，在 2011～2017 年下降幅度较大，尤其是 2010～2011 年及 2015～2016 年下降幅度最大。这段时间是我国高速铁路集中开通的几个年份，在这期间，区域城市之间的交通环境大幅度改善。高速铁路网络的建设，使得我国的有效平均旅行时间实现大的突破。其中，以福建、四川、江西、贵州和云南地区的平均有效旅行时间变化最为显著，变化率在 60%以上；而青海、内蒙古、西藏、海南和新疆的变化则较低，在 10%以下。各区域总体有效平均旅行时间从 1248min 缩短至 793min，缩短了约 36%，时间上缩短了 7 个多小时。云南的有效平均旅行时间数值变化最大，从 2010 年的 2023min，缩短至 2020 年的 784min，缩短了 1239min。有效平均旅行时间缩短变化率最高的区域是福建，由 2010 年的 1224min 缩短至 2020 年的 417min，缩短了 807min，缩短率为 66%。而青海地区的有效平均旅行时间变化值为负数，反而延长了 15min。可以看出我国的高速铁路有效平均旅行时间发展具有明显的区域不均衡性，区域间城市有效平均旅行时间从 284min 到 2710min，差距将近 40 个小时。

由表 3-2 可以看出，2010 年全国有 14 个地区的有效平均旅行时间高于平均水平，2020 年则有 9 个地区高于平均水平，时间前后我国有效平均旅行时间的整体格局变化较小。整体来看，我国各城市之间有效平均旅行时间有很大差异，区域发展不均衡，极差逐渐增大。西藏有效平均旅行时间远远高于其他地区的平均值，其次是新疆。青海、内蒙古和西藏在发展过程中与全国平均值的差异明显加大，其他区域间的差距总体而言呈现缩小或变化较小趋势。总的来说，高速铁路开通后，区域交通环境明显改善。

3.2.2.2　日常可达性

日常可达性是在特定时间内城市可到达的人口规模，城市对人力资源等的吸引力不仅与城市交通息息相关，同时也与城市规模有很大的关联性。一个城市的交通再发达，若没有相应的城市规模，容易导致该城市的各种资源趋于饱和，丧失更大的发展空间。从表3-3中可以看出，我国大多数城市日常可达性在快速发展，由于城市人口是稳步小幅度增长的，因此2010~2020年区域间通行时间的跳跃式增长是城市规模环境快速发展的主要原因。其中，北京、安徽、河北、河南、黑龙江、江苏、辽宁、山西、上海、四川、天津、浙江等地区都具有较大的城市规模，在2010年时已具有一定的城市日常可达性并且在2020年也依旧实现了城市日常可达性的提升；贵州、湖北、湖南、吉林、江西、山东、陕西、重庆等地区在2010年不具有城市日常可达性，但在2020年份具备了一定的城市日常可达性；福建、甘肃、广东、广西、海南、内蒙古、宁夏、青海、新疆、云南、西藏等地区在2010年和2020年间都不具有一定的城市日常可达性，与其他城市的连通性较差，这主要是由于这些省份地理位置较偏远。总体来说，我国2020年各省份日常可达性的均值较2010年相比有了很大的提升。

表3-3　我国各地日常可达性

地区	日常可达性		地区	日常可达性	
	2020 年	2010 年		2020 年	2010 年
安徽	12 210.00	11 914.00	辽宁	8 510.00	4 375.00
北京	6 567.00	3 924.00	内蒙古	0	0
福建	0	0	宁夏	0	0
甘肃	0	0	青海	0	0
广东	0	0	山东	40 660.00	0
广西	0	0	山西	3 490.00	3 574.00
贵州	3 858.00	0	陕西	3 955.00	0
海南	0	0	上海	7 464.00	2 303.00
河北	37 320.00	14 388.00	四川	8 371.00	8 045.00
河南	29 823.00	9 405.00	天津	4 161.00	1 299.00

地区	日常可达性		地区	日常可达性	
	2020 年	2010 年		2020 年	2010 年
黑龙江	6 342.00	3 833.00	新疆	0	0
湖北	22 980.00	0	云南	0	0
湖南	13 290.00	0	浙江	12 936.00	5 447.00
吉林	4 798.00	0	重庆	3 209.00	0
江苏	33 908.00	7 869.00	西藏	0	0
江西	9 038.00	0	均值	8 802.90	2 463.74

3.2.2.3　创新潜力

创新潜力用来表示城市对周边城市的辐射能力。由于周边城市的发展影响中心城市的发展水平和发展潜力，创新潜力也可以解释为周边城市潜在经济活动对节点城市的吸引程度，能够反映出区域的高速铁路区位环境态势。根据公式计算高速铁路条件下我国各地高速铁路区位环境，具体如表3-4所示。可以看出，我国各地区创新潜力变化很大，呈现大幅度增长趋势，我国各地区平均创新潜力从2010年的10增长到2020年的67.05，增长了570%，可见我国的经济发展水平及科技发展水平都迅速提高，同时时空距离大幅度缩小，使得高速铁路区位环境不断改善。其中，提升最快的地区为上海、安徽和浙江。我国各地区创新潜力以长三角的上海、安徽、浙江和江苏，北方的天津和北京，中西部的陕西和湖北为核心，向四周延伸，呈现出由核心地区向四周递减的发展趋势。上海市作为我国的经济中心，交通便利，拥有安徽、浙江、江苏等科技经济发展水平较高且创新潜力高的优秀经济腹地，在2020年上海市的创新潜力为144.58，大大高于天津市的124.86和陕西的68.46，创新潜力远远超过其他地区，上海也是创新潜力发展最快的地区，具有更优的发展空间和发展能力。其次为天津、北京、湖北和陕西，这些区域相较周边具有更高的发展能力和发展空间，高速铁路条件下区位环境大幅度改善。从全国来看，长江流域尤其是长三角的发展潜力远远高于发展水平相似的珠江流域大湾区，以上海为核心的长三角地理上更加靠近我国的中心位置，且长江所带来的辐射可以一直延伸到中部的湖北、四川等地，在给其他地区注入发展动力，带动其他地区发展的同时，也对它们产生虹吸效应。但总体而言，长三角对周边地区的辐射效应在一定程度上要大于其虹吸效应，因此，长三角的发展潜力要高于腹地相对少、地理位置偏南的珠三角大湾区。创新潜力最低的地区是西藏，西藏位于青藏高原西南部，平均海拔在4000米以上，被誉为

"世界屋脊""地球第三极",极高的海拔、恶劣的自然环境和不便的交通条件使得西藏的创新潜力远远低于我国创新潜力的平均值,仅为8.32。并且,西藏与新疆、青海、云南和四川相邻,其中新疆、青海和云南同样面临发展缓慢、自然条件相对恶劣等问题,因此仅靠四川省的辐射能力无法使西藏地区的创新潜力大幅提升。

表3-4 我国各地区高速铁路创新潜力

地区	创新潜力				创新潜力系数	
	2020 年	2010 年	变化值	变化率/%	2020 年	2010 年
安徽	140.79	29.14	111.65	6.41	2.10	2.91
北京	106.84	17.41	89.43	12.79	1.59	1.74
福建	66.51	6.98	59.52	11.75	0.99	0.70
甘肃	41.25	5.06	36.18	6.45	0.62	0.51
广东	46.71	5.61	41.10	8.48	0.70	0.56
广西	48.86	4.84	44.01	9.14	0.73	0.48
贵州	60.09	4.81	55.28	13.78	0.90	0.48
海南	17.16	4.01	13.15	0.92	0.26	0.40
河北	97.86	14.23	83.63	5.73	1.46	1.42
河南	97.35	14.58	82.76	14.90	1.45	1.46
黑龙江	29.84	5.55	24.28	1.24	0.45	0.56
湖北	103.34	19.55	83.79	6.72	1.54	1.96
湖南	97.67	12.463	85.20	11.44	1.46	1.25
吉林	38.10	7.44	30.65	1.83	0.57	0.74
江苏	120.38	16.78	103.60	8.56	1.80	1.68
江西	90.62	12.10	78.52	9.20	1.35	1.21
辽宁	41.10	8.53	32.57	6.68	0.61	0.85
内蒙古	23.34	4.87	18.46	4.69	0.35	0.49
宁夏	16.91	3.94	12.97	2.71	0.25	0.39
青海	19.32	4.78	14.53	1.28	0.29	0.48
山东	96.26	11.36	84.90	7.68	1.44	1.14
山西	59.46	11.04	48.41	5.53	0.89	1.11
陕西	68.46	8.747	59.71	2.62	1.02	0.87
上海	144.58	22.76	121.81	25.75	2.16	2.28
四川	46.64	4.72	41.91	2.10	0.70	0.47

地区	创新潜力				创新潜力系数	
	2020 年	2010 年	变化值	变化率/%	2020 年	2010 年
天津	124.82	19.94	104.88	43.61	1.86	1.99
新疆	9.43	2.40	7.03	2.07	0.14	0.24
云南	42.56	3.38	39.17	2.75	0.63	0.34
浙江	122.12	14.23	107.88	17.02	1.82	1.42
重庆	51.72	6.33	45.38	20.10	0.77	0.63
西藏	8.32	2.25	6.06	0.61	0.12	0.23
均值	67.05	10.00				

3.2.3 案例研究：京津冀区域高速铁路区域创新环境特征

3.2.3.1 有效平均旅行时间

根据有效平均旅行时间模型，计算 2010～2020 年京津冀城市群的有效平均旅行时间及其系数，如表 3-5 所示。可以看出，高速铁路网络的建设大幅度降低了京津冀城市群之间的通行时间，改善了城市圈之间的交通环境。整体而言，京津冀区域的高速铁路交通环境呈现出以京津为中心，逐渐向四周城市蔓延的空间布局。区域内高速铁路网络的建设分布与各城市的地理位置一起共同影响着区域的有效平均旅行时间。在此基础上，根据高速铁路有效平均旅行时间可以将京津冀区域城市交通环境划分为四个阶级。其中，第一阶级包括北京市、天津市、廊坊市，这是京津冀区域的核心区域，以北京和天津的核心特征更为突出，其高速铁路设施建设更为完善，高速铁路密度较高，同时地理位置也较为优越，和各个城市的距离都较短，截至 2020 年，已经实现京津冀 1 小时都市圈的要求。第二阶级是保定市、沧州市、石家庄市、唐山市及秦皇岛市，这是京津冀区域的中心区域，地理位置整体处于京津冀区域的中心，与各城市间的距离相对较短，高速铁路设施较为完善、高速铁路密度较高，截至 2020 年，处于京津冀区域 2 小时都市圈的范畴。第三阶级包括邢台市、邯郸市及衡水市，这是京津冀区域的外围区域，其高速铁路设施和高速铁路密度虽然相对较为优越，但其与各个城市之间的距离相对较远，使得其有效平均旅行时间较长，交通环境不占优势，截至 2020 年，处于京津冀区域 3 小时都市圈的范畴。第四阶级包括承德市和张家口市，这是京津冀区域的边缘区域，高速铁路密度较低，与其他城市间的高速铁路连通较少，同时与其他城市之间的距离也要更长，因此其有效平均旅行时间更高，承德表现得更为显著。

表3-5　京津冀城市群有效平均旅行时间

城市	有效平均旅行时间				有效平均旅行时间系数	
	2010 年/min	2020 年/min	变化值/min	变化率/%	2010 年	2020 年
北京市	83.745	56.690	27.055	32.31	0.433	0.469
天津市	100.608	52.809	47.799	47.51	0.520	0.437
石家庄市	183.754	86.092	97.661	53.15	0.950	0.713
唐山市	178.346	78.117	100.228	56.20	0.922	0.647
秦皇岛市	171.515	116.686	54.830	31.97	0.886	0.966
邯郸市	261.103	141.892	119.212	45.66	1.349	1.174
邢台市	253.027	129.824	123.204	48.69	1.308	1.075
保定市	138.074	68.575	69.499	50.33	0.714	0.568
张家口市	337.022	200.951	136.071	40.37	1.742	1.663
承德市	402.912	343.249	59.664	14.81	2.082	2.841
沧州市	129.683	87.372	42.311	32.63	0.670	0.723
廊坊市	109.344	59.233	50.112	45.83	0.565	0.490
衡水市	166.246	149.081	17.165	10.33	0.859	1.234
平均值	193.491	120.813	72.678	37.56		

京津冀区域整体有效平均旅行时间呈下降趋势，在 2011～2017 年间下降幅度较大，尤其是 2010～2011 年及 2015～2016 年下降幅度最大。这段时间是京津冀城市群内高速铁路集中开通的几个年份，在这期间，区域城市之间的交通环境大幅度改善。高速铁路网络的建设，使得京津冀区域的有效平均旅行时间实现大的突破。其中，以石家庄市、唐山市和保定市的平均有效旅行时间变化最为显著，变化率在 50% 以上，而承德市和衡水市的变化率则较低，在 20% 以下。各城市总体有效平均旅行时间从 2010 年的 193.491min 缩短至 2020 年的120.813min，缩短了约40%，时间上缩短了1个多小时。张家口市的有效平均旅行时间缩减幅度最大，从 2010 年的 377.022min，缩短至 2020 年的 200.951min，缩短了 136.071min。有效平均旅行时间缩短变化率最高的城市是唐山市，由2010 年的 178.346min 缩短至 2020 年的 78.117min，缩短了 100.228min，缩短率为 56.2%。而衡水市是有效平均旅行时间缩短最小的城市，仅仅缩短了 17min。可以看出京津冀区域的高速铁路有效平均旅行时间发展具有明显的区域不均衡

性，区域间城市有效平均旅行时间从 52.809min 到 343.249min，差距将近 5 个小时。

由图 3-3 可以看出，2010 年京津冀城市群有 9 个城市的有效平均旅行时间高于平均水平，2020 年则有 8 个城市高于平均水平，时间前后京津冀区域有效平均旅行时间的整体格局变化较小。整体来看，京津冀区域有效平均旅行时间各市之间有很大差异，区域发展不均衡，极差逐渐增大。承德市有效平均旅行时间远远高于其他城市的平均值，其次是张家口市。承德市和衡水市在发展过程中与省内平均值的差异明显加大，其他城市间的差距总体而言具有缩小或变化较小趋势。

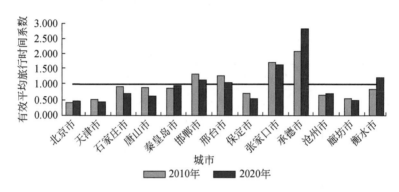

图 3-3　京津冀城市群高速铁路有效平均旅行时间

3.2.3.2　日常可达性

从表 3-6 中可以看出，京津冀区域内大多城市日常可达性在快速发展，由于城市人口是稳步小幅度增长的，因此 2010～2020 年间区域间通行时间的跳跃式增长是城市规模环境快速发展的主要原因。北京市不仅具有较大的城市规模，其在京津冀区域内部的连通性也位于区域首位。而张家口市和承德市与京津冀其他城市的连通性较差，张家口市在 2019 年底开通了至北京的高速铁路，实现首次120min 内的城市通行时间，而截至 2020 年底，承德市与其他城市的通行时间都在 120min 以上。同时，从表 3-6 中可以看出，唐山市、秦皇岛市、邯郸市、邢台市、沧州市的高速铁路规模环境在 2010～2015 年间的提升幅度较大，而其他城市则在 2015～2020 年间高速铁路规模环境的提升幅度较大。这主要取决于城市间高速铁路通行时间及城市的距离。城市距离较近时，无论是否开通高速铁路，城市间的可达性都较高。距离较远的城市则更多依赖高速铁路压缩通行时间。根据城市间通行高速铁路的年份可知地理距离较远的城市间高速铁路的开通主要集中于 2015～2020 年，大大缩短了通行时间，使得有的城市虽然在 2015 之前大幅度开通高速铁路，却在 2015 年之后的规模环境增幅更大。

表 3-6　京津冀城市群高速铁路日常可达性

城市	2010 年	2015 年	2020 年
北京市	7 546.8	12 106.8	14 180
天津市	3 939.4	5 134.5	9 709
石家庄市	4 945.8	5 144.2	7 868
唐山市	1 470	3 774.8	4 632
秦皇岛市	576.6	1 182.56	1 570
邯郸市	1 927	4 198.80	4 705
邢台市	2 196.09	3 121.56	3 555
保定市	3 483.03	4 808.76	6 930
张家口市	0	0	824
承德市	0	0	0
沧州市	1 461.78	3 871.8	3 650
廊坊市	838.04	1 844.52	3 294
衡水市	440.2	904.52	1 684

3.2.3.3　创新潜力

根据公式计算高速铁路条件下京津冀区域高速铁路区位环境，具体如表 3-7 所示。可以看出，京津冀区域创新潜力变化很大，呈现大幅度增长趋势，京津冀区域平均创新潜力从 6.8 增长到 44.2，增长了 553%，可见京津冀区域的经济发展及科技发展水平迅速发展，同时时空距离大幅度缩小，使得京津冀区域平均创新潜力不断提升，高速铁路区位环境不断改善，其中提升最快的城市为廊坊市、唐山市和保定市。京津冀城市群创新潜力以廊坊市、天津市、沧州市和保定市为首，向四周延伸，呈现出出中心向四周递减的发展趋势。廊坊市作为交通便捷，且被科技经济发展水平较高城市包围的城市，其 2020 年的创新潜力为 115.18，远远高于位于第二水平的天津市（63.835），同时作为创新潜力发展最快的城市，廊坊市具有更高的发展空间和发展能力。其次为天津市、沧州市和保定市，其创新潜力也使得其在京津冀区域中具有更高的发展能力和发展空间，高速铁路条件下区位环境大幅度改善。在京津冀区域内，北京市的发展潜力处于中下水平，其发展水平远远超过京津冀区域内其他城市，在京津冀区域内北京市主要表现出对其他城市的辐射能力，给其他城市注入发展动力，带动其他城市的发展，因此在京津冀区域内其自身的创新潜力相对较低，周边城市对北京市的辐射能力也较低。创新潜力最低的城市是承德市，承德市位于京津冀区域的最顶部，较远的地理距离以及较长的通行时间使得承德市的创新潜力大幅度低于其他城市，仅为9.151。承德市虽与科技经济发展水平最高的北京市相邻，但直到2021年两地之间才开通直达高速铁路，因此北京市对承德市的辐射能力与两地之间的地理距离并不成正比，区位环境无较大改善。就区域内部而言，京津冀城市群的发展很大程度上受到北京市的影响，北京市对周边城市的辐射是其他城市发展的重要影响因素，同时也不可否认，北京市对周边城市的虹吸效应也一定程度上抑制了京津冀区域其他城市的发展，但总体而言，北京市对周边城市的辐射效应要大于其虹吸效应。

表 3-7　京津冀城市群高速铁路创新潜力

城市	创新潜力				创新潜力系数	
	2010 年	2020 年	变化值	变化率/%	2010 年	2020 年
北京市	7.491	36.440	28.948	386.42	1.10	0.82
天津市	23.932	63.835	39.904	166.74	3.52	1.44
石家庄市	4.549	42.200	37.651	827.60	0.67	0.95
唐山市	4.930	47.468	42.538	862.79	0.72	1.07
秦皇岛市	4.635	29.611	24.976	538.80	0.68	0.67
邯郸市	3.590	28.720	25.130	699.91	0.53	0.65
邢台市	4.538	33.174	28.636	631.03	0.67	0.75
保定市	7.154	53.486	46.332	647.64	1.05	1.20
张家口市	2.152	33.610	31.458	1461.76	0.32	0.76
承德市	1.828	9.151	7.324	400.74	0.27	0.21
沧州市	6.675	61.319	54.644	818.59	0.98	1.38
廊坊市	12.441	115.180	102.738	825.77	1.83	2.59
衡水市	4.500	23.357	18.857	419.07	0.66	0.53
平均值	6.801	44.427	37.626	553.22		

如图 3-4 所示，2010 年，京津冀城市群中有 4 个城市的高速铁路区位环境高

于平均值，即北京、天津、保定和廊坊，2020 年则有 5 个城市的高速铁路区位环境高于平均水平，即天津、唐山、保定、沧州和廊坊。京津冀区域在该段时间的高速铁路区位环境总体格局变化较小，但城市内部却有一定的变动。主要变动城市为北京市、唐山市和沧州市，主要表现为北京市的创新潜力在发展中逐渐低于平均发展水平，唐山市和沧州市则逐渐高于城市创新潜力发展的平均水平。同时可以看出，变化最大的是天津市，其次是廊坊市。天津市由远高于城市平均水平（3.52）下降至较高于平均发展水平（1.44）。廊坊市则由较高于平均水平（1.83）提升发展至远高于平均发展水平（2.59）。承德市与京津冀区域平均高速铁路区位环境发展水平有较大差距，远低于平均发展水平。高速铁路提高了京津冀城市群创新发展潜力，改善了创新发展的区位环境，有助于创新的协调发展。

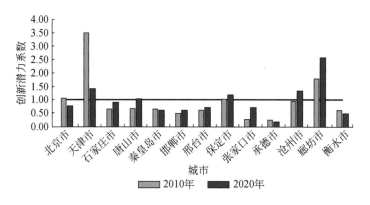

图 3-4　京津冀城市群高速铁路创新潜力

3.2.3.4　高速铁路综合区域创新环境

为了全面衡量高速铁路条件下的城市间高速铁路创新环境，将高速铁路条件下的城市间有效平均旅行时间、城市日常可达性及城市创新潜力进行集成，采用熵权法得到各城市高速铁路条件下的城市综合高速铁路创新环境，其时空演变趋势如图 3-5 所示。可以看出，京津冀城市群的高速铁路创新环境在不断提升，尤其以 2015～2020 年间提升最大，但其整体发展的空间格局并未有所变化。京津冀城市群高速铁路创新环境发达地区集中在以北京为核心，以秦皇岛、石家庄为两端的经济带上，呈长条形分布，将高速铁路不发达区域隔离开，整体形成中间高，上下两端低的分布格局。

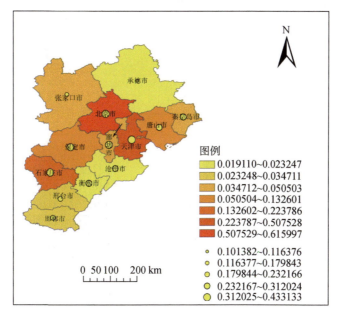

a.2010年

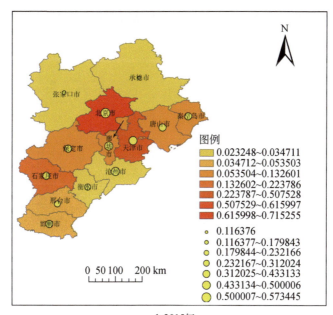

b.2015年

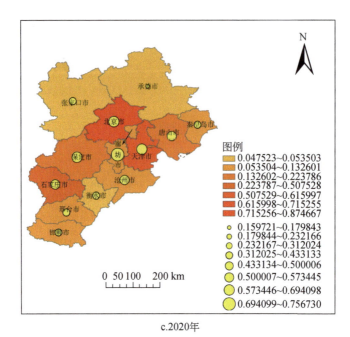

c.2020年

图 3-5 2010 年、2015 年、2020 年京津冀城市群高速铁路综合创新环境

| 第 4 章 | 高速铁路对区域创新主体空间流动的组织过程

作为城市宜居性（urban amenity）的一个重要维度，旅行速度的提升会大大增强高速铁路网络中节点城市的吸引力，促进人口的流入，尤其是高技能劳动力和中高收入人群，这对城市发展至关重要。Glaeser 等（2001）将城市宜居性总结为四个方面：服务和消费品的多样性（the variety of services and consumer goods）、基础设施（esthetics and physical setting）、公共服务（public services）、旅行速度（traveling speed）。随着居民收入的不断增长和时间价值的提升，高速铁路带来的旅行速度提升会提高大都市的宜居性，打破城市间人口流动的空间均衡（Roback，1982），重塑人口的空间分布格局。

人口、企业、区域创新三者之间存在着密切的相互关系，它们相互影响、相互促进，共同推动区域经济的发展和社会的进步。企业是创新的主体，其通过研发活动推动新产品、新技术的开发。企业规模和类型影响创新能力，企业之间的合作与竞争可以促进知识的交流和技术的传播，加速创新过程。而较大的人口基础可以提供更广泛的人才资源，为企业提供人力资源支持。人口的增长和素质提升可以为企业提供更多的劳动力和消费者，促进市场扩大，为企业创新提供动力。同时，企业的创新成果可以提供新的就业机会，吸引更多的人口，特别是高技能人才，进一步推动区域创新。创新活动带来的经济增长和就业机会反过来可以促进人口的流入和稳定。区域创新的发展可以改善居住环境和生活质量，吸引人口流入，形成正向循环。这种关系是动态的，随着社会经济条件的变化，三者之间的相互作用也会发生变化。政策制定者和企业管理者需要认识到这种互动关系，通过制定合理的政策和战略，促进三者之间的良性循环，实现可持续发展。在"交通-人口-土地/企业"联动体系下，高速铁路对土地利用和企业集聚的影响在一定程度上是由人口流动引发的。本章将从经济活动的重要主体——人的角度切入，基于区县人口数量的面板数据，通过差分模型来测度高速铁路对人口流动的影响，进而检验理论分析得到的命题 I：高速铁路会对边缘地区的人口数量产生负向影响，而对核心地区的人口数量产生正向影响，从而重塑人口的空间分布格局。作为经济活动的重要主体和市场需求的重要决定因素，人口的空间重分布会进一步导致土地利用和企业集聚空间格局的变化，本章的实证结果可以在很大程度上解释后续章节中关于高速铁路对土地利用和企业集聚的影响效应。

具体而言，本章将基于 2004～2016 年全国所有区县的人口统计数据，通过差分计算人口增量，利用第 3 章构建的开通效应和网络效应的测度框架和指标，分别从站点和全局的视角进行实证分析。4.1 节将介绍开通效应和网络效应的测度模型和数据来源，并展示高速铁路线路与人口空间分布的典型事实。4.2 节和 4.3 节分析开通效应和网络效应的实证回归结果及其异质性，并进行稳健性检验。4.4 节总结并讨论本章的研究发现。

本章将实证探究高速铁路对人口的空间重分布效应，不仅为后文高速铁路对土地利用和企业集聚的影响效应提供了机制解释，还在现有文献基础上做出了以下贡献：①现有研究多基于站点视角，探究高速铁路开通对经济社会产出的影响（董艳梅和朱英明，2016；龙玉等，2017；Ahlfedt and Feddersen，2018）。本章研究在开通效应的基础上，进一步建立了高速铁路网络效应的实证模型，从站点和全局的视角综合探究了高速铁路对人口流动的开通效应和网络效应。②现有研究多从地级市尺度探究高速铁路的社会经济效应（董艳梅和朱英明，2016；王春杨等，2020）。本章则从区县、地级市、区域三个尺度，系统探究了高速铁路对人口空间分布格局的影响。基于全国所有区县的人口统计数据，本章在区域尺度将样本分为东部、中部、西部、东北部四个地区，在地级市尺度将样本细分为一二线城市和中小城市，从区县尺度将样本细分为市区和县，通过回归模型中的交叉项探究了高速铁路的异质性影响。③本章基于数字高程模型数据和最小生成树算法，获得了理论上建设成本最低的高速铁路线路，并据此计算了区县的市场可达性，将其作为网络效应识别的工具变量，降低了高速铁路线路布局内生性所带来的测量误差。

4.1　研究方案设计与数据来源

我国行政区划主要有省市县三级，大部分省级行政区下辖十余个地级市，每个地级市又由若干市辖区、县、县级市等县级行政单位组成。本书搜集了 2004～2016 年全国所有区县的人口统计数据，通过差分估计来识别高速铁路对人口流动的影响，可以更好地探究高速铁路在区域间、地级市间、区县间的异质性影响。

4.1.1　实证策略与模型设定

为系统全面地探究高速铁路的影响效应，本章从站点和全局的视角出发，分别探究高速铁路对人口流动的开通效应和网络效应。

4.1.1.1 开通效应的测度模型

高速铁路对人口流动的开通效应是指在站点视角下，高速铁路站点的运营对当地人口数量的影响。为了将高速铁路与其他因素（如经济发展水平、气候、宜居性等）的影响效果进行分离，尤其是影响当地人口数量的不可观测因素，本书采用准自然实验框架下的双重差分（DID）模型来将高速铁路的开通效应从众多因素的影响效应中剥离出来。

双重差分模型是将所有区县分为受高速铁路开通影响的实验组和不受影响的对照组，通过对比高速铁路开通前后实验组和对照组人口数量变化的差异来测度高速铁路的开通效应。具体到模型上，开通效应的测度是通过实验组和对照组的差分及高速铁路开通前后的差分来实现的，通过对人口数量进行差分，即可间接测度人口流动的情况。为此，考虑高速铁路开通前后两期的面板数据：

$$\mathrm{Pop}_{it} = \beta D_t + \delta T_{it} + \mu_i + \varepsilon_{it} \tag{4-1}$$

式中，Pop_{it} 是区县 i 在 t 年的人口数量；D_t 是年份虚拟变量，高速铁路开通后的年份 t 取值为 1（无论该区县是否连接高速铁路）；T_{it} 是高速铁路开通的虚拟变量，连入高速铁路网络的区县 i 在高速铁路开通后的年份 t 取值为 1。μ_i 是不随时间变化的区县个体特征，如区位和地形地貌等。ε_{it} 是随机误差项，并且满足

$$E(\varepsilon_{it} \mid i, t) = 0 \tag{4-2}$$

当处于高速铁路未开通的年份时，实验组（有高速铁路站的区县）和对照组（无高速铁路站的区县）的 D_t 和 T_{it} 取值都为 0；当处于高速铁路开通后的年份时，实验组的 D_t 和 T_{it} 取值都为 1，而对照组的 D_t 和 T_{it} 取值分别为 1 和 0。因此，变量 T_{it} 能很好地捕捉高速铁路开通的影响，其回归系数 δ 便为高速铁路的开通效应。

然而，变量 T_{it} 并不是完全随机的，其与区县的个体特征 μ_i 存在着潜在的内生相关关系，这会导致不一致的估计系数 δ。为此，可以基于两期的面板数据对公式（4-1）进行一阶差分，以消除区县的个体特征 μ_i：

$$\Delta \mathrm{Pop}_{it} = \beta + \delta \Delta T_{it} + \Delta \varepsilon_{it} \tag{4-3}$$

通过对公式（4-3）进行最小二乘估计，便可得到 δ 的一致估计量。基于两期面板数据，公式（4-3）更一般的形式为：

$$\mathrm{Pop}_{it} = \alpha + \beta D_t + \eta C_i + \delta T_{it} + \varepsilon_{it} \tag{4-4}$$

式中，C_i 是组别虚拟变量，实验组的区县取值为 1，对照组的区县取值为 0，很明显，$D_t \times C_i = T_{it}$。因此，高速铁路的开通效应就是高速铁路开通前后实验组因变量的变化与对照组因变量的变化之间的差异。

具体到本书，为了更好地测度高速铁路开通前后实验组与对照组人口数量的变化趋势，本书构建了区县 2004～2016 年的长时序面板数据，通过年份间的差分来测度区县的人口流动。同时，高速铁路是在多个年份逐步投入运营的，并非是在某一年份统一投入运营的，公式（4-4）的两期 DID 模型可进一步拓展为：

$$\text{Pop}_{it} = \alpha + \delta T_{it} + \mu_i + \tau_t + \varepsilon_{it} \qquad (4\text{-}5)$$

式中，μ_i 是区县固定效应，用来捕捉对照组和实验组区县不可观测的个体特征；τ_t 是年份固定效应，用来捕捉随年份变化的不可观测因素，如通货膨胀、货币政策等。为了更好地控制地区层面的干扰因素，本书在公式（4-5）的基础上加入了省份发展趋势项，来控制不同省份的动态发展情况：

$$\text{Pop}_{it} = \alpha + \delta T_{it} + \theta \text{Trend}_{it} + \mu_i + \tau_t + \varepsilon_{it} \qquad (4\text{-}6)$$

回归系数 δ 测度了高速铁路影响人口流动的开通效应。在公式（4-6）中，区县和年份固定效应以及省份发展趋势项已经控制了大部分干扰变量的影响，社会经济产出等控制变量不会对公式（4-6）的估计结果产生显著影响。为了消除区县人口数量的序列相关性造成的回归系数估计偏差，本节所有回归系数的标准误都聚类（cluster）在区县尺度。

4.1.1.2　网络效应的测度模型

高速铁路对人口流动的网络效应是指在全局视角下，区县市场可达性的提升对当地人口数量的影响。如前所述，市场可达性（market access）可以很好地测度高速铁路网络通过提高全局旅行速度带来的市场一体化效应，剔除了高速铁路新城等区位导向性政策的影响。市场可达性的计算需要考虑高速铁路网络全局的拓扑结构来构造区县间最短旅行时间的 OD 矩阵，所有高速铁路线路与站点是相互关联且互相影响的。

通过估计区县市场可达性的提升对人口数量的影响来量化高速铁路网络对人口流动的全局影响，具体模型如公式（4-7）所示。

$$\ln(\text{Pop}_{ip}) = \gamma_p + \beta \ln(\text{MA}_{ip}) + \varepsilon_{ip} \qquad (4\text{-}7)$$

式中，Pop_{ip} 是省份 p 的区县 i 的人口数量；γ_p 是省份固定效应，控制了省份不可观测因素的影响；MA_{ip} 是区县 i 的市场可达性。

一方面，为了测度高速铁路网络带来的市场可达性提升对区县人口流动的影响，本研究对市场可达性和人口数量进行了长时序差分。由于我国的高速铁路网络从 2008 年开始逐步投入运营，本研究使用 2007 年和 2016 年的数据对人口数量和市场可达性进行一阶差分，即可得到人口数量和市场可达性的变化情况；另一方面，本研究控制了外生的区位因素，如公式（4-8）所示。

$$\Delta \ln(\text{Pop}_{ip}) = \gamma_p + \beta \Delta \ln(\text{MA}_{ip}) + \eta X_{ip} + \varepsilon_{ip} \qquad (4\text{-}8)$$

式中，$\Delta\ln(\mathrm{Pop}_{ip})$ 和 $\Delta\ln(\mathrm{MA}_{ip})$ 分别是省份 p 的区县 i 在 2007 年和 2016 年人口数量和市场可达性对数值的差分；X_{ip} 是由区县的区位特征组成的外生变量，包括与一线城市的距离和经纬度。为最大限度地减少异常值的影响并进行反事实估计，在对公式（4-8）进行回归分析时会使用区县 2007 年的人口数量进行加权。

这与现有文献的做法是一致的，如 2016 年 Donaldson 和 Hornbeck 发表在 *The Quarterly Journal of Economics* 上的论文，探究了 1870～1890 年美国铁路网络的建设对土地价值的影响，他们在全局视角下实证测度了铁路网络建设带来的市场可达性提升对土地价值的影响，并且在实证回归中使用县域 1870 年的土地价值进行加权，以消除异常值的影响并进行后续的反事实分析。

通过对公式（4-8）进行最小二乘估计（OLS）来测度高速铁路对人口流动的网络效应，其得到无偏且一致的估计量的前提是区县是否连入高速铁路网络是随机分配的。也就是说，高速铁路网络的连接对于区县是外生的。然而，高速铁路线路和站点的选址与区县的经济社会发展水平息息相关，两者具有潜在的内生相关关系。《中长期铁路网规划》明确指出，我国高速铁路网的建设目标是要连接 50 万人口以上的大中城市，实现城市群内 0.5～2 小时通勤、相邻城市群 1～4 小时通达的目标。因此，经济发达、人口稠密的地区会有更大的概率被率先连入高速铁路网络。该推论也得到了表 4-2 的支持，开通高速铁路的区县，其人口数量要显著高于未开通高速铁路的区县。

具体到式（4-8）的回归方程，内生性问题会导致核心系数 β 的估计产生偏差。为解决该问题，本书构建了基于最小生成树算法（最低成本路径）的理论高速铁路线路，并基于此计算各区县的市场可达性作为工具变量，来解决市场可达性与区县人口数量之间存在的内生性问题。

为了保证工具变量的有效性，理论高速铁路线路必须与真实的高速铁路线路具有很强的相关性，并且是外生的。如前所述，我国高速铁路网络的建设目标是连接区域中心城市、促进城际交流与一体化。在这个目标下，理论上最优的高速铁路线路空间布局应为把这些中心城市连接起来的最低成本路径。我国高速铁路相对较低的建设成本为这一推断提供了有力的证据。根据世界银行的报告，我国运营速度达到 350km/h 的双向轨道高速铁路（包含信号、电气化和设施）的平均成本为 1.39 亿元/km，运营速度为 250km/h 的平均成本为 1.14 亿元/km，比欧洲同类型铁路的建造成本至少低 40%（Lawrence et al.，2019）。因此，我国高速铁路的低建设成本保证了本书基于最低成本路径生成的理论高速铁路线路是一个有效的工具变量。

基于最低成本路径生成理论高速铁路线路需要设定目标城市和成本栅格

（Faber，2014）。一方面，根据《中长期铁路网规划》，我国高速铁路网络的建设目标是形成以特大城市为中心、省会城市为区域节点、覆盖大部分 50 万人口以上的大中城市的城市间出行网络。因此，本研究选择了直辖市、省会城市和计划单列市作为理论线路需要连接的目标节点城市，如图 4-1a 所示，红点代表我国内地的高速铁路网络需要连接的目标城市。另一方面，成本栅格反映了高速铁路线路建设时穿越该栅格所耗费的成本。根据世界银行的报告及与高速铁路建设工程师的访谈，高速铁路建设成本的影响因素主要是地形地貌等自然地理条件和土地征用成本。

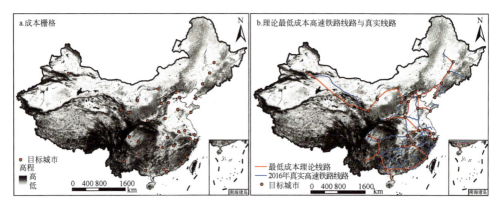

图 4-1　成本栅格、目标城市与理论最低成本的高速铁路线路①

本研究在构建成本栅格时，只考虑与工程建设复杂度相关的自然地理因素，如地形、坡度、地表起伏度等，未将征地成本考虑在内。这主要是基于以下两方面考虑：一是由于高速铁路线路占用的多为非建设用地，征地成本在整个建设成本中占比较低，而且中央政府对各类型土地的征用成本有着相对明确的规定，浮动较小。二是征地成本与地方经济发展水平息息相关，加入该因素难以保证理论高速铁路线路的外生性，这会降低工具变量的有效性。

基于目标城市和成本栅格，通过最小生成树算法可获得建设成本最低的理论高速铁路线路，如图 4-1b 所示，其具体生成过程如附录 C 所示。图中蓝色线路为 2016 年我国内地已投入运营的高速铁路线路，红色线路为建设成本最低的理论高速铁路线路。两者在东北、华北、长江中下游平原、福建沿海区域保持了较

---

① 西藏自治区的平均海拔在 4000m 以上，考虑到现阶段的技术和资金限制，西藏和拉萨不是高速铁路网络连接的目标区域和城市。海南在地理上是一个海外岛屿，没有接入内陆高速铁路网络的骨干线路，因此海南和海口也不是高速铁路网络连接的目标区域和城市。本书研究暂不涉及台湾地区。

高的一致性，而其他区域的线路则存在一定的差异。

依据 3.1.3 节介绍的市场可达性的测度方法，本研究基于理论最低成本高速铁路网络计算了区县市场可达性的增长情况，如图 4-2 所示。可以看出，基于理论高速铁路线路计算的市场可达性增长率高的区县仍然集中在高速铁路廊道区域。需要说明的是，内蒙古自治区由于 2007 年市场可达性的基数较低，在 2016 年理论高速铁路线路开通之后，其市场可达性增加的绝对值虽然不大，但增长率很高。

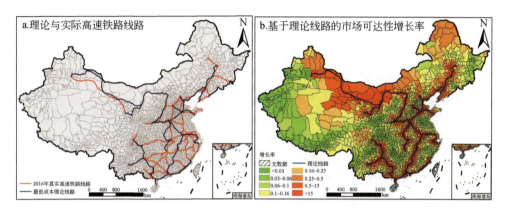

图 4-2   基于理论高速铁路线路的市场可达性增长

注：在本图中，衰减系数为 3，区县与高速铁路站点之间的旅行速度为 60km/h；区县的市场可达性
增长率 =（2016 年有高速铁路的市场可达性/2007 年无高速铁路时的市场可达性）−1

由于最低成本的理论高速铁路线路是由算法生成的，它对于区县的经济社会产出是外生的，可以作为实际高速铁路线路的工具变量。同样的，基于理论高速铁路线路计算的市场可达性也可以作为真实市场可达性的工具变量。本研究采用了一个标准的两阶段最小二乘法（two stage least square，2SLS）来估计高速铁路网络带来的市场可达性增长对区县人口数量的影响，如下式所示：

$$\Delta \ln(\mathrm{Pop}_{ip}) = \gamma_p + \beta \Delta \ln(\mathrm{MA}_{ip}) + \eta X_{ip} + \varepsilon_{ip}$$

$$\Delta \ln(\mathrm{MA}_{ip}) = \gamma_p + \delta \Delta \ln(\mathrm{MA\_LCP}_{ip}) + \varphi X_{ip} + \upsilon_{ip} \tag{4-9}$$

与公式（4-8）相同的，$\Delta \ln(\mathrm{Pop}_{ip})$ 和 $\Delta \ln(\mathrm{MA}_{ip})$ 分别是省份 p 的区县 i 在 2007 和 2016 年人口数量和市场可达性对数值的差分，$\Delta \ln(\mathrm{MA\_LCP}_{ip})$ 是区县 i 在理论高速铁路线路下市场可达性对数值的差分，是回归模型中的工具变量。

4.1.2   数据来源与描述性统计

为测度高速铁路对人口流动的影响效果，本研究通过 2004～2016 年的面板数据和 2007 年与 2016 年的长时序差分数据来分别测度高速铁路的开通效应及网络效应。本章主要的研究贡献为选取具有实践意义的数据模型，该数据的时段覆盖了高速铁路的迅速发展阶段以及发展成熟阶段，能够验证模型的有效性。本章的实证分析主要用到了高速铁路站点及线路的空间分布、县级行政边界以及区县人口数量这三类数据。

1）高速铁路数据来源于哈佛大学研究数据（Harvard Dataverse）和中国研究数据服务平台（Chinese Research Data Service Platform，CNRDS），并经过了笔者的两次校核和处理。

2）区县行政边界数据来源于中国科学院地理科学与资源研究所的资源环境科学与数据中心（http://www.resdc.cn）。将同属一个地市的市辖区进行合并处理后，本书共得到 2068 个区县单元，包括 274 个合并后的市区和 1794 个县。高速铁路和行政区划数据的具体来源和处理过程见附录 A。

3）人口数据来源于《中国县域统计年鉴（县市卷）》和《中国城市统计年鉴》。前者提供了县级市、县、自治县、旗等县级行政区的经济社会统计数据，但市辖区并不在统计范围内；后者则提供了地级市的经济社会统计数据。因此，本书使用整个地级市的人口数量减去该地市下辖的县、县级市、自治县等县级行政区的人口数量，便可得到市辖区的人口数量统计值。此外，本书还从城市人口数据库（City Population Dataset）获得了 2000 年区县的人口普查数据，用来计算各区县的市场可达性。

表 4-1 展示了本章研究所使用的各个变量的定义及其描述性统计信息。开通效应测度模型使用的是 2004～2016 年区县人口数量及高速铁路开通的面板数据，可以看出，高速铁路连接的区县人口数量要显著高于未连接的区县。网络效应测度模型使用的是 2007～2016 年区县人口数量及高速铁路网络带来的市场可达性的差分，同样的，高速铁路连接的区县人口数量和市场可达性在 2007～2016 年的增长率要显著高于未连接的区县。

表 4-1　变量定义与描述性统计

	变量名	定义	均值与标准差		
			全样本	有高速铁路的区县	无高速铁路的区县
开通效应 (2004～2016 年面板数据)	Pop	人口数量（千人）	616.3 (787.14)	1077.63 (1491.21)	497.75 (372.42)
	HSR	高速铁路开通的虚拟变量；区县在该年度开通高速铁路为 1，否则为 0	0.06 (0.24)	0.3 (0.46)	0 (0)

续表

变量名	定义	均值与标准差		
		全样本	有高速铁路的区县	无高速铁路的区县
开通效应 (2004 ~ 2016 年面板数据) Nearby	邻近区县开通高速铁路的虚拟变量；区县该年度未开通高速铁路但相邻区县开通高速铁路，取值为1，否则为0	0.12 (0.33)	0.054 (0.23)	0.14 (0.35)
Obs	样本数量	26 897	5499	21 398
网络效应 (2007 年与 2016 年的长时序差分) Pop_ growth	2007 ~ 2016 年人口增长率	0.1 (0.29)	0.15 (0.37)	0.09 (0.26)
MA_HSR	基于真实高速铁路线路计算的区县市场可达性的增长率	8.44 (40.98)	40 (83.48)	0.33 (0.38)
MA_LCP	基于理论最低成本高速铁路线路计算的区县市场可达性的增长率	17.39 (171.34)	19.62 (74)	16.81 (188.42)
Obs	样本数量	2068	423	1645

注：在计算市场可达性时，衰减系数 θ 为 3，区县到高速铁路站旅行速度为 60km/h；括号内为标准差；县域统计年鉴中部分县域存在数据缺失情况，因此实证分析中的样本数量会少于行政边界地图中的区县总数量

4.1.3 典型事实

在进行定量的回归分析前，本研究对高速铁路线路与区县人口的空间分布进行了地理可视化和叠加分析，如图 4-3 所示。我国高速铁路从 2008 年开始逐步投入运营，图 4-3 展示了 2007 ~ 2016 年区县人口数量的变化情况及 2016 年高速铁路线路的空间分布。

从图 4-3a 可以发现，2007 年人口数量最多的区县主要集中在东南沿海、华北及川渝城市群等地区。从图 4-3b 可以看出，2007 ~ 2016 年人口增长率最高的区县一方面集中在 2007 年人口基数比较小的地区，如贵州、青海、新疆等地，另一方面是位于高速铁路网络枢纽的大城市，如北京、上海、广州、深圳、郑州、石家庄、沈阳等地，这表明高速铁路似乎促进了人口向枢纽地区的转移。图 4-3 通过空间可视化对高速铁路与人口流动的关系进行了初步分析，后文将利用 DID 和 2SLS 的回归模型对高速铁路影响人口流动的开通效应和网络效应进行详细的计量分析。

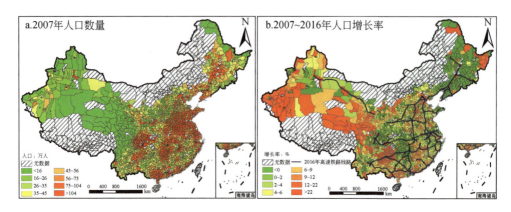

图 4-3　人口数量及高速铁路线路的空间分布

注：部分县域的人口数据存在缺失；在图 b 中，人口增长率＝（2016 年区县人口数量/
2007 年区县人口数量）－1

4.2　高速铁路影响创新主体流动的开通效应

图 4-3 的典型事实初步表明了高速铁路开通对人口流动具有一定的影响，本节将通过公式（4-6）的双重差分模型来定量测度开通高速铁路对区县人口数量的影响。

4.2.1　基准回归结果

基于式（4-6）的回归模型，表 4-2 报告了开通效应的回归结果。因变量为区县人口数量的对数值，表第（1）列展示了 OLS 的估计结果，可以发现高速铁路开通与区县人口数量存在显著的正相关关系。

表 4-2　高速铁路开通影响区县人口数量的基准回归结果

因变量 ln（人口数量）	混合 OLS	双重差分估计（DID）		
	（1）	（2）	（3）	（4）
HSR	0.81 ***	0.019 **	0.022 ***	0.022 ***
	(0.049)	(0.0083)	(0.0083)	(0.0083)
区县固定效应	否	是	是	是
年份固定效应	否	否	是	是

因变量 ln（人口数量）	混合 OLS	双重差分估计（DID）		
	（1）	（2）	（3）	（4）
省份趋势项	否	否	否	是
拟合优度（R^2）	0.052	0.116	0.119	0.119
区县数量	2 069	2 069	2 069	2 069
样本量	26 897	26 897	26 897	26 897

注：①因变量为区县人口数量的对数值；②由于《中国县域统计年鉴（县市卷）》存在缺失值，部分县域并未被纳入本研究的回归样本中；③括号内为估计系数的稳健标准误，并且在区县尺度进行聚类调整；④*、**和***分别表示回归系数在10%、5%和1%的统计水平上显著；⑤本书研究也加入了区位和自然地理等控制变量来重新进行回归，回归系数没有发生显著变化，一定程度上表明了双重差分模型的可靠性

考虑到不可观测的年份趋势和区县特征，以及区县人口数量可能存在的系列相关性，表4-2第（2）~第（3）列的双重差分估计模型依次加入了区县固定效应和年份固定效应，并且稳健标准误都在区县尺度进行了聚类调整。第（3）列的回归结果显示，当一个区县连入高速铁路网络后，其人口数量会增长约2.2%，并且该回归系数在1%的统计水平上显著。由于不同省份的人口数量可能具有差异化的增长趋势，在第（4）列的回归模型中加入了省份趋势项，结果与第（3）列保持了高度的一致性。

4.2.2 平行趋势检验

基准回归中双重差分的估计结果表明［表4-2第（4）列］，连入高速铁路网络的区县人口数量显著增加。双重差分模型不要求处理变量是完全外生的，但一个有效的双重差分估计的前提是实验组和对照组的因变量在冲击发生前是可比的。也就是说，实验组和对照组区县在高速铁路开通前，人口数量的变化趋势是平行的，即平行趋势假设。近年来，越来越多的文献使用事件分析法（Event study）来验证平行趋势假设，这逐渐成为一种标准化的做法（Lin，2016；Qin，2017）。事件分析法的核心是基于高速铁路开通的真实年份生成一组提前和滞后年份的虚拟变量，通过回归分析来检验在高速铁路开通前的年份，实验组和对照组区县的人口数量变化趋势是否存在显著差异。具体的回归方程如下：

$$\text{Pop}_{it} = b_0 + \sum_{j=-4}^{4} B_j \text{HSR}_i \times 1[j=T] + b_2 \text{Trend} + \mu_i + \tau_t + \varepsilon_{it} \quad (4\text{-}10)$$

式中，$1[j=T]$ 是事件分析的年度虚拟变量。例如，区县 i 在 2012 年连入高速铁路网络，则对于该样本，在 2012 年，$T=0$，表示高速铁路开通的第 0 年（当

年）；2011 年，$T=-1$，表示高速铁路开通前 1 年；2013 年，$T=1$，表示高速铁路开通后 1 年，依次类推。其他变量的定义与公式（4-6）一致。以高速铁路开通前 1 年作为基准年份，其他年份的回归系数则表示相比于基准年份，高速铁路开通对该年份区县人口数量的影响。如果在高速铁路开通之前的年份，回归系数显著不为 0，则表明实验组和对照组的区县在高速铁路开通前人口数量的变化趋势具有显著差异；反之，若回归系数不显著，则表明高速铁路开通前两者的变化趋势不存在显著差异，即满足平行趋势假设。

  图 4-4 展示了事件分析回归系数对应的 95% 置信区间，T 年为区县开通高速铁路的年份，本节选择了高速铁路开通前 7 年（$T-7$）到开通后 7 年（$T+7$）的时间窗口。图 4-4 展示了两个方面的信息：一方面，与基准年份（$T-1$ 年）相比，高速铁路开通之前年份的回归系数有一定波动，但与零都没有显著性差异，说明高速铁路开通前实验组和对照组区县的人口数量变化趋势并不存在系统性差异，这证明了平行趋势假设是成立的。另一方面，图 4-4 展示了高速铁路对区县人口数量影响的动态趋势（T 到 $T+7$）。全国平均来看，可以发现连入高速铁路网络后区县的人口数量显著增加，高速铁路开通后的第 6 年增幅达到了顶峰，为 4% 左右。

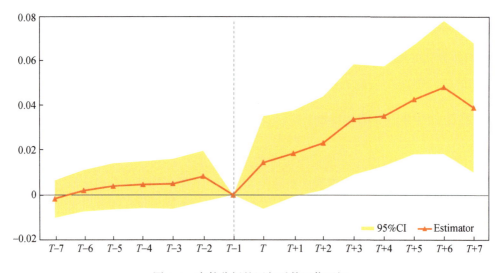

图 4-4 事件分析的回归系数置信区间

4.2.3 市区和县的异质化响应

  表 4-2 展示了高速铁路开通对区县人口数量的平均影响。但在现阶段的中

国，市区和县的经济社会发展水平具有显著的差异，其人口数量受到高速铁路开通的影响可能也会有所不同。为了探究高速铁路对市区和县域人口的差异化影响，本节将表示市区和县的虚拟变量与高速铁路开通的虚拟变进行叉乘以生成交叉项，再利用公式（4-6）的双重差分模型进行回归估计，结果如表4-3第（2）和第（4）列所示。同时，现有文献表明高速铁路站点具有显著的空间溢出效应（Zheng et al., 2019）。为了测度该溢出效应，本节在公式（4-6）的双重差分模型中加入了Nearby变量。Nearby变量是反映相邻区县是否开通高速铁路的虚拟变量，如果一个区县该年度尚未开通高速铁路，但相邻区县开通了高速铁路，该变量取值为1，否则为0，回归结果如表4-3中第（3）~第（4）列所示。

表4-3 市区和县人口数量对高速铁路站点及其溢出效应的差异化响应

因变量 ln（人口数量）	（1）	（2）	（3）	（4）
HSR	0.022 *** (0.0083)		0.017 * (0.0085)	
Nearby			−0.016 *** (0.0039)	
HSR×Urban		0.108 *** (0.018)		0.11 *** (0.0179)
Nearby×Urban				0.08 *** (0.026)
HSR×County		−0.031 *** (0.0059)		−0.038 *** (0.0062)
Nearby×County				−0.023 *** (0.0038)
区县固定效应	是	是	是	是
年份固定效应	是	是	是	是
省份趋势项	是	是	是	是
拟合优度（R^2）	0.119	0.14	0.121	0.147
区县数量	2 069	2 069	2 069	2 069
样本量	26 897	26 897	26 897	26 897

注：①因变量为区县人口数量的对数值；②括号内为估计系数的稳健标准误，并且在区县尺度进行聚类调整；③*、**和***分别表示回归系数在10%、5%和1%的统计水平上显著

表4-3第（1）列展示了高速铁路影响区县人口数量的基准回归结果，作为参考值。第（2）列则通过交叉项探究了高速铁路对市区和县域人口的差异化影响。可以发现，市区和县域人口都受到了高速铁路开通的显著影响，但影响方向刚好相反。平均来看，高速铁路开通的市区人口数量提升了10.8个百分点，而县的人口数量则降低了3.1个百分点。这表明高速铁路显著促进了人口由县向市区的流动，加速了人口的城市化进程。第（3）列则报告了溢出效应的回归结果，可以发现，高速铁路的开通会对相邻区县的人口数量产生显著的负向影响，这表明从全国平均来看，高速铁路的开通对周边区县的人口产生了"虹吸效应"，这与空间均衡理论是一致的（Roback，1982；Glaeser et al.，2001）。开通高速铁路提高了区县的可达性，这是城市宜居性（urban amenity）的一个重要组成部分，提高了区县的吸引力。在第（4）列中，本节通过 Nearby 变量与区县虚拟变量的交叉项进一步探究了市区和县溢出效应的差异，发现市区和县都具有显著的溢出效应，但影响方向是相反的。具体地，如果市区未开通高速铁路，但相邻县域开通了高速铁路，这对市区的人口数量具有正向的影响；反之，如果县域未开通高速铁路，但相邻的市区开通了高速铁路，这对县域的人口数量会有负向的影响。这表明，市区一般可以享受到相邻县域的高速铁路站点带来的可达性提升收益，但县域却很难享受相邻市区或县域高速铁路站点的正向溢出效应。

4.2.4 不同等级城市的异质化响应

在我国，不同城市的发展水平具有较大差异，高速铁路对人口数量的影响可能会因城市的发展水平而异。为了探究高速铁路对不同等级城市的异质化影响，本书一方面基于一二线和中小城市[①]的子样本进行回归估计；另一方面基于全部样本，通过城市等级与高速铁路开通虚拟变量的交叉项进行回归估计，结果如表4-4所示。

表4-4 不同等级城市的人口数量对高速铁路的差异化响应

因变量：ln（人口数量）	一二线城市样本		中小城市样本		全部城市样本	
	(1)	(2)	(3)	(4)	(5)	(6)
HSR	0.04 **		0.013			
	(0.017)		(0.0094)			

---

① 一二线城市主要为直辖市、计划单列市和省会城市，中小城市为三四五线城市。具体名单见 https://baijiahao.baidu.com/s? id=1634394423161764056&wfr=spider&for=pc。

续表

因变量： ln（人口数量）	一二线城市样本		中小城市样本		全部城市样本	
	（1）	（2）	（3）	（4）	（5）	（6）
HSR×Urban		0.124 ***		0.098 ***		
		(0.032)		(0.021)		
HSR×County		−0.023 *		−0.034 ***		
		(0.013)		(0.0067)		
HSR×Top tiers					0.043 ***	
					(0.017)	
HSR×Low tiers					0.013	
					(0.0093)	
HSR×Urban× Top tiers						0.128 ***
						(0.031)
HSR×Urban× Low tiers						0.097 ***
						(0.021)
HSR×County× Top tiers						−0.021 *
						(0.012)
HSR×County× Low tiers						−0.035 ***
						(0.0066)
区县固定效应	是	是	是	是	是	是
年份固定效应	是	是	是	是	是	是
省份趋势项	是	是	是	是	是	是
拟合优度（R^2）	0.151	0.205	0.116	0.131	0.12	0.14
区县数量	272	272	1 797	1 797	2 069	2 069
样本量	3 536	3 536	23 361	23 361	26 897	26 897

注：①括号内为估计系数的稳健标准误，并且在区县尺度进行聚类调整；②∗、∗∗和∗∗∗分别表示回归系数在10%、5%和1%的统计水平上显著；③由于在《中国县域统计年鉴（县市卷）》上无法获取部分区县的人口数量，样本存在缺失值

表4-4中第（1）~第（2）列和第（3）~第(4)列分别展示了基于一二线城市和中小城市的子样本进行回归的结果。平均来看，高速铁路显著提升了一二线

城市下辖区县的人口增长速度，但对于中小城市的区县则没有产生显著影响。分市区和县来看，第（2）列和第（4）列的结果都表明高速铁路促进了人口由县向市区的转移，加速了人口的市区化。人口流入最多的是一二线城市的市区，流出最多的是中小城市的县。

表4-4第（5）~第（6）列则展示了基于全样本通过交叉项进行回归的结果。HSR×Top tiers是高速铁路虚拟变量与一二线城市虚拟变量的交叉项，测度的是高速铁路对一二线城市下辖区县的人口数量的影响；相对的，HSR×Low tiers是高速铁路与中小城市虚拟变量的交叉项，测度的是高速铁路对中小城市下辖区县人口数量的影响。可以发现，一二线城市的区县在开通高速铁路后，其人口数量发生了显著增长，而中小城市的区县在开通高速铁路后则没有显著变化。

为了更加详细地探究不同发展水平区县的差异化响应，本研究将表示城市等级的虚拟变量与市区和县的虚拟变量进行叉乘以生成交叉项，将实验组区县细分为一二线城市的市区（HSR×Urban×Top tiers）、中小城市的市区（HSR×Urban×Low tiers）、一二线城市的县（HSR×County×Top tiers）、中小城市的县（HSR×County×Low tiers），再次进行双重差分估计，结果如表4-4第（6）列所示。

从回归系数的符号来看，无论是一二线城市，还是中小城市，市区人口数量对于高速铁路开通都是正向的响应，而县域则都是负向的响应，这表明高速铁路加速了人口的市区化进程，这与表4-3的回归结果是一致的。具体到回归系数的大小和显著性，可以发现接入高速铁路网络后，人口流出最多的是中小城市的县域，而人口流入最多的是一二线城市的市区。平均来看，一二线城市的市区在连入高速铁路网络后，人口数量会提升12.8%，而中小城市的县域在开通高速铁路后人口数量则会下降3.5%。

4.2.5 地区的异质化响应

在我国，区域发展水平存在较大差异，东部沿海地区的经济发展水平最高，中部地区次之，西部地区则有待进一步发展。上文探讨了高速铁路对城市间和区县间人口流动的影响，但其对区域间人口流动的影响尚不清晰。为回答该问题，本节一方面将东部、中部、西部、东北地区的样本分开进行回归估计，另一方面将表示东部、中部、西部、东北地区的虚拟变量与高速铁路开通的虚拟变量进行叉乘以生成交叉项，再利用公式（4-6）的双重差分模型对全部样本进行回归估计，结果如表4-5所示。

表4-5　不同地区人口数量对高速铁路的差异化响应

因变量： ln（人口数量）	子样本				全样本	
	东部地区	中部地区	西部地区	东北地区	全部地区	
	（1）	（2）	（3）	（4）	（5）	（6）
HSR×Urban	0.14***	0.103***	0.077***	0.076***		
	(0.035)	(0.027)	(0.028)	(0.02)		
HSR×County	−0.042***	−0.019**	−0.015	−0.022		
	(0.012)	(0.0077)	(0.01)	(0.014)		
HSR×Eastern					0.048***	
					(0.017)	
HSR×Central					0.0074	
					(0.012)	
HSR×Western					0.022*	
					(0.013)	
HSR×Northeastern					−0.038***	
					(0.012)	
HSR×Eastern× Urban						0.16***
						(0.036)
HSR×Central× Urban						0.083***
						(0.027)
HSR×Western× Urban						0.08***
						(0.028)
HSR×Northeastern× Urban						0.02
						(0.017)
HSR×Eastern× County						−0.024**
						(0.012)
HSR×Central× County						−0.037***
						(0.0076)
HSR×Western× County						−0.013
						(0.0091)
HSR×Northeastern× County						−0.077***
						(0.01)
区县固定效应	是	是	是	是	是	是

因变量： ln（人口数量）	子样本				全样本	
	东部地区	中部地区	西部地区	东北地区	全部地区	
	（1）	（2）	（3）	（4）	（5）	（6）
年份固定效应	是	是	是	是	是	是
省份趋势项	是	是	是	是	是	是
拟合优度（R^2）	0.21	0.104	0.199	0.041	0.122	0.145
区县数量	546	570	776	177	2 069	2 069
样本量	7 098	7 410	10 088	2 301	26 897	26 897

注：①括号内为估计系数的稳健标准误，并且在区县尺度进行聚类调整；②＊、＊＊和＊＊＊分别表示回归系数在10%、5%和1%的统计水平上显著

与表4-4的组织结构类似，表4-5第（1）～第（4）列分别展示了基于东部、中部、西部、东北地区的子样本进行回归的结果，第（5）～第（6）列则展示了基于全样本通过交叉项进行回归的结果。两者的区别在于实验组和对照组区县的选取存在差异。以第（1）列东部地区的子样本为例，其进行双重差分估计的实验组是东部地区开通高速铁路的区县，对照组是东部地区未开通高速铁路的区县，回归系数测度的是高速铁路对东部地区内部人口流动的影响。而基于全样本的双重差分估计中［第（5）～第（6）列］，实验组分别为东部、中部、西部、东北地区开通高速铁路的区县，对照组是所有未开通高速铁路的区县。回归系数探究的是高速铁路对全国不同地区的区县人口数量的影响，可以很好地揭示人口跨地区流动的趋势。

表4-5中第（1）～第（4）列子样本的回归结果显示，平均来看，连入高速铁路网络的市区人口数量都发生了显著上涨，其中增长最快的是东部和中部地区，其弹性系数分别为14%和10.3%。对于开通高速铁路的县域来说，东部和中部的县域人口发生了显著下降，西部和东北地区县域人口数量的变化不显著。由于子样本的回归结果探究的是高速铁路对区域内部人口流动的影响，因此可以发现高速铁路的建设加剧了东部和中部地区内部的"虹吸效应"，促进了人口由县域向城市区域的转移。

为了更加详细地探究不同地区的差异化响应，本研究将地区虚拟变量与高速铁路虚拟变量进行叉乘以生成交叉项，将实验组区县分为东部（HSR×Eastern）、中部（HSR×Central）、西部（HSR×Western）、东北（HSR×Northeastern）四组，再次进行双重差分估计，结果如表4-5第（5）列所示。平均来看，东部地区的区县在连入高速铁路网络后，其人口数量的增长速度显著提升，而东北地区则刚

好相反，东北地区的区县在开通高速铁路后，人口的增长速度会显著下降。

更进一步地，本节用高速铁路虚拟变量、地区虚拟变量、区县虚拟变量三者的交叉项，将实验组区县分为了东部市区（HSR×Eastern×Urban）、中部市区（HSR×Central×Urban）、西部市区（HSR×Western×Urban）、东北市区（HSR×Northeastern×Urban）、东部的县（HSR×Eastern×County）、中部的县（HSR×Central×County）、西部的县（HSR×Western×County）、东北的县（HSR×Northeastern×County）八组来进行回归估计，结果如表4-5第（6）列所示。平均来看，东部、中部、西部地区的城市区域在连入高速铁路网络后，其人口数量都发生了显著上涨，唯独东北地区的城市区域在开通高速铁路后人口数量未发生显著变化。从县域来看，东部、中部、东北地区的县域在连入高速铁路网络后，其人口数量都发生了显著下降，但下降幅度最大的是东北地区的县，其弹性系数为−7.7%。这也就意味着，东北地区的县在开通高速铁路后人口会加速流失。

总体来看，高速铁路的建设促进了人口由县向市区的转移，加速了人口向城市区域的集聚，尤其是东部地区和一二线的大城市。从人口数量的视角来看，高速铁路放大了东部地区和一二线城市的"虹吸效应"，加速了人口由东北地区和中小城市的县向大都市区的转移，高速铁路通过牺牲沿线中小城市的发展利益给大城市带来了新的发展机遇，拉大了区域发展差距。

4.3　高速铁路影响创新主体流动的网络效应

图4-3的典型事实初步表明了高速铁路网络对区县的人口数量具有一定的影响，本节将通过市场可达性来量化高速铁路网络建设的全局影响，进而通过公式（4-8）和（4-9）的回归模型来定量测度高速铁路对区县人口数量的网络效应。

4.3.1　基准回归结果

表4-6报告了基于公式（4-8）的回归结果。其中，因变量为区县在2007年和2016年人口数量对数值的一阶差分，以此来测度人口数量在高速铁路网络建设前后的变化；自变量为区县在2007年和2016年市场可达性对数值的一阶差分，以此来测度高速铁路网络带来的市场可达性增长。为了最大限度地降低异常值对回归结果的影响，本节参考现有文献的做法（Donaldson and Hornbeck，2016），在对式（4-8）进行回归分析时使用了区县2000年或2007年的人口数量进行加权。

表4-6 市场可达性与人口数量的 OLS 估计结果

因变量：人口数量对数值的	Weight = Pop2007		Weight = Pop2000	
差分（2007~2016 年）	（1）	（2）	（1）	（2）
Δln（MA）	0.0171 ***	0.0179 ***	0.0161 ***	0.0155 ***
	(0.004 34)	(0.004 42)	(0.004 55)	(0.004 62)
控制变量	否	是	否	是
省份固定效应	是	是	是	是
拟合优度（R^2）	0.157	0.165	0.15	0.162
样本量	2 068	2 068	2 068	2 068

注：①控制变量为外生的区位变量，包括区县的经度、纬度、与大都市区（北京、上海、深圳）的最短距离；②括号内为估计系数的稳健标准误差；③ *、** 和 *** 分别表示回归系数在10%、5%和1%的统计水平上显著；④由于统计年鉴没有记录部分县域的人口数量，样本存在缺失值；⑤在计算市场可达性时，衰减系数 θ 为3，区县到高速铁路站旅行速度为60km/h

表4-6 中第（1）~第（2）列的回归模型使用了2007年的人口数量进行加权，结果显示，高速铁路网络建设带来的市场可达性提升与区县人口数量的增长率存在显著的正相关关系，弹性系数为1.7%~1.8%，并且该系数在加入控制变量后无显著变化。第（3）~第（4）列则展示了使用区县2000年人口进行加权的回归结果，市场可达性仍与区县人口数量表现出了高度的正相关关系。

如4.1节所述，对公式（4-8）进行 OLS 估计可能会因内生性问题而产生估计偏差。为解决该问题，本节使用了基于最小成本理论高速铁路线路计算的市场可达性作为工具变量，利用 2SLS 对方程组（4-9）进行估计，结果如表4-7 所示。与表4-6类似，本节进行回归估计时分别使用了2000年和2007年的区县人口数量进行加权。第一阶段的回归结果表明，基于理论高速铁路线路测算的市场可达性与基于真实高速铁路线路的测算结果显著相关，回归系数均在1%的统计水平上显著。同时，所有回归模型的 F 统计量均远大于10，证明了工具变量的强有效性（Stock et al., 2002）。

表4-7 市场可达性与人口数量的 2SLS 回归结果

		Weight = Pop2007		Weight = Pop2000	
		（1）	（2）	（3）	（4）
因变量：人口数量对数值的	Δln（MA）	0.0868 ***	0.0858 ***	0.0729 ***	0.068 ***
差分（第二阶段回归）		(0.0246)	(0.0244)	(0.0235)	(0.0237)

续表

		Weight = Pop2007		Weight = Pop2000	
		(1)	(2)	(3)	(4)
因变量：市场可达性对数值的差分（第一阶段回归）	Δln（MA_LCP）	0.166 ***	0.162 ***	0.169 ***	0.165 ***
		(0.0339)	(0.0323)	(0.0331)	(0.0325)
	控制变量	否	是	否	是
	省份固定效应	是	是	是	是
	F 统计量	39.34	320.31	37.5	90.97
	拟合优度（R^2）	0.23	0.262	0.254	0.282
	样本量	2 068	2 068	2 068	2 068

注：①控制变量和市场可达性计算的参数设定同表 4-6；②括号内为估计系数的稳健标准误；③ * 、** 和 *** 分别表示回归系数在 10% 、5% 和 1% 的统计水平上显著；④参考现有文献（Donaldson and Hornbeck，2016），表中所有回归模型均使用了区县 2007 年的人口数量进行加权；⑤由于统计年鉴没有记录部分县域的人口数量，样本存在缺失值

表 4-7 中第（1）~ 第（2）列中第二阶段的回归结果显示，回归系数均为显著的正值，表明市场可达性的提升对区县人口数量的增长具有正向的作用，其弹性系数为 8.6% 左右，并且通过了 1% 的显著性测试。这表明，区县的市场可达性每提升 10% ，其人口数量在 2007 ~ 2016 年的增长率将会提升 0.86% 左右。第（3）~ 第（4）列采用了区县 2000 年的人口进行加权，回归系数并没有出现显著变化，证明了实证结果的稳健性。

4.3.2　异质性分析

表 4-7 展示了市场可达性对区县人口数量的平均效应，这可能掩盖了市区和县以及不同等级城市间的异质化效应。如 4.2 节所述，市区和一二线城市的经济发展水平一般要高于县域和中小城市。为了探究高速铁路带来的市场可达性提升对不同发展水平区域的人口数量的异质性影响，分别采用了子样本回归和交叉项的方法，结果如表 4-8 所示。

表 4-8　市场可达性对人口数量的异质化影响

因变量：人口数量对数值的差分	子样本				全样本	
	市区	县	一二线城市	中小城市		
	(1)	(2)	(3)	(4)	(5)	(6)
Δln（MA）	0.0447	−0.0105	0.142 ***	−0.00257		
	(0.0291)	(0.0220)	(0.0500)	(0.0368)		

续表

因变量：人口数量对数值的差分	子样本				全样本	
	市区	县	一二线城市	中小城市		
	（1）	（2）	（3）	（4）	（5）	（6）
Δln（MA）×Urban					0.0738***	
					（0.0217）	
Δln（MA）×County					−0.0163	
					（0.0311）	
Δln（MA）×Top tiers						0.0787***
						（0.0252）
Δln（MA）×Low tiers						0.0512
						（0.0421）
控制变量	是	是	是	是	是	是
省份固定效应	是	是	是	是	是	是
F 统计量	176.71	22.07	48.33	17.94		
样本量	274	1 794	272	1 796	2 068	2 068

注：①控制变量、模型设定、市场可达性计算的参数设定同表4-6；②括号内为估计系数的稳健标准误；③*、**和***分别表示回归系数在10%、5%和1%的统计水平上显著；④所有回归模型的第一阶段回归系数均通过了1%的显著性测试，并且F统计量大于10。具体地，第（5）~第（6）列的回归模型有两个内生变量（交叉项），因此每个回归有两个F统计量，分别为346.21和18.14（第5列）、2159.74和20.73（第6列）。为了表格的简洁，第一阶段回归结果并未在表中汇报

一方面，本节将样本分为市区和县、一二线城市和中小城市的子样本来分别进行回归，结果如表4-8第（1）~第（4）列所示。第（1）~第（2）列的回归结果显示，高速铁路网络带来的市场可达性对市区人口数量具有正向影响，对县域人口数量具有负向影响，但影响都不显著。从第（3）~第（4）列可以看出，高速铁路网络导致的市场可达性提升显著促进了一二线城市下辖区县人口数量的增长，但对中小城市下辖区县的影响则不显著。

另一方面，本节将表示市区和县的虚拟变量以及城市等级的虚拟变量分别与市场可达性进行叉乘以生成交叉项，再利用公式（4-9）的2SLS回归模型进行估计，结果如表4-8第（5）~第（6）列所示。Δln(MA)×Urban是市场可达性与市区虚拟变量的交叉项，测度的是市场可达性对市区人口数量的影响，Δln(MA)×County是市场可达性与县域虚拟变量的交叉项，测度的是市场可达性对县域人口数量的影响。同理，Δln(MA)×Top tiers和Δln(MA)×Low tiers分别测度了市场可达性对一二线城市和中小城市下辖区县人口数量的影响。表4-8中第（1）列和第（5）列的回归结果都表明高速铁路网络带来的市场可达性会促进市区人口数量的增长，但前者并不显著，后者则通过了1%的显著性测试，这是因为在两

个回归的样本构成不同。整体来看，第（5）~第（6）列的回归结果与第（1）~第（4）列具有较高的一致性，都表明了高速铁路网络带来的市场可达性提升显著促进了一二线城市和市区人口数量的增长。

4.3.3 稳健性检验

在计算市场可达性时，根据现有文献对一些参数进行了设定，本节将通过参数的敏感性测试来对网络效应的分析结果进行稳健性检验。根据 3.1 节市场可达性的计算公式，市场可达性的计算主要受到衰减系数（θ）和区县到高速铁路站点的旅行速度这两个参数的影响。因此，本节的稳健性检验策略是通过改变这两个参数值来检验实证结果的稳健性。

首先是衰减系数（θ）的敏感性测试。市场可达性的计算需要选定一个合适的衰减系数，在基准回归中，参考现有文献将其值设定为 3（Donaldson and Hornbeck，2016；Lin，2016）。敏感性测试会将其分别调整为 1、2 和 8.28，基于真实和理论高速铁路线路来重新计算区县的市场可达性，并通过式（4-9）的 2SLS 回归模型来重新测度市场可达性对区县人口数量的影响，结果如表 4-9 第（1）~第（4）列所示。第（3）列展示了表 4-7 的基准回归结果（$\theta=3$），以作参考。

第（1）~第（4）列的回归模型中，市场可达性的计算都将区县到高速铁路站点的旅行速度设定为 60km/h。可以看到，回归系数的符号和显著性并没有因衰减系数（θ）的改变而产生变化，这表明本书的实证结论并不会随着衰减系数的设定而变化，具有很高的稳健性。此外，第（1）~第（4）列的结果显示回归系数的绝对值会随着 θ 的增大而减小。从 3.1.3 节市场可达性的计算公式中可以看出，θ 测度的是区域间知识、信息、人力资本等生产要素的交互强度随着距离的增加而衰减的速度。这就意味着，随着区域间要素联系衰减速度的增加，高速铁路对人口流动的影响会逐渐变小。

其次是旅行速度的敏感性测试。如 3.1.3 节所述，区县间的旅行时间矩阵（τ_{ij}）是由区县到高速铁路站点和高速铁路站点之间的旅行时间共同组成。高速铁路站点之间的旅行时间相对容易测算，因为高速铁路的运行速度和路线相对固定。但区县到高速铁路站点的旅行时间是通过地理距离和其他交通工具（如私家车、普通铁路）的旅行速度来测算的。在基准回归中，本节参考了现有高速公路和普通铁路的运营速度，将区县到高速铁路站点的旅行速度设定为 60km/h，本节的敏感性测试将其分别调整为 40km/h、80km/h 和 100km/h，来重新计算区县的市场可达性并测度高速铁路对人口流动的网络效应。结果如表 4-9 第（5）~

第（8）列所示。第（5）~第（8）列的回归模型中，市场可达性的计算都将衰减系数（θ）的值设定为3。第（6）列展示了表4-7中基准回归的结果（旅行速度=60km/h），以做参考。可以看到，回归系数的符号和显著性并没有因旅行速度的改变而发生显著变化，表明了实证结果的稳健性。

表4-9　衰减系数和旅行速度的敏感性测试结果

		旅行速度=60km/h				$\theta=3$			
		(1)	(2)	(3)	(4)	(5)	(6)	(7)	(8)
		q=1	q=2	q=3	q=8.28	40km/h	60km/h	80km/h	100km/h
因变量：人口数量对数值的差分（第二阶段回归）	$\Delta\ln$（MA）	0.34***	0.16***	0.086***	0.027***	0.064***	0.086***	0.11***	0.14***
		(0.12)	(0.049)	(0.024)	(0.008)	(0.018)	(0.024)	(0.033)	(0.045)
因变量：市场可达性对数值的差分（第一阶段回归）	$\Delta\ln$（MA_LCP）	0.24***	0.17***	0.16***	0.16***	0.17***	0.16***	0.15***	0.14***
		(0.039)	(0.034)	(0.032)	(0.034)	(0.033)	(0.032)	(0.032)	(0.032)
控制变量		是	是	是	是	是	是	是	是
省份固定效应		是	是	是	是	是	是	是	是
F统计量		274.42	412.86	320.31	118.32	224.29	320.31	171.13	88.07
R^2		0.473	0.335	0.262	0.208	0.27	0.262	0.255	0.248
样本量		2 068	2 068	2 068	2 068	2 068	2 068	2 068	2 068

注：①控制变量为外生的区位变量，包括区县的经度、纬度及与大都市区（北京、上海、深圳）的最短距离；②括号内为估计系数的稳健标准误差；③*、**和***分别表示回归系数在10%、5%和1%的统计水平上显著；④表中所有回归模型均使用了区县2007年的人口数量进行加权

4.4　本章小结

本章基于2004~2016年区县的人口数据，通过一系列的双重差分（DID）和两阶段最小二乘估计（2SLS），测度了高速铁路影响人口流动的开通效应和网络效应，证实了高速铁路会显著影响区县间、地市间、区域间的人口流动，重塑人口空间分布格局。

首先，从区县尺度来看，高速铁路总体上促进了市区的人口流入和县域的人口流出，加速了人口的市区化。平均来看，市区在连入高速铁路网络后人口数量会增加10.8%，而县域人口数量在开通高速铁路后会显著下降3.1%，两者均通过了1%的显著性测试。从全局视角来看，高速铁路网络带来的市场可达性提升显著促进了人口在市区的集聚，但对县域的人口数量产生了负向影响。

其次，从地级市尺度来看，开通效应和网络效应的分析都表明，高速铁路促

进了人口由中小城市向一二线城市的转移，加速了大都市区的人口集聚和中小城市下辖县域的人口流出。平均来看，一二线城市下辖的区县在高速铁路开通后人口数量会显著提升4.31%，而中小城市的区县则没有显著变化。高速铁路网络带来的市场可达性提升对一二线城市的人口数量产生了显著的正向影响，而对中小城市的人口数量则没有显著影响。具体地，开通高速铁路后人口流入最多的是一二线的大都市区，人口数量对高速铁路开通的弹性系数为12.8%，人口流出最多的是中小城市下辖的县，其弹性系数为-3.5%。

最后，从区域尺度来看，高速铁路的建设促进了人口由东北地区向东部沿海地区的流动，加快了东北地区人口的流失和东部沿海地区人口的集聚。平均来看，东部地区的区县在高速铁路开通后，其人口数量显著提升4.8%，而东北地区区县的人口数量则在连入高速铁路网络后显著下降3.8%。具体地，开通高速铁路后人口显著流入地主要是东部、中部和西部地区的市区，而人口显著流出的是东部、中部和东北地区的县。其中，人口流入最多的是东部地区的市区，人口数量对高速铁路开通的弹性系数达到了16%；人口流出最多的是东北地区的县，弹性系数为-7.7%。

总体来看，高速铁路促进了人口由县向城市市区的流动，加速了人口向市区的集聚，尤其是东部地区和一二线城市。从人口数量的视角来看，高速铁路加剧了东部地区和一二线城市的"虹吸效应"，加速了人口由中小城市的县向大都市区的流动，高速铁路通过牺牲沿线中小城市的发展利益给大城市带来了新的发展机遇，拉大了区域发展差距。

本章研究证明了高速铁路重塑了人口的空间分布格局，这会进一步地影响土地利用和企业集聚的空间格局。本章从站点和全局的视角探究了高速铁路对区县人口数量的开通效应和网络效应。通过区县、地级市、区域三个尺度的分析，发现高速铁路促进了我国人口的空间重分布，重塑了人口的空间分布格局。一方面，作为经济活动的重要主体之一，人口的空间重分布会导致土地利用格局的变化，尤其是住宅和商服用地的市场价格和利用强度。另一方面，作为市场需求的重要决定因素，人口的空间重分布很大程度上决定了新创企业的空间分布格局，尤其是服务部门的新创企业，其对人口集聚具有很强的依赖性。

| 第 5 章 | 高速铁路网络与区域创新空间格局的动态耦合

城市网络是一种由城市及其外部联系构成的流动空间形态（Camagni and Salone，1993）。随着交通基础设施和信息通信技术的发展，城市之间相互联系变得越来越复杂，关于城市和区域系统空间格局的研究逐渐从分析个体城市属性及其经济量化指标，发展到对城市间相互作用及整个城市网络动态演化的研究。与此同时，流空间理论、图论、复杂网络和社会网络分析方法的不断发展为相关研究提供了理论与技术支持，使城市网络逐渐成为经济学和地理学领域的热门研究话题。

目前，对城市网络的构建和分析主要基于两种空间联系：一种是由交通和通信等基础设施系统形成的区域间物理联系；另一种是由人口、资金、信息等要素流动形成的区域间经济社会联系。围绕本书研究主题，本章将基于网络视角构建并分析我国高速铁路网络和区域创新空间格局的网络化模型。其中，5.1 节主要提出高速铁路物理网络和高速铁路运营网络建模方案，并通过计算网络节点中心性和网络密度等指标，分析高速铁路网络结构特征和动态演化规律；5.2 节主要提出区域创新空间格局的网络化建模方案，同样采用节点中心性和网络密度指标动态描述我国区域创新网络的结构特征及发展演化规律；5.3 节主要从定量角度分析我国高速铁路网络与区域创新网络之间的动态耦合关系。

本章在整体研究中的作用主要有三方面：一是通过构建高速铁路网络和区域创新空间格局网络化模型，对研究对象进行可视化呈现，使相关概念内涵及两种网络的动态演化过程更加直观和容易理解；二是为高速铁路网络与区域创新空间格局的关联性研究提供视角和扩展方法，不同于基于计量经济模型展开的因果关系识别，本章更侧重于通过网络可视化和网络分析技术，揭示高速铁路网络和区域创新空间格局之间的相关关系；三是通过计算中心性、连通性及网络密度等指标，为后续章节对于高速铁路网络效应的实证研究提供模型变量和数据基础。

5.1 高速铁路网络建模与分析

5.1.1 研究方案

5.1.1.1 研究背景和研究思路

流空间和中心流理论为城市网络研究提供了理论基础。其中，流空间由Castells在1989年提出，主要包括流要素（如信息流、资金流等）、流载体（如电信网络、交通网络等）、流节点和流支配系统等四个组成部分（Castells，1989）；中心流理论作为中心地理论的扩展，主要分析流动空间形态下的网络中心和关键要素流。交通基础设施为整个区域提供了运输货物和人力资源的物理通道，而交通系统固有的网络化特征更为区域经济发展格局带来了复杂的网络效应，因此逐渐成为城市网络研究的关键对象。

高速铁路作为现代交通系统的重要组成部分，因速度快、载客量大等特点而在城市网络的发展演化进程中发挥着重要作用。一方面，研究高速铁路网络拓扑特性可以为理解国家和区域层面城市网络的结构特征和空间演化规律提供依据，高速铁路网络连通性、传递性及可达性等指标经常被用于评价每个城市在网络中的角色和地位。例如，Albalate和Bel（2012）对西班牙等国家的高速铁路系统展开研究，发现高速铁路网络中城市的层级结构呈中心化发展趋势。另一方面，高速铁路网络对城市系统的复杂影响还表现在与其他经济社会活动的相互依存关系上。例如，Guo等（2020）研究并证实了我国高速铁路网络和城市经济网络之间的动态耦合关系，并且发现两者的相关性在发达地区体现地更加明显。

复杂网络和社会网络分析技术因为提供了基于"关系"数据识别网络结构特征的完整指标体系，而被广泛应用于探索城市系统内的空间相互作用和经济社会联系（Albert et al.，2000；Watts and Strogatz，1998）。作为一种由站点和线路构成的网状系统，高速铁路网络具有小世界、无标度等特点，可以被抽象地理解为一种复杂网络。目前学者们已经基于相关理论和方法对高速铁路网络展开了广泛的研究，包括高速铁路网络空间演化格局的量化分析（Chen et al.，2018）、基于国家铁路规划的未来高速铁路网络增长模式预测（Xu et al.，2018）、高速铁路网络和航空网络的对比分析（Yang et al.，2018）及高速铁路网络稳健性评估（Li et al.，2019；Li and Rong，2020）等。

然而，现有的研究或是仅关注某一年份的高速铁路网络布局，或是仅分析高速铁路网络某一方面的结构特征，均无法全面准确反映我国高速铁路网络发展的动态过程。为了填补现有研究空白，本节将基于图论和社会网络分析方法，分别构建 2008～2015 年我国高速铁路物理网络和高速铁路运营网络；通过计算各城市在高速铁路网络的中心性及区域高速铁路网络密度，描述高速铁路网络节点结构和整体结构；通过分析各指标的空间分异特征与动态变化过程，描述我国高速铁路网络的发展演化规律。本节的具体研究框架如图 5-1 所示。

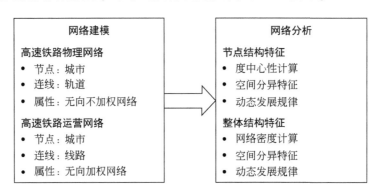

图 5-1   高速铁路网络建模与分析框架

5.1.1.2   数据来源与处理

本节研究使用到的高速铁路数据主要包括两部分：第一部分数据来源于中国研究数据服务平台，该数据集包含高速铁路列车信息、高速铁路站点开通时间及高速铁路线路信息。其中，高速铁路列车信息数据包括列车车次、出发站、到达站、开车时间、到达时间、运行时间、里程等字段；高速铁路站点开通时间数据包括各高速铁路站名称、开通时间、所属地区和所属线路名称等字段；高速铁路线路信息数据包括高速铁路线路名称、开通时间、线路长度、设计速度和沿途主要车站等字段。基于本数据集，识别 2008～2015 年各城市在高速铁路网络中的基础设施连接情况，从而构建基于 L 空间（Space L）的高速铁路物理网络。根据该数据集提供的高速铁路线路里程和车速信息，估算各城市之间的高速铁路旅行时间，用以衡量城市间的高速铁路连通性。

第二部分数据来源于铁道部（现中国国家铁路集团有限公司）发布的《全国铁路旅客列车时刻表》。该时刻表提供了每条铁路列车的具体线路和时刻信息。本书首先收集 2008～2015 年各年份发行的《全国铁路旅客列车时刻表》纸质印刷版本，之后通过手工方式查询并登记每一列以"G""D""C"命名的高速铁路车次及其始发、到达和沿途停靠车站。然后通过高德地图查询各车站所在城市，并基于 Python 进行程序设计，统计各城市间高速铁路列车的实际运营班次。

5.1.2 高速铁路网络建模

出于对"空间"的不同理解，交通网络可以具有多种不同的表现形式。车站空间（station space）、停靠空间（stop space）及换乘空间（transfer space）是三种较为常见的高速铁路网络空间形态（Kurant and Thiran，2006），其区别主要体现在对网络中各节点（城市或车站）如何建立连接所做的不同规定。具体来说，车站空间主要关注基础设施即高速铁路轨道的物理连接，而停靠空间和换乘空间则主要基于列车实际运营线路确定节点的连接状态。在车站空间中，只有当两个车站通过至少一条高速铁路轨道直接相连，并且在该段轨道中间无其他车站时，才认为这两个车站是连通的；在停靠空间中，如果两个车站之间存在至少一个班次的直达列车，且该列车在中途无其他停靠站点，就认为这两个车站是连通的；而在换乘空间中，只要两个车站之间有直达列车而无须换乘，无论该列车在这两个车站之间需要停靠多少次，那么都认为这两个车站是连通的。在交通领域研究中，车站空间和停靠空间又被称为 L 空间（Space L），而换乘空间又被称为 P 空间（Space P）。

无论是 L 空间还是 P 空间，都是对交通网络的客观反映。前者主要关注交通网络的物理连接，而后者更加强调交通线路的直达情况。图 5-2 反映了基于 Space L 和 Space P 的高速铁路网络空间形态差异。在 L 空间下，线段 AB、BC 分别代表一段轨道，因为列车在站点 A 和站点 C 之间需要停靠站点 B，故认为站点 A 和站点 C 不直接相连，即从站点 A 到站点 C 需要经过 AB 和 BC 两条边；而在 P 空间下，线段 AB、BC 和 AC 分别反映高速铁路列车直达情况，因为站点 A 和站点 C 之间有直达列车，虽然中间需要停靠站点 B，但 P 空间仍认为两者通过边 AC 直接相连。为了对我国高速铁路网络的建设和运营发展过程进行全面描述，本节将分别基于 L 空间构建高速铁路物理网络，基于 P 空间构建高速铁路运营网络。

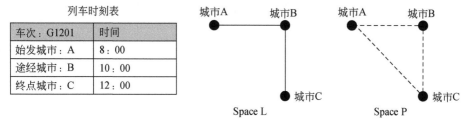

图 5-2　基于 Space L 和 Space P 的高速铁路网络空间形态对比

5.1.2.1　基于 Space L 的高速铁路物理网络

节点（node）和边/连线（edge）是网络的最基本组成元素。因本研究单元为城市，故以城市为节点构建高速铁路网络。此外，本研究不关注城市内的车站数量和规模，规定只要在城市行政区域范围内有至少一座高速铁路站点，就视该城市已接入高速铁路网络。由于 L 空间强调节点间的物理连接，更能真实反映城市间高速铁路基础设施的布局情况，所以本研究选择基于 Space L 构建高速铁路物理网络，规定当两城市间有至少一条高速铁路轨道，并且该段轨道中间再无其他城市的高速铁路站点时，则这两城市由一条边相连。另外，本研究不关注高速铁路轨道的数量和方向，即视高速铁路物理网络为一种无向不加权网络。

基于中国研究数据服务平台的高速铁路线路数据，本研究首先建立 2008 ~ 2015 年高速铁路物理网络 0–1 邻接矩阵，规定若城市 i 与城市 j 相连，则单元格值 $C_{ij}=1$，反之则 $C_{ij}=0$。之后，基于 ArcGIS 软件对我国高速铁路物理网络进行空间可视化呈现，如图 5-3 所示。可以看出，2008 ~ 2015 年我国高速铁路物理网络经历了由线到面、从形成到不断发展的连续过程。经统计，高速铁路物理网络节点数从 2008 年的 15 个增长到 2015 年的 187 个。2011 年以前，京广、沪昆、宁蓉等多条高速铁路线路单线建设未形成交集，直到 2011 年以后，多条线路实现相交，包括郑州、武汉、天津在内的多个城市发展成为高速铁路网络的枢纽，高速铁路网络逐渐发展成型。此外，从空间分异特征角度分析，可以看出高速铁路物理网络起先主要在我国东部地区发展，随后逐渐向东北和中西部地区延伸，2014 年开始向西部地区扩展，截至 2015 年已基本覆盖我国主要城市和城市群。

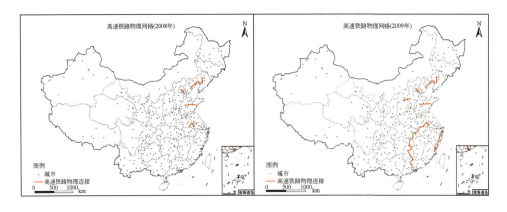

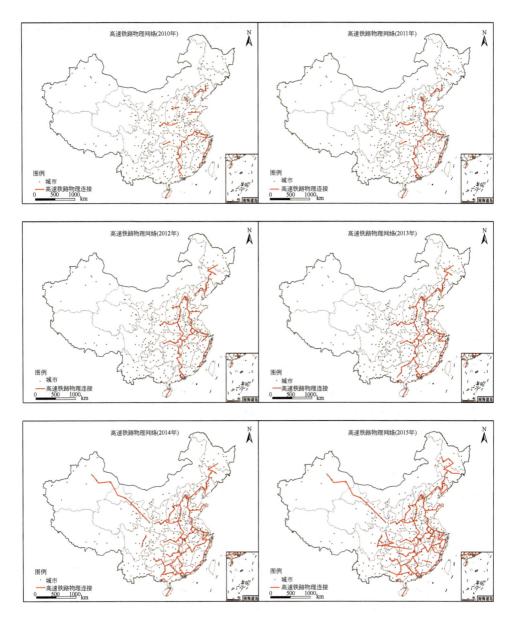

图 5-3　我国高速铁路物理网络拓扑结构（2008～2015 年）

5.1.2.2　基于 Space P 的高速铁路运营网络

现有研究表明，只有当一个地区的位置与其高速铁路服务水平有效匹配时，高速铁路才能对当地经济社会产生积极影响（Jia et al.，2017）。基于 Space L 的高速铁路物理网络反映了高速铁路基础设施的连接情况，然而基础设施仅表明提供高速铁路服务的潜力，无法描述高速铁路的真实服务水平。同时，高速铁路物理网络因为均等对待所有连接，未考虑每条边的权重，而可能导致高估或低估城市之间的高速铁路连通性。相较之下，P空间强调两个节点的实际通达状态，更能有效反映城市间的高速铁路运营服务情况。因此，本研究选择进一步基于Space P构建高速铁路运营网络。

关于城市之间的高速铁路连通性，学者们经常使用旅行时间、服务频次或旅客流量等指标进行度量。例如，Li 等（2019）、Li 和 Rong（2020）通过综合分析高速铁路旅行时间和旅客流量确定城市间的高速铁路连通性，而 Chen 等（2018）、Jiao 等（2017）分别以估算的高速铁路旅行时间和高速铁路服务频次作为高速铁路网络中节点连线的权重。为尽可能真实地反映城市之间高速铁路连接的异质性，同时考虑数据的可获得性，本研究选择基于城市间高速铁路旅行时间和高速铁路服务频次计算城市间高速铁路连通性［式（5-1）］，并以此作为网络中各条边的权重，构建基于 Space P 的高速铁路运营网络。具体计算方式如下：

$$\text{Connectivity}_{ijt} = \text{Frequency}_{ijt}^{\alpha} * (1/\text{Time}_{ijt})^{(1-\alpha)} \qquad (5\text{-}1)$$

式中，$\text{Connectivity}_{ijt}$、$\text{Frequency}_{ijt}$ 和 Time_{ijt} 分别为第 t 年城市 i 和城市 j 之间的高速铁路连通性、高速铁路每日服务班次（单位：次）及最短旅行时间（单位：小时）。本研究中的城市间高速铁路服务班次基于《全国铁路旅客列车时刻表》统计得到，而城市间最短旅行时间基于 CNRDS 软件提供的城市间高速铁路里程和列车设计速度计算得到。研究设定，若城市 i 和城市 j 之间不存在直达高速铁路，则 $\text{Frequency}_{ijt} = 0$。此外，同高速铁路物理网络一样，本节构建的高速铁路运营网络也是一种无向网络。换句话说，本研究不关注高速铁路列车的具体运行方向，而是将两城市间的双向直达列车班次加总，计算城市间的高速铁路服务班次，即规定 $\text{Frequency}_{ijt} = \text{Frequency}_{i \to j,t} + \text{Frequency}_{j \to i,t}$；$\alpha$ 和（$1 - \alpha$）分别为高速铁路服务班次和最短旅行时间在评估高速铁路连通性时所占的权重。本研究令 $\alpha = 0.5$，即对两者赋予同等权重。

5.1.3 高速铁路网络节点结构特征和演化规律分析

在复杂网络和社会网络分析中，中心性被广泛用于网络节点重要性的评价（Freeman，1978；Newman，2010）。其中，度中心性通过计算与特定节点直接相连的其他节点数量，经常被用于描述节点在网络中的枢纽地位（Mishra et al.，2012）。在高速铁路网络中，如果一个城市能通过高速铁路直接抵达的城市数量越多，并且抵达过程越容易，说明该城市在网络中的位置越趋于中心。结合对高速铁路物理网络和高速铁路运营网络的建模过程及研究目标，本研究分别提出两种度中心性的计算方法，并通过描述不同时空尺度下城市节点中心性的变化情况，反映高速铁路网络的结构特征及演化规律。

5.1.3.1 高速铁路物理网络节点中心性

由于本研究构建的高速铁路物理网络为无向不加权网络，所以节点在网络中的度中心性只取决于其所连接边的数量，具体计算方法如式（5-2）所示。

$$\text{Degree}_{it} = \sum_{j \neq i}^{282} \text{connect}_{ijt} \tag{5-2}$$

式中，Degree_{it} 为城市 i 第 t 年在高速铁路物理网络的度中心性；connect_{ijt} 描述城市 i 与城市 j 是否直接相连，若相连，则 $\text{connect}_{ijt} = 1$，反之则 $\text{connect}_{ijt} = 0$。UCINET 软件由加利福尼亚州大学欧文分校（UCI）的网络分析团队编写，具有网络分析和可视化等功能，是复杂网络和社会网络分析领域最为常用的软件之一，本书中的绝大多数网络指标均由该软件计算得到。在将高速铁路物理网络0-1邻接矩阵输入 UCINET 软件后，使用软件自带的 Network→Centrality→Degree 路径计算得到2008 ~ 2015 年各城市的高速铁路物理网络度中心性。

从计算结果可以看出，2011 年以前所有城市在高速铁路物理网络的度中心性均不大于2，原因是在此时间段内，我国高速铁路物理网络主要以单线建设为主要发展形式，不同高速铁路线路之间尚未形成交叉。而在 2011 年以后，各条高速铁路线路相继交织成网，一部分城市逐渐发展成为网络枢纽，它们的度中心性也相应提高。表 5-1 展示了 2015 年我国部分城市在高速铁路物理网络的度中心性（度值大于等于 3 的城市）。可以看出，郑州和武汉在高速铁路物理网络的度中心性最大，度值均达到 5，成为全国最重要的高速铁路网络枢纽城市。此外，合肥、天津、沈阳、上饶等城市的度中心性达到 4，由图 5-3 可以看出，这些城市分别在华东、华北、东北和中部等地区扮演着高速铁路网络枢纽的角色。但是整体而言，度中心性小于等于 2 的城市仍占到开通高速铁路城市总数的 77.7%，说明高速铁路物理网络中各城市度值分布较为集中，枢纽城市与非枢纽城市的区分度不大，因此有必要进一步对高速铁路运营网络展开分析，以更准确识别各城市网络中心地位的差异。

表 5-1 2015 年部分城市在高铁物理网络的度中心性

度中心性	城市
5	郑州市、武汉市
4	沈阳市、合肥市、天津市、上饶市

度中心性	城市
3	北京市、南京市、广州市、长春市、长沙市、株洲市、成都市、杭州市、济南市、南宁市、无锡市、南昌市、鞍山市、酒泉市、盘锦市、金华市、宁德市、衡阳市、蚌埠市、柳州市、铜陵市、池州市、肇庆市、桂林市、鄂州市、保定市、温州市、绍兴市、渭南市、营口市、滁州市、廊坊市、佛山市、石家庄市

5.1.3.2 高速铁路运营网络节点中心性

由于本研究构建的高速铁路运营网络为无向加权网络，网络中的节点连线不仅反映了城市之间是否直接连通，还描述了城市之间的连通强度，因此本研究使用加权中心性描述各城市在高速铁路运营网络的中心地位，具体计算方法如下：

$$\text{Centrality}_{it} = \sum_{j \neq i}^{282} \text{Connectivity}_{ijt} \quad (5\text{-}3)$$

式中，Centrality_{it} 为城市 i 第 t 年在高速铁路运营网络中的加权中心性；$\text{Connectivity}_{ijt}$ 为城市 i 和城市 j 之间的高速铁路连通性，计算方法如式（5-1）所示。结合式（5-1）和式（5-3）可以看出，本研究构建的加权中心性指标不仅可以反映城市在高速铁路运营网络的连通性，还能够反映它的可达性。

在将高速铁路运营网络城市连通性矩阵输入 UCINET 软件后，使用软件自带的 Network→Centrality→Degree 路径计算得到 2008～2015 年各城市在高速铁路运营网络的加权中心性，之后通过 ArcGIS 软件对计算结果进行空间可视化，结果如图 5-4 所示。可以初步看出，我国高速铁路运营网络节点加权中心性的空间分异特征十分明显，东部和中部地区城市的加权中心性显著高于其他地区。此外还可以看出，随着时间发展，高速铁路运营网络的中心城市主要分布在高速铁路干线上，表明高速铁路网络具有"走廊效应"。

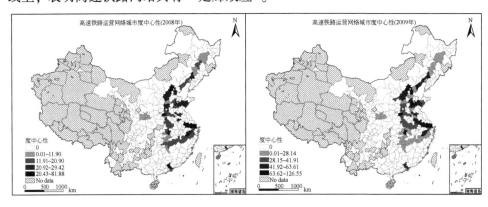

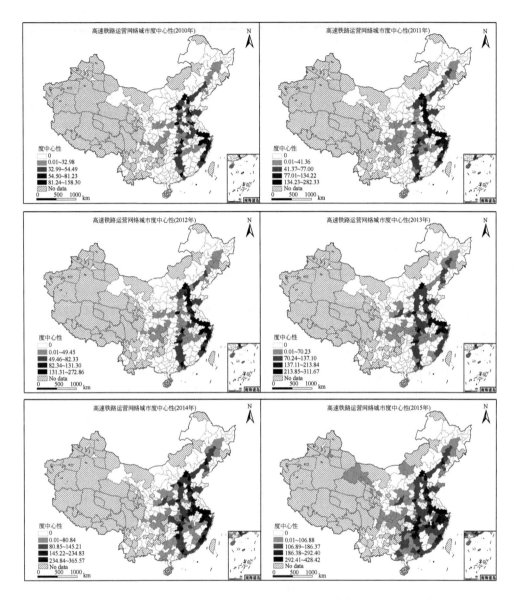

图 5-4 高速铁路运营网络节点加权中心性的空间分布（2008～2015 年）

表 5-2 列出了 2008～2015 年全国高速铁路运营网络加权中心性排名前 10 位的城市。可以看出，除郑州、长沙和武汉三个中部地区的中心城市外，其余所有上榜城市均位于我国东部地区，特别是长江三角洲城市群的南京、上海、无锡、苏州、杭州和常州等城市一直占据高速铁路运营网络加权中心性排名的前几位。

表 5-2 高速铁路运营网络加权中心性排名前 10 位城市（2008～2015 年）

序号	2008 年	2009 年	2010 年	2011 年	2012 年	2013 年	2014 年	2015 年
1	上海市	上海市	上海市	上海市	上海市	南京市	南京市	上海市
2	无锡市	北京市	北京市	南京市	南京市	上海市	武汉市	南京市
3	北京市	南京市	南京市	苏州市	苏州市	无锡市	上海市	广州市
4	南京市	无锡市	无锡市	无锡市	无锡市	北京市	无锡市	武汉市
5	苏州市	苏州市	武汉市	常州市	北京市	常州市	常州市	无锡市
6	东莞市	常州市	苏州市	北京市	常州市	武汉市	北京市	杭州市
7	常州市	镇江市	杭州市	镇江市	镇江市	苏州市	苏州市	长沙市
8	广州市	郑州市	常州市	杭州市	广州市	杭州市	杭州市	北京市
9	郑州市	武汉市	广州市	广州市	杭州市	广州市	广州市	常州市
10	镇江市	济南市	郑州市	济南市	济南市	镇江市	镇江市	苏州市

经过统计（如图 5-5 所示），我国所有城市加权中心性的平均值从 2008 年的 5.3 增长到 2015 年的 81.7，年均涨幅高达 139.6%，说明我国高速铁路运营网络在近 10 年时间里以极快的速度取得了巨大的发展。进一步分析全国城市加权中心性平均值的增长规律可以发现，除 2011～2012 年高速铁路运营网络发展有所停滞外，其他时间城市加权中心性平均值一直保持较高的增长速度。本研究推断，2011 年的高速铁路网络发展停滞可能是受到了当年 7 月 23 日甬温线特别重大铁路交通事故的影响。

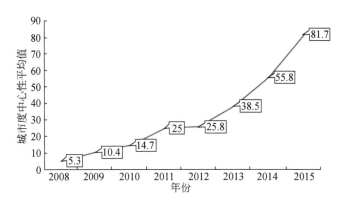

图 5-5 高速铁路运营网络节点加权中心性平均值（2008～2015 年）

本研究还进一步统计了各地区和各城市群范围内城市的加权中心性平均值（如图 5-6 和表 5-3 所示）。由图 5-6 可以看出，各地区城市加权中心性平均值排名为东部地区>中部地区>东北地区>西部地区。此外还可以看出，东部地区高速铁路运营网络自 2008 年就开始以较快速度发展，中部地区和东北地区自 2012 年开始高速发展，而西部地区高速铁路运营网络发展时间最晚，网络发展速度在 2013 年以后才开始逐渐提升。

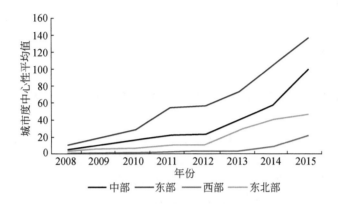

图 5-6　各地区高速铁路运营网络节点加权中心性平均值（2008~2015 年）

表 5-3　各城市群高速铁路运营网络节点加权中心性平均值（2008~2015 年）

城市群	2008 年	2009 年	2010 年	2011 年	2012 年	2013 年	2014 年	2015 年
北部湾	0	0	0	0.8	0.7	0.8	10.5	26.5
成渝	0	0	1.2	6.6	5.1	5.9	9.9	23.7
关中平原	2.6	2.1	6.5	7	10.6	17.4	37	40.1
哈长	3.2	5.5	5.6	12	12	31.3	39.8	44.6
中原	8.6	17.1	19.4	21.2	24.6	48.8	61.7	78.3
山东半岛	8.8	19.8	21.3	44.5	44	52.6	73.2	100.2
辽中南	4.5	9.5	9.8	15.2	16.1	61	85.1	99.4
长江中游	6.7	11.4	20.3	29.7	29.5	50.6	75.3	141
粤闽浙	0.9	1.6	18.5	29.1	30.6	42.6	94.7	136.4
珠三角	15.4	16.1	21.4	52.8	63.3	67.7	110.6	159.1
京津冀	14.4	34.8	37	56.1	58.5	83.4	110.8	129.7
长三角	17	32.1	44.4	88.3	87.6	116.7	138.2	184.6

　　根据《中华人民共和国国民经济和社会发展第十四个五年规划和 2035 年远景目标纲要》，我国目前共有包括京津冀、长三角、珠三角、成渝、长江中游、山东半岛、粤闽浙沿海、中原、关中平原、北部湾、哈长、辽中南、山西中部、

黔中、滇中、呼包鄂榆、兰州—西宁、宁夏沿黄、天山北坡在内的 19 个国家级城市群。考虑到山西中部、黔中、滇中、呼包鄂榆、兰州—西宁、宁夏沿黄、天山北坡等 7 个城市群仍处在发展初期，且其所包含的城市数量相对较少，故本研究选择其余 12 个城市群作为主要分析对象。表 5-3 反映了 2008～2015 年 12 个城市群高速铁路运营网络节点加权中心性平均值的变化情况。可以看出，长三角、京津冀和珠三角城市群的城市加权中心性平均值一直处在各城市群的前列，而北部湾、成渝、关中平原和哈长城市群在高速铁路运营网络中的位置相对边缘。

5.1.4 高速铁路网络整体结构特征和演化规律分析

度中心性虽然可以有效反映网络中各节点的位置差异，但是无法直接对网络整体结构进行描述。为此，本研究使用社会网络分析中的网络密度指标，衡量高速铁路物理网络和高速铁路运营网络节点连接的紧密程度，以此反映我国高速铁路网络整体建设和服务水平。网络密度计算方法如下：

$$\text{Density} = \sum_{0 \leq i < j}^{282} \text{Connect}_{ij} \Big/ \left[\frac{n(n-1)}{2} \right] \tag{5-4}$$

式中，Density 为高速铁路网络密度，等于网络实际连接数与理论最大连接数的比值；n 为网络包含的节点数，因为本书构建的高速铁路物理网络和高速铁路运营网络均为无向网络，所以理论最大连接数为 $n \times (n-1)/2$。网络密度的取值范围为 $[0, 1]$，当网络中所有节点相互独立未建立连接时，网络密度等于 0，当网络中所有节点之间都互相连接时，网络密度等于 1。在将高速铁路物理网络和运营网络 0-1 邻接矩阵输入 UCINET 软件后，基于软件自带的 Network→Cohesion→Density 路径得到 2008～2015 年两个网络的整体密度，计算结果如图 5-7 所示。

图 5-7 高速铁路物理网络和高速铁路运营网络密度（2008～2015 年）

　　可以看出，高速铁路物理网络和高速铁路运营网络的密度均呈现逐年上升趋势，而高速铁路运营网络的密度无论是绝对值还是增长速度都显著大于高速铁路物理网络。但是即便如此，我国高速铁路物理网络密度也在 8 年时间内从 0.0003 增长到 0.0046，涨幅近 15 倍，年均增速高达 139.5%。与此同时，同上一节基于节点中心性分析的结果一致，高速铁路运营网络除了在 2011 年至 2012 年发展略有停滞外，其余时间均以较高的速度发展，尤其在 2012 年以后进入了高速扩张阶段。

　　计算各地区的高速铁路运营网络密度，如图 5-8 所示。可以看出，东部地区高速铁路网络密度最高，东北地区和中部地区次之，西部地区高速铁路网络密度相对最低。而从增长速度角度分析，东部地区高速铁路网络发展一直比较稳健，2012 年以后东北地区和中部地区高速铁路网络发展速度明显加快，2013 年以后西部地区高速铁路网络开始缓慢发展。以上分析结论均与基于节点加权中心性的分析结论相吻合，说明两个描述高速铁路网络动态发展的指标能够互相支撑，具有一定可靠性。

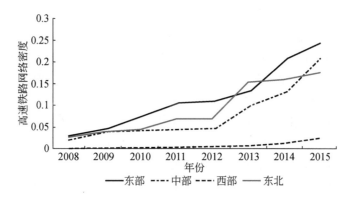

图 5-8　各地区高速铁路运营网络密度（2008～2015 年）

5.2　区域创新空间格局网络化建模与分析

5.2.1　研究方案

5.2.1.1　研究背景和研究思路

当前，全球化、日益激烈的竞争，以及新技术的不断涌现使创新模式逐渐从单一主体的独立创新转向多元主体间的协同创新（De Souza et al.，2015）。大量实证研究表明，创新活动嵌入在创新主体间的协作网络与知识共享网络之中（Brennecke and Rank，2017），因此，越来越多的学者开始从网络视角探讨区域创新空间格局的形成机制和发展规律（Chen and Guan，2010）。

作为整合人力资本和发明孵化器的中心——城市汇集了创新活动所需的企业、人才、资本及其他各方面要素，是国家创新体系的关键组成单元（Lundvall et al.，2002）。目前主要有两种理论解释城市对于创新活动的作用与意义：①专业化理论认为城市中的产业集聚和专业化会推动区域创新，产业集群中的企业不仅能够受益于同行业邻近企业的知识溢出，还可以获得更充足、匹配度更高的劳动力市场及更专业的服务（Shearmur，2012）；②多样性理论认为推动创新的是城市的多样化环境（Florida，2002），城市提供了各种经济参与主体，以及多元化的种族、文化和社会结构，这使得各种类型的知识能够相互碰撞融合，更有利于新知识的形成。

城市除了为创新提供适宜的环境外，还通过信息管道和运输通道彼此连接，共享知识、信息、技术和高技能劳动力，并由此形成以城市为节点、以创新要素流动路径为边的城市创新网络。根据流空间理论，作为关键的流节点，城市不是孤立的实体，而是更广泛的相互依赖和功能不同的实体系统中的一部分（Castells，1989）。因此，对区域创新空间格局的研究不仅需要关注城市节点，还应该充分研究城市之间的相互依存关系及由此形成的复杂系统。总体而言，在目前有关国家和区域创新空间格局的文献中，通过构建长时序城市创新网络解析网络结构特征及发展演化规律的实证研究仍然较为缺乏，少有的几个研究基本都是对区域创新网络的静态描述，无法反映网络的动态发展过程。

社会网络分析是一种在社会测量的基础上，通过收集和分析群体成员关系数据来研究社会结构和社交网络的技术方法。近年来，随着社会网络分析的不断应用和发展，网络测量模型不断改进，传统定量分析的技术难点逐渐得到解决。本节将从网络视角出发，对我国区域创新空间格局进行网络化建模（以下简称为"区域创新网络"），分别通过网络节点和节点间连线描述个体城市创新水平及城市间合作创新关系（图5-9）；之后基于社会网络分析中的中心性和网络密度概念，从节点和整体两个维度揭示我国区域创新网络的结构特征及发展演化规律。

5.2.1.2 数据来源与处理

专利一直被认为是衡量创新产出的重要指标，被广泛应用于创新领域的各项研究之中（Guan et al.，2015；Wang and Cai，2020）。根据《中华人民共和国专利法》，我国专利主要分为三大类，分别为发明专利、实用新型专利和外观设计

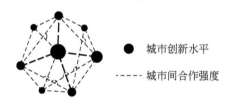

图 5-9　区域创新空间格局的网络化模型示意图

专利。其中，发明专利主要指"对产品、方法或者其改进所提出的新的技术方案"，实用新型专利主要指"对产品的形状、构造或者其结合所提出的适于实用的新的技术方案"，而外观设计专利主要指"对产品的形状、图案或其结合以及色彩与形状、图案的结合所做出的富有美感并适于工业应用的新设计"。这三类专利的价值不同，申请和审核标准也各不相同，其中尤以发明专利技术价值最高、申请难度最大、审查时间最长并且客体范围最广。首先，发明专利强调创造性，即要求其所作创新与现有技术相比，有"突出的实质性特点和显著进步"，而实用新型专利则仅要求有"实质性特点和进步"。我国通常将发明专利数量和质量作为评价科创企业和高新技术企业科技研发能力的关键指标。其次，发明专利的审查更为严格、审查时间更长，国家知识产权局不仅要对发明专利进行形式审查，还要进行实质内容审查，因此，发明专利从申请到授权通常需要花费 2～3 年时间。再次，发明专利覆盖范围较广，产品发明、方法创造、技术改进及结构设计等只要具备足够的创造性均可申请发明专利。

　　因此，选取发明专利反映区域创新产出情况，所使用数据来源于国家知识产权局的专利系统。该系统每月数次对已获得授权的专利进行公开，每条数据包含有分类、名称、申请号、申请日、公开号、公开日、申请人、地址、发明人、专利代理机构、代理人、国省代码、摘要、主权项、页数、主分类号、专利分类号等字段。结合研究需要，本书主要从中提取分类、申请日、申请人、地址和专利分类号信息。其中，"分类"交代了专利所属的类型，分为发明专利、实用新型专利和外观设计专利；"申请日"交代了专利的申请时间，本书以此确定创新活动发生的年份；"申请人"交代了创新活动的参与主体，主要包括个人申请者及企业、高等院校、科研院所等机构申请者；"地址"交代了第一顺位申请人的具体地址，但未提供其他顺位申请人的地址信息；"专利分类号"交代了创新内容所属的具体领域，当一条专利涉及多个创新领域时，该字段除了提供主分类号外，还会提供其他副分类号。

　　本研究所使用的数据集获取于 2019 年 1 月，即包含 2019 年以前我国所有已获得授权的发明专利。考虑到发明专利的审核时间一般为 2～3 年，因此将研究截止时间确定为 2015 年。经过数据筛选和整理，共得到处在研究时间段内的发明专利 7 986 279 条。由于数据包含信息丰富且量级较大，传统的数据统计分析软件难以完成复杂的研究任务，故本书基于 Python 进行程序设计，获取研究所需的各种关键信息。具体来说，在本节研究中，发明专利主要提供区域创新产出的两方面信息：

其一是城市创新水平。本研究以各城市申请并获得授权的发明专利数量衡量其在申请专利当年的创新水平。首先，本研究基于网络爬虫技术从"天眼查"商业信息平台查询各机构申请者的地址信息，并将其所在城市与所属专利进行匹配。由于"天眼查"网站只能查询到各类组织机构的注册地址，并且本专利数据除了姓名以外无法提供更多关于个人申请者的信息，所以本研究不得不舍弃申请人全部为个人的部分专利数据，所幸其仅占数据总量的 2.8% 左右，对研究结果的影响有限。之后，本研究基于 Python 统计各城市每年申请并获得授权的专利数量。本研究设定，当多个主体共同申请一条发明专利时，它们所属的城市将共同享有该条专利完整的所有权。

其二是城市间合作创新强度。本研究以两城市共同申请并获得授权的发明专利数量反映它们申请专利当年的合作创新强度。首先，本研究从所有专利数据中筛选出共同发明专利，即包含有两个及以上申请人的专利。之后，本研究基于"天眼查"查询到的申请者地址信息，进一步剔除多个申请者均位于同一城市的共同发明专利，只保留由不同城市申请者共同申请的专利。经过统计，共提取城市间共同发明专利 192 675 条，约占数据总量的 2.4%。最后，本研究基于 Python 进行程序设计，统计不同城市间合作专利数量，具体统计规则如表 5-4 所示。

表5-4 城市间共同发明专利数量的统计规则

各申请人所属城市	城市间合作专利统计结果
A；B	A-B：+1
A；A；B	A-B：+1
A；B；C	A-B：+1；A-C：+1；B-C：+1
A；B；C；D	A-B：+1；A-C：+1；B-C：+1；B-D：+1；C-D：+1

注：A、B、C、D代表城市，A-B、A-C等代表城市对

5.2.2 区域创新空间格局网络化建模

根据研究设计，本研究将从区域创新水平、区域创新合作与区域创新分工三

个维度解构我国区域创新的空间格局。由于区域创新分工主要体现在区域创新领域的专业化和多样化程度上，无法通过网络进行直观地呈现，所以本节主要通过网络化建模对区域创新水平和区域间创新合作情况展开定量描述。

具体来说，本研究采用无向加权网络建模方法，以城市为节点，以城市间合作创新关系为连线构建区域创新网络。在该模型中，节点权重等于城市创新水平，通过城市当年申请并获得授权的发明专利数量表示；连线权重等于城市间合作创新强度，通过两城市共同发明专利数量表示。

研究基于 ArcGIS 软件对区域创新网络进行空间可视化。由于城市间合作创新关系较多，为了使网络结构更加清晰和直观地呈现出来，图 5-10 仅绘制了权重排名在前 10% 的节点连线。可以看出，随着时间推移，城市间合作创新关系逐渐增多，我国区域创新网络越来越密集。2008～2012 年，城市间的强合作创新关系主要集中在我国东部地区和中部地区，而从 2013 年开始，区域创新网络逐渐向西部地区扩展，这一时间恰与高速铁路网络向西部地区延伸的时间一致。

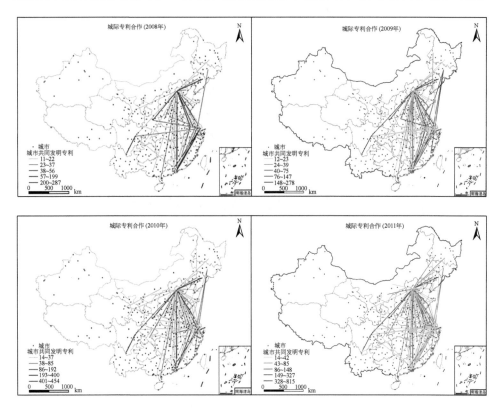

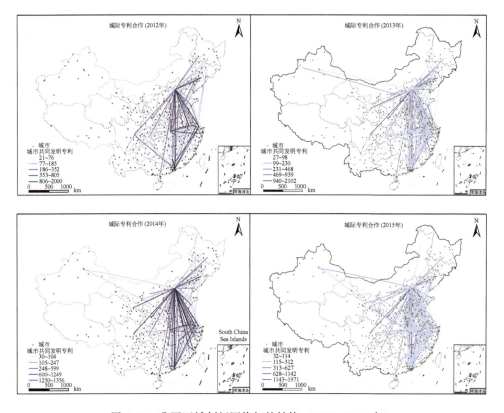

图 5-10　我国区域创新网络拓扑结构（2008～2015 年）

5.2.3　区域创新网络节点结构特征和演化规律分析

区域创新网络中的核心参与者对网络的整体发展至关重要（Mitze and Strotebeck，2019）。度中心性描述特定节点与其他节点的连接情况，一个节点的度中心性越大，则其越处在网络的中心位置，对其他节点影响也越大。由于本研究构建的区域创新网络为无向加权网络，同高速铁路运营网络的节点结构特征分析一样，本节仍通过加权中心性指标评价各城市在区域创新网络中的权力地位，具体计算方法如下：

$$\mathrm{WDC}_{it} = \sum_{j \neq i}^{282} a_{ijt} \times \mathrm{coinvention}_{ijt} \tag{5-5}$$

式中，WDC_{it} 为城市 i 第 t 年在区域创新网络中的加权中心性；a_{ijt} 描述第 t 年城市 i 与城市 j 之间是否存在合作创新关系，若存在，则 $a_{ijt} = 1$，反之则 $a_{ijt} = 0$；

coinvention$_{ijt}$ 为城市 i 与城市 j 之间的共同发明专利数量。由加权中心性的计算公式可知，一个城市的创新合作伙伴数量越多，并且其与各创新伙伴合作的发明专利数量越多，其在区域创新网络中的中心地位就越突出。本书首先以 $a_{ijt} \times$ *coinvention*$_{ijt}$ 作为单元格值，构建城市间合作创新强度矩阵，之后将矩阵输入 UCINET 软件，基于软件自带的 Network→Centrality→Degree 路径计算得到 2008 ~ 2015 年各城市在区域创新网络的加权中心性，并通过 ArcGIS 软件对计算结果进行空间可视化，如图 5-11 所示。

可以看出，随着时间的推移，参与区域创新合作的城市数量越来越多。截至 2015 年，几乎所有纳入研究范围的城市都已接入到区域创新网络之中。经过统计，区域创新网络节点城市从 2008 年的 195 个增长到 2015 年的 279 个。具体来说，在 2015 年，研究的 282 个城市中，仅有来宾、永州、张掖三个城市未参与城际创新合作。此外，由图 5-11 还可以看出，相对于高速铁路网络，区域创新网络的中心城市数量较少，但它们的中心地位更加突出，这些城市主要集中在我国京津冀、长三角、珠三角及长江中游城市群内。除了少数中心城市以外，其余城市之间的加权中心性差异不是特别明显。

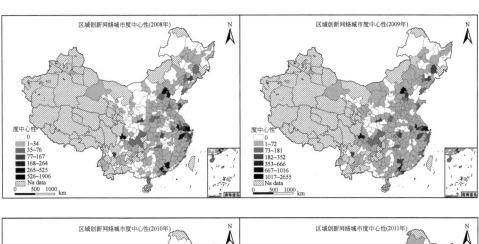

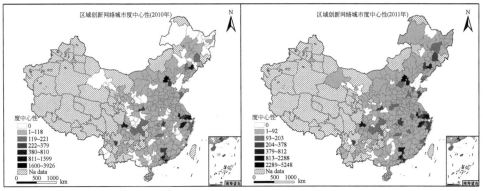

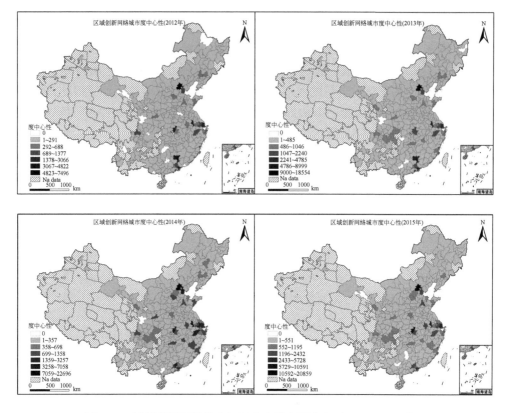

图 5-11　区域创新网络节点加权中心性空间分布（2008~2015 年）

　　图 5-12 反映了 2008~2015 年我国区域创新网络节点加权中心性平均值的变化情况。可以看出，全国城市加权中心性平均值由 2008 年的 36.8 增长到 2015 年的 352.5，也就是说，2015 年平均每座城市与其他城市合作发明专利数量达到 352.5 个，8 年来涨幅达 8.6 倍。从节点加权中心性平均值增长规律角度分析，区域创新网络的发展过程大致可以分为三个阶段：2008~2011 年为区域创新网络平稳发展阶段，2011~2013 年为区域创新网络高速扩张阶段，2013~2015 年区域创新网络再次进入平稳发展阶段。而同时期内，高速铁路运营网络则经历了先高速、再平稳、再高速的三阶段发展过程。

　　此外，统计不同地区和城市群范围内区域创新网络节点加权中心性的平均值，如图 5-13 和表 5-5 所示。由图 5-13 可以看出，我国东部地区各城市参与城际创新合作的开放度明显高于其他地区，中部地区城市从 2011 年以后开始逐渐加强与其他城市的创新合作，而东北地区和西部地区城市对外合作创新的发展速度较为缓慢。由表 5-5 可以看出，各城市群区域创新网络节点加权中心性平均值

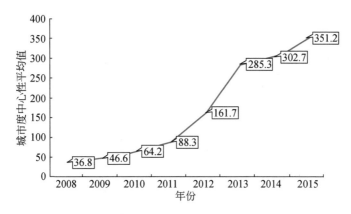

图 5-12　区域创新网络节点加权中心性平均值（2008～2015 年）

排名基本与高速铁路运营网络一致，京津冀、长三角、珠三角城市群依旧处在所有城市群的前列，北部湾、哈长和关中平原城市群的区域创新网络发展相对滞后。

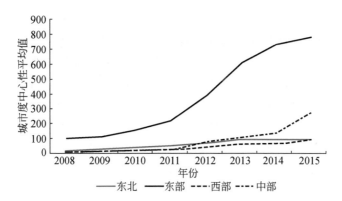

图 5-13　各地区创新网络节点加权中心性平均值（2008～2015 年）

表 5-5　各城市群创新网络节点加权中心性平均值（2008～2015 年）

城市群	2008 年	2009 年	2010 年	2011 年	2012 年	2013 年	2014 年	2015 年
北部湾	11.7	9.2	16	15.6	29.4	52.4	40.8	43.5
哈长	13	43	30.7	53.8	69.2	96.5	114.1	92.3
关中平原	14.7	24.5	33.5	35.8	59.9	103.4	101.7	128.8

城市群	2008 年	2009 年	2010 年	2011 年	2012 年	2013 年	2014 年	2015 年
中原	5.8	11	13.6	23.4	42.6	77.9	99.4	129.1
成渝	19.3	38.1	45.9	55.9	84.6	126.1	126.6	152.6
粤闽浙	8.6	19.5	15.4	31.4	46.9	144.4	224.5	192.8
辽中南	34.9	63.3	95.7	121.3	163.8	219.8	218.2	212.1
山东半岛	16.6	24.9	39.6	57.4	114.5	182.6	229.1	391.8
长江中游	10.4	21.3	28	40	166.7	197.8	231.7	559.1
长三角	134.6	148.7	198.8	277.1	391.9	688.5	827	843.8
珠三角	203.3	175.7	270.9	368.7	639.3	989.3	997.8	1196.7
京津冀	179.1	252.2	358.6	496.5	734.5	1701	2118.5	1993.1

除了中心性外，节点权重也是网络节点结构特征分析的重要内容。在本书构建的区域创新网络中，节点权重等于各城市的创新水平，即发明专利数量。图 5-14 反映了研究时间段内各城市创新水平的空间分布情况，可以看出东部地区创新水平明显高于其他地区，京津冀、长三角、珠三角城市群不仅是我国参与创新合作最活跃的地区，还是整体创新水平最高的地区。同城市加权中心性的空间分布格局一样，城市创新水平的空间分布也表现出明显的空间分异特征。不同的是，创新水平较高的城市在各地区均有分布，如东北地区的哈尔滨、大连和沈阳，西部地区的成都、重庆和西安，中部地区的武汉等。

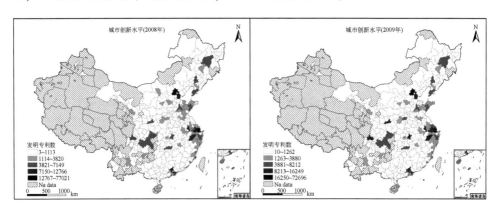

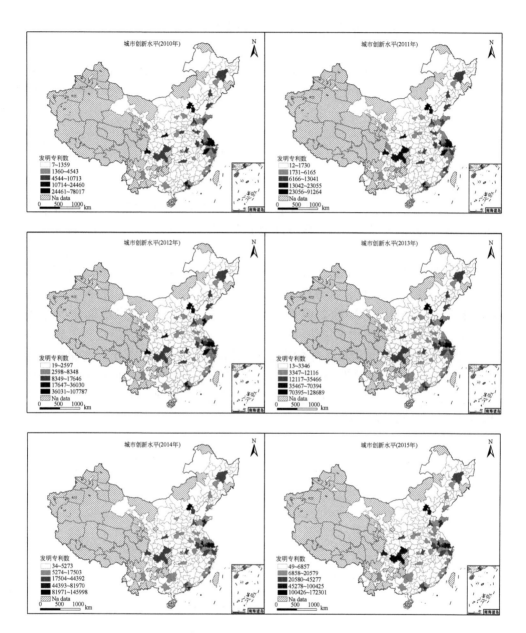

图 5-14 城市创新产出水平的空间分布（2008～2015 年）

5.2.4 区域创新网络整体结构特征和演化规律分析

同高速铁路网络分析一样，本节仍采用网络密度指标描述区域创新网络节点联系的紧密程度，揭示网络整体结构特征和演化规律，具体计算公式如下：

$$Density = \frac{\sum_{0 \le i < j}^{282} a_{ij}}{\left[\frac{n(n-1)}{2}\right]} \qquad (5-6)$$

式中，Density 为区域创新网络密度，a_{ij} 描述城市 i 与城市 j 之间是否存在合作创新关系，若存在，则 $a_{ijt} = 1$，反之则 $a_{ijt} = 0$；n 为网络包含的节点数，因为本书构建的区域创新网络为无向网络，所以理论最大连接数为 $n \times (n-1)$ /2。首先，本书以 a_{ij} 为单元格值，构建城市合作创新关系 0/1 矩阵。之后将该矩阵输入 UCINET 软件，基于软件自带的 Network→Cohesion→Density 路径得到 2008 ~ 2015 年我国区域创新网络密度，计算结果如图 5-15 所示。可以看出，我国区域创新网络密度从 2008 年的 0.0652 增长到 2015 年的 0.6228，年均增长速度达到 170.8%。从网络密度的增长规律可以发现，区域创新网络的发展过程大致分为三个阶段，分别是 2008 ~ 2011 年的平稳发展阶段，2011 ~ 2013 年的高速扩张阶段，2013 ~ 2015 年的平稳发展阶段。这一研究结论与基于节点加权中心性分析的结论一致，再次证明本书选择的网络密度和节点加权中心性指标可以有效反映网络结构特征及动态演化规律。

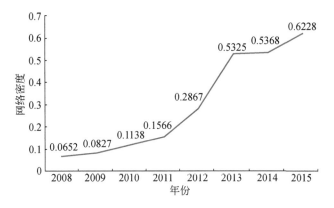

图 5-15 区域创新网络密度（2008 ~ 2015 年）

此外，分别计算了各地区的区域创新网络密度，如图 5-16 所示。可以看出，东部地区区域创新网络密度明显高于其他地区，中部地区次之，东北地区和西部地区创新网络密度相对较低。此外还可以看出，中部地区创新网络从 2011 年开始加速发展，而东北地区和西部地区创新网络发展速度较为缓慢，这一结论也与基于节点加权中心性平均值的分析结论一致。

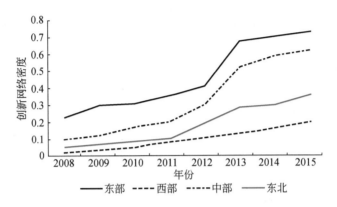

图 5-16　各地区创新网络密度（2008～2015 年）

5.3　高速铁路网络和区域创新空间格局的动态耦合关系测算

对比 5.1 节和 5.2 节关于高速铁路网络与区域创新网络的分析结果，可以发现两者在网络结构、空间分异特征和动态发展规律等方面均具有较高的相似性。本节将进一步采用定量分析方法，识别并测算高速铁路网络与区域创新网络的动态耦合关系。

二次指派程序（quadratic assignment procedure，QAP）是一种通过比较两个方阵的单元格值之间的相似性来计算网络相关系数并做出非参数检验的方法（Krackardt，1987）。因为结构网络中的"关系"数据不互相独立，直接采用传统的相关性检验方法无法进行有效的参数估计和统计检验。而二次指派程序则是基于随机化检验（randomized test）思路，对原始矩阵的行和列进行数千次随机置换，并不断计算矩阵变换前后两个矩阵的相关系数。通过分析原始矩阵的相关系数及数千次置换后得到的相关系数分布情况，判断两个网络是否具有显著的相关关系（刘军，2007）。

为了准确识别高速铁路网络和区域创新网络的动态耦合关系，基于 UCINET 软件提供的 QAP 分析路径 [Tools→Testing Hypotheses→Dyadic（QAP）→QAP Correlation]，对各年度两个网络的相关系数展开交叉计算，由此形成网络相关系数矩阵，如表5-6所示。可以看出，所有 p 值均小于0.001，且相关系数大于0，说明我国高速铁路网络与区域创新网络之间存在显著的正相关关系。此外还可以发现，随着时间推移，高速铁路网络与区域创新网络的相关性逐渐增强。

表5-6　基于QAP的高速铁路运营网络与区域创新网络相关性分析结果

	HSR_08	HSR_09	HSR_10	HSR_11	HSR_12	HSR_13	HSR_14	HSR_15
InoNet_08	0.082***	0.091***	0.087***	0.083***	0.090***	0.083***	0.078***	0.074***
InoNet_09	0.107***	0.118***	0.116***	0.119***	0.129***	0.123***	0.114***	0.107***
InoNet_10	0.112***	0.118***	0.124***	0.106***	0.125***	0.112***	0.112***	0.105***
InoNet_11	0.103***	0.114***	0.111***	0.127***	0.128***	0.118***	0.110***	0.102***
InoNet_12	0.143***	0.135***	0.121***	0.139***	0.138***	0.113***	0.115***	0.106***
InoNet_13	0.102***	0.106***	0.101***	0.120***	0.130***	0.150***	0.130***	0.123***
InoNet_14	0.116***	0.133***	0.123***	0.123***	0.129***	0.145***	0.176***	0.141***
InoNet_15	0.117***	0.130***	0.121***	0.119***	0.125***	0.125***	0.159***	0.183***

***： $p<0.001$ ；HSR_08 代表 2008 年高速铁路网络，InoNet_08 代表 2008 年区域创新网络，其他同理；表格中的系数为基于 QAP 计算的两个网络之间的相关系数

　　进一步分析 2008～2015 年我国不同地区高速铁路网络与区域创新网络的相关性，如图 5-17 所示。可以看出，两个网络的相关性在不同地区之间存在明显差异，东部地区的相关系数最大，中部地区和东北地区次之，西部地区最小。这一研究结果表明，在发达地区，高速铁路网络与区域创新网络的动态耦合关系更强。Guo 等（2020）在研究高速铁路网络与经济网络之间的耦合关系时也得出了类似的结论。

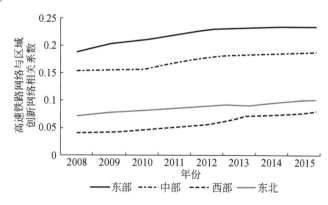

图 5-17　各地区高速铁路网络与区域创新网络相关系数（2008～2015 年）

5.4 本章小结

综上所述，本章基于网络视角和网络分析技术，分别从节点以及网络整体两个维度，对我国高速铁路网络和区域创新网络的结构特征和演化规律及两者的动态耦合关系展开定量计算与定性分析。

本章的主要研究内容和研究意义如下：一是通过构建我国高速铁路物理网络、高速铁路运营网络和区域创新空间格局的网络化模型，并对它们进行可视化呈现，使相关概念内涵和网络演化过程更加直观和容易理解；二是通过检验高速铁路网络和区域创新网络的动态耦合关系，为后面章节基于计量经济模型开展的因果分析提供研究依据；三是通过计算节点间连通性、节点加权中心性和网络密度等指标，揭示高速铁路网络和区域创新网络的结构特征及发展演化规律，并为后面章节的实证研究提供模型变量。

本章的主要研究结论如下：

1）网络结构特征方面，我国高速铁路网络和区域创新网络均表现出明显的空间分异特征。作为我国经济社会最为发达的区域——东部地区的高速铁路网络和创新网络无论是节点中心性还是网络密度指标都显著高于其他地区。中部地区的高速铁路网络和创新网络发展仅次于东部地区，而东北地区和西部地区的高速铁路网络和创新网络发展相对缓慢和滞后。此外，相较于高速铁路网络，区域创新网络的极化特征更加明显，区域创新网络中心城市数量相对较少，并且除中心城市外，其他城市的差距相对较小。

2）网络动态演化规律方面，我国高速铁路网络和区域创新网络都在研究时间段内经历了快速的扩张。两个网络的发展过程均可以大致分为三个阶段，并且第一阶段基本在2008~2011年，第二阶段基本在2011~2013年，而第三阶段基本在2013~2015年。不同的是，高速铁路网络发展规律是由高速到平稳再到高速发展，而区域创新网络则是由平稳到高速再到平稳发展。分区域来看，高速铁路网络和区域创新网络均首先在我国东部地区形成并发展，之后向中部地区和东北地区扩展，最后向西部地区延伸。

3）网络动态耦合关系方面，无论是从定性还是定量角度分析，高速铁路网络与区域创新网络均具有较强的相关关系。一方面，通过对比两个网络的结构特征和演化规律，可以发现两者在时空分异特征上均具有明显的相似性。另一方面，通过二次指派程序算法计算两个网络的相关系数，可以发现两者具有显著的正相关关系，并且随着时间推移，其相关关系逐渐增强，同时还可以看到，越是发达的地区，高速铁路网络和区域创新网络的相关性越强。

第6章 区域协同创新的高速铁路效应形成机理

纵横交错的高速铁路网络是要素联通的重要支撑，是区域协同创新的脉搏。本章梳理了高速铁路对区域科技创新协调发展的影响，然后通过修正后的引力模型和社会网络分析法研究高速铁路与非高速铁路方式下京津冀科技创新联系特征；通过系统动力学的"政策实验室"模拟功能研究高速铁路对区域创新的影响。分别在模拟过程中加入延时、脉冲、阶跃函数进行模拟，以研究高速铁路子因素从不同路径对创新成果的影响；在此基础上，应用系统动力学仿真高速铁路属性对京津冀区域科技创新的影响。

6.1 路 径 梳 理

一般情况下，我国区域创新发展对交通便捷性、基础设施建设水平具有一定的依赖性，交通基础设施的完善可增加区域间空间溢出效应，影响区域创新发展程度。高速铁路开通及高速铁路网的不断完善，必将对城市创新水平和产业空间格局产生深刻影响。这种影响可分为直接影响和间接影响。直接影响主要指高速铁路建设和运行管理过程中的创新发展，对关联产业尤其是高新技术产业具有正向外部性，即产生知识、技术溢出效应。由于知识、技术具有流动性和可传播性特征，通过创新人员流动、专利技术公开、商品贸易等渠道，尤其是不同产业或相似产业的创新人才交流或人才流动，会产生较强的技术溢出效应。例如，我国高速铁路制造业在与上下游关联产业进行横向和纵向联系时，可能导致其创新成果在知识密集型产业内部或相邻产业间扩散或溢出，提升产业创新产出，从而推动区域创新发展。间接影响是指交通可达性带来的时空效应对区域创新产生的影响。目前学者们的研究主要是从要素流动、产业集聚或知识溢出等视角来研究高速铁路对区域创新带来的间接影响。高速铁路对区域创新的影响机理如图6-1所示。

6.1.1 高速铁路建设对区域创新过程的影响

区域创新是一个持续的、动态的过程，包括创新要素聚集、创新要素应用和

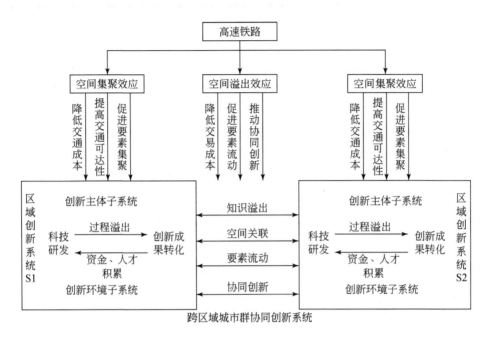

图 6-1　高速铁路建设对区域创新系统的影响机理

创新成果扩散三个阶段（朱桃杏和陆军，2015）。另外，依据创新目标和内容的不同，从投入–产出的角度可以将技术创新过程划分为科技研发和成果转化两个阶段（张静和李平，2017）。其中，科技研发的投入涵盖了创新要素的聚集和应用过程，其研发产出作为创新成果转化（扩散）阶段的投入，创新成果转化（扩散）阶段的产出将作为生产力，推动区域经济创新发展的水平。

6.1.1.1　高速铁路对区域科技研发的影响

区域创新资源要素的集聚和优化配置对区域研发活动的开展与创新能力的提升至关重要。首先，高速铁路开通加速了创新资源要素的跨区域流动。一是高速铁路开通使得高速铁路沿线城市间的交通可达性大幅提高，更好地满足创新人才的跨区域出行需求，降低了创新人才知识交流的时间成本，提升了人才跨区域流动的速度和广度。二是高速铁路开通降低了原材料、设备、服务等投入要素在区域间的交通运输成本和流动成本，有利于投入要素在区域间的流动和转运，使得城市间的经济往来更加频繁，为创新活动的开展提供便利。其次，高速铁路网络的成型带来创新资源要素的集聚和再配置。一是完善的高速铁路网络改变了其在不同区域的集聚程度。高速铁路带来的交通便捷性，弱化了知识和技术等创新要素的空间壁垒，增强了高速铁路沿线城市对创新型人才的吸引力，使创新型人才可跨区域流动和重新配置，并向发达的高速铁路沿线城市集聚，从而提高创新主体的创新水平。二是高速铁路开通也改善了土地、人才和市场通达性等资源禀赋，吸引企业入驻和资本投资，降低信息不对称对投资决策造成的负面影响，有利于高速铁路沿线城市获得更多风险投资（龙玉等，2017）。这在一定程度上提高了区域产业集聚性，为区域创新提供重要保障。二是高速铁路开通促使创新资源要素在高速铁路沿线城市和非高速铁路城市之间进行重新配置，短期内会加大两者创新差距。对于非高速铁路城市，由于不具备高速铁路沿线城市的交通便捷性和可达性，对创新型人才、资本等创新要素的吸引力不足，其各种资源流向高速铁路沿线城市的风险加大，不能形成有效集聚，可能导致非高速铁路城市创新能力不足，短期内会拉大与高速铁路城市的创新差距。

6.1.1.2　高速铁路对区域科技研发成果转化的影响

在创新知识溢出和人才流动的作用下，区域创新活动具有"空间关联"和"过程溢出"的特征。创新要素在区域间流动形成了创新活动的"空间关联"，区域科技研发阶段通过创新活动的"过程溢出"，为成果转化阶段提供所需的知识和技术，尤其是知识密集型行业，其"过程溢出"的效应更为突出（张静和李平，2017）。高速铁路通过时空效应，增强了区域创新活动的联动性和溢出效应，为区域科技研发成果转化创造了有利的创新环境。一方面，科技成果转化是创新资源的优化配置，尤其是创新要素之间高效的向前向后联动的结果，所以需要投入大量的人力、财力。高速铁路线路的开通提高了创新型人才的流动效率及其在高速铁路沿线城市的集聚，并促进了知识密集型产业集聚，降低了企业的社会成本，有利于创新主体在研发成果转化过程中获取更多的风险投资。另一方面，高速铁路带来的交通便捷性使创新主体间的面对面交流更加便捷，为科研成果孵化、成果转化活动创造良好的基础，提高创新成果的扩散速度，有利于创新主体在技术转让、技术咨询和技术服务等环节工作的顺利展开，提高产学研合作和跨行业跨领域合作的效率，使科研成果更快速地转化为生产力。

由此可以看出，高速铁路建设通过创新人才、资本投资等要素集聚，促进高速铁路沿线城市的科技研发水平和成果转化效率。同时，高速铁路线路开通在短期内会加大高速铁路沿线城市与非高速铁路城市的创新差距。

6.1.2　高速铁路建设对跨区域协同创新的影响

区域创新不仅局限于单一区域、单个企业的创新，还应涵盖由各个创新主体跨区域创新合作的城市群协同创新。从企业层面来看，各个创新主体要完成科技研发及成果转化，其在各种利益推动下，不可避免地导致跨区域的上下游联动及分工协作，这些都导致人才、资金等产生跨区域流动；从区域层面来看，跨区域协同创新是对我国区域协调发展治理机制的重要探索与实践。例如，京津冀三地将各自的科技研发优势、高端制造基础和成果转化需求紧密结合，将在功能互补、系统联动中推动技术进步，形成区域间产业上下游联动机制，形成京津冀城市群的协同创新发展。高速铁路建设在提升高速铁路沿线城市创新的同时，也会使得城市圈或城市群的空间联系更加紧密，产生"同城化效应"。

不同区域的创新主体，如企业或科研机构在直接或间接交流过程中，会发生无意的、被动的知识、技术传播与扩散，即产生知识溢出。而知识溢出会受到一定的地理距离的限制，与区域间的交通可达性是密切相关的。不同地区间接触和交流的可能性和频繁程度由交通可达性水平来决定（李晓刚，2016），并且知识溢出对区域创新的影响会随着空间距离的增加而衰减（Maurseth and Verspagen，2002）。不断完善的高速铁路线路网带来的交通环境的改善，一方面压缩了人们的出行时间，有助于创新主体间跨区域的面对面沟通与交流学习，扩大知识、技术传播的广度和深度，对区域创新活动的开展具有积极作用。同时，创新要素在不同区域间的频繁流动与交流，使得创新活动具有一定的空间关联性（张静和李平，2017），推动跨区域协同创新的开展。另一方面，创新要素的跨区域流动、创新主体间的交流、研发合作及创新环境的不断完善，促进创新资源在城市群的流动共享、合理配置与集聚优化，有助于城市群的产业融合，形成区域联动、优势互补、配套链接的协同发展格局，从而加速区域一体化进程和城市群协同创新发展。由此说明了高速铁路开通推动了沿线区域城市群科技研发合作，提高了跨区域协同创新效率。

6.2　基于 SD 方法的高速铁路对区域创新的驱动过程及机理分析

为进一步研究高速铁路与区域创新能力的相关作用机理，通过系统动力学方法分析研究要素的关联特征。首先基于三螺旋模型理论，将大学定义为科技的发源地，科学知识和技术的来源；将研究机构定义成科技成果加工改造和升级的场所；将企业定义为创新成果转化基地；大学、研发机构、企业三者共同构成区域创新的主体。其次将政府定义为通过立法等手段调节和维护创新资源配置的机构，将金融机构设定为区域创新的支撑和推动要素（叶鹰等，2014）。结合已有研究对基础设施、交通条件等的研究结论，将产业发展和高速铁路基础设施设定为环境因素。魏守华等（2010）研究认为区域创新能力取决于区域创新规模和创新效率，而创新效率有赖于区域产业基础和集群环境等。

区域创新系统可以划分为创新主体系统、创新支撑系统、创新环境系统、创新产出系统等四个子系统，如图6-2所示。其中，创新主体系统包括生产主体系统、加工主体系统、消费主体系统。大学是创新生产主体系统的重要构成，拥有可培养的人才力量和培养创新的平台、知识训练的课程体系、创新培养的师资、技术设备等。基于此构建系统动力学模型，本模型中关于生产主体系统的变量包括大学招生人数、内部科研支出、大学数量、大学教师人数、课题量。研发机构是创新加工主体系统的重要构成，主要通过创新技术骨干、创新技术、创新孵化平台等对创新人才、创新资源等进行整合，达到创新成果的多数量、高质量产出，因此本模型中加工主体系统的变量有研发人员数量、创新技术产出、成果转化投资。消费主体系统是应用创新成果创造利润的企业，在创新意识引导下，企业利用资金吸引技术，企业产品通过技术升级为企业创造更高利润，本模型中消费主体系统——企业，选取变量为企业研发支出、新产品项目数、企业利润、企业资金能力。创新支撑系统包括政策支撑系统和资金支撑系统，其中政府为政策支撑系统最主要构成，政府既是主体调节者，又是知识生产与知识转移的推动者（叶鹰等，2014）。政策制定和发布会推动政研产主体打破部门界限，加强互动与协同以形成创新螺旋上升态势，因此选择地区GDP、地方税收、创新投资为解释变量。资金支撑系统构成主要是金融机构、投资部门等，金融或投资部门通过对

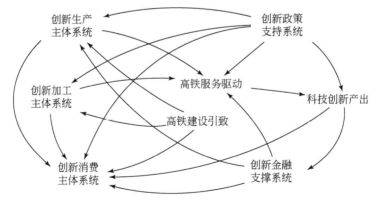

图6-2　子系统因果关系

研发投入的支持，增强创新动力和吸引力，同时通过创新绩效指标约束创新主体行为和效率，本书选择资金流量、储蓄作为解释变量。将高速铁路视为创新环境系统构成，高速铁路低成本高运速实现研发主体地区间交流，加快创新成果的流动和共享，为区域产业的发展提供知识和技术支撑（林晓言和罗燊，2017），同时以高速铁路制造为主导的高速铁路研发、高速铁路生产、高速铁路运营等也在不断进行技术革新和应用，因此选择高速铁路里程增量、高速铁路连结度增量作为高速铁路间接创新的影响因子，选择高速铁路科研平台、高速铁路科研产出比为高速铁路创新解释因子。创新产出系统由创新成果构成，变量用专利申请和论文发表指标来衡量。

根据上述的建模逻辑，建立创新系统运行的因果关系图，如图6-3所示。针对本书的研究主题，创新系统的因果关系图中包括两条主要路径。路径一为高速铁路服务驱动，即创新主体借助高速铁路的时空效应，形成发展驱动，从而加速创新进程和创新速度，并影响到创新产出。路径二为高速铁路建设引致，即围绕高速铁路引发的生产、制造、运营、管理等的创新主体行为，带来高速铁路研究成果的创新产出。

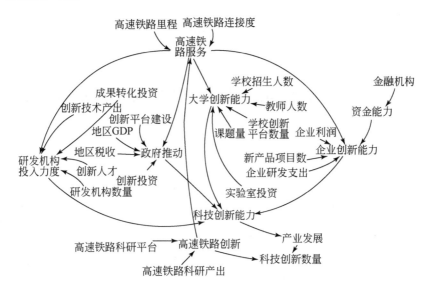

图6-3　创新的高速铁路作用过程因果关系图

将因果关系图中的主要关系抽象为各个变量及变量间的相互关系，得出系统动力学流图，如图6-4所示。

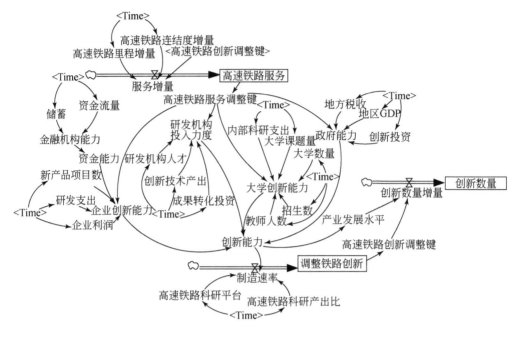

图 6-4　创新的高速铁路作用过程流图

6.3　高速铁路对我国创新影响的模型仿真

6.3.1　模型检验

运用系统动力学模型对基于高速铁路的创新系统进行仿真模拟，模拟起始时间为 2010 年，结束时间为 2018 年。数据来源于《中国统计年鉴》《中国科技统计年鉴》《中国金融年鉴》《中国区域经济统计年鉴》等。

对各种类型的变量进行赋值或确定其表达式后，使用 Vensim_PLE 软件对创新模型进行仿真，得到的创新实际值与模拟值，如图 6-5 所示。从图中可以看出，创新的真实值与模拟值具有较高趋势一致性及拟合程度。

拟合度的计算如下式所示：

$$R^2 = 1 - \frac{\sum_{i=1}^{n} (y_i - y''_i)^2}{\sum_{i=1}^{n} (y_i - \bar{y}_i)^2} \tag{6-1}$$

式中，y_i 为实际值，y'' 为模拟值，$\overline{y_i}$ 为模拟值的均值，R^2 为拟合系数。运用拟合度计算公式得出创新数量的实际值与模拟值的拟合系数大于 95%，拟合度显著。因此，该系统较好地反映我国创新的运行情况，可以用来反应高速铁路对创新的驱动及引致作用。

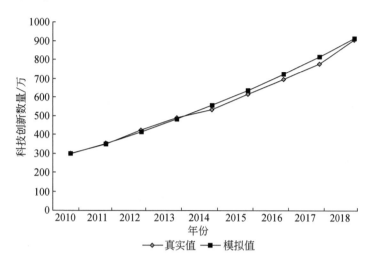

图 6-5 创新数量真实值与模拟值对比

6.3.2 我国创新系统模型仿真及对比

通过系统动力学的"政策实验室"模拟功能研究高速铁路对区域创新的影响，分别在模拟过程中加入延时、脉冲、阶跃函数进行模拟，以研究高速铁路子因素从不同路径对创新成果的影响。

6.3.2.1 加入延时函数时系统反应实验

高速铁路对我国创新成果的影响在于对创新体系中的各种资源进行主动或被动的优化配置；但是，高速铁路从完工到运行再至完全利用，这一过程中往往存在着时间上的延迟。同样，高速铁路创新从研发到申请专利再到投入应用，也存在延迟的现象，延迟时间长短影响对资源重新配置的速率，影响创新的效率。假定高速铁路子系统从不同的路径对整个系统的作用存在延迟，创新成果产出水平变化情况如图 6-6 和图 6-7 所示。

图 6-6 和图 6-7 中的曲线分别为高速铁路服务及高速铁路创新对系统延迟一年的情况下得出的创新成果水平与初始模拟值相对变化的百分比，两者对系统的

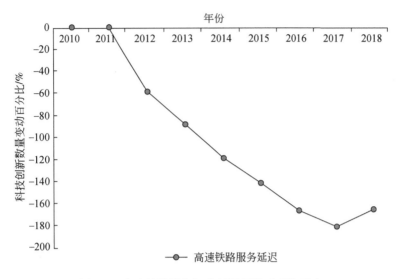

图6-6　高速铁路服务加入延迟函数时系统反应

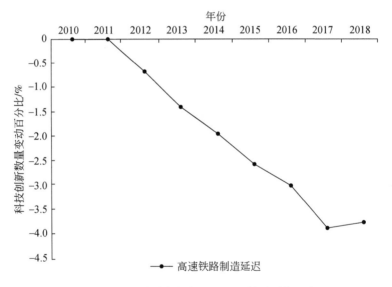

图6-7　高速铁路创新加入延迟函数时系统反应

延迟都为物质延迟。时间上的延迟使得输入变量对系统的作用不能立刻显现，而是体现在稍后的时间阶段。同时，如图所示，物质延迟作用会削减输入变量对系统的影响，并且随着时间的推移，延迟作用造成的后果逐渐累积，变量延迟对系统的削减作用也逐步增加，使得延迟后的创新成果水平较初始模拟值变动的百分比逐年增大。但信息获取的便利性以及创新的逐步推进，很大程度上可以减少时间对系统的影响作用。

6.3.2.2 加入脉冲、阶跃函数时系统反应实验

不同输入变量对系统影响方式是不尽相同的，因此对变量的敏感性分析根据其各自特点适宜选择不同的函数。某年因各种原因带来高速铁路的大量扩建，使得高速铁路里程及地区间的连结度增加，进而造成高速铁路服务突增，对创新成果水平产生促进作用。但是大量增加的高速铁路里程、高速铁路服务，在之后也不太可能被销毁，因此，高速铁路服务突增对创新系统的影响作用是持久的，有助于促进创新水平持续稳步提升。基于此，对高速铁路服务等类似变量的敏感性分析往往是向系统中加入一个阶跃函数。而对于每年的高速铁路创新则具有很大的不确定性，每年的高速铁路创新量不是固定不变的，某年可能因为政策等因素，关于高速铁路的创新量会突然大量增加，但这不意味着年年高速铁路创新量会大幅度提高，故高速铁路创新等输入变量的敏感性分析相当于向系统中输入一个脉冲函数。基于上述条件，根据变量的不同特性，以 2013 年为系统的时间作用点，向系统中输入不同的函数，观察系统中创新数量水平的变化，如图 6-8 和图 6-9 所示。

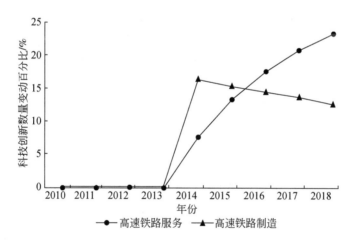

图 6-8　加入阶跃、脉冲函数时系统反应

图 6-8 中的高速铁路服务曲线表示对高速铁路服务增加一个幅值为 2013 年模拟值 5% 的阶跃函数后创新成果数量水平相对于初始模拟值变动的百分比。高速铁路创新曲线表示对高速铁路创新增加一个幅值为 2013 年模拟值 5% 的脉冲函

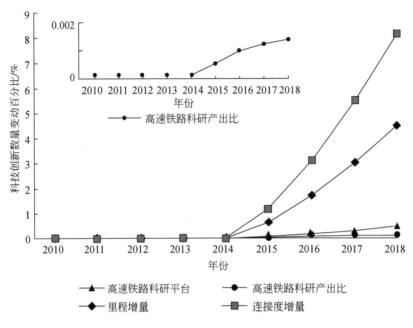

图6-9　加入阶跃、脉冲函数系统反应

数创新成果数量水平相对于初始模拟值变动的百分比。

如图6-8所示，高速铁路服务骤然增加后对创新成果水平具有明显的促进作用，受到阶跃函数的影响，高速铁路服务对系统的促进作用使得创新成果数量较初始模拟值有所提升，并且提升的百分比逐年增加，具有累积效用，这种促进作用对系统的影响是持久的。高速铁路创新在加入脉冲函数后对系统的影响呈现出明显的脉冲式波动现象。2013～2014年创新数量水平变动百分比突然提高，在2014年达到最大的促进作用，系统对高速铁路创新的反应具有敏感性。但随着一个脉冲的结束，创新成果数量便有所回落，虽然仍然是在增加的，但逐渐趋近于初始模拟值。可见，高速铁路创新加入脉冲函数后对系统的促进作用有一定的持续性，但不具有持久性。

图6-9中，高速铁路科研产出比曲线表示对高速铁路科研产出比增加一个幅值为0.05的脉冲函数后创新成果数量水平相对于初始模拟值变动的百分比。高速铁路科研平台曲线、里程增量曲线、连结度增量曲线表示对这三个输入变量分别增加一个幅值为10、2013年当年模拟值的5%、0.01的阶跃函数创新成果数量水平相对于初始模拟值变动的百分比。

如图6-9所示，高速铁路科研平台曲线、里程增量曲线、连结度增量曲线都显示出的趋势具有一致性，针对不同输入变量在向系统中增加不同幅值的阶跃函数后，不同于高速铁路服务与高速铁路制造，系统并没有立即做出反应，即创新成果数量水平并没有立刻增加，创新成果数量对于这些阶跃函数的作用反应存在着延迟，说明增加科研平台等举措对创新成果的促进作用要小于直接引进高速铁路创新，同时若通过信息的便利性、技术的先进性等措施减少高速铁路从建成到完全投入使用中的物质延迟或直接增加高速铁路服务，可以增加高速铁路创新驱动作用。待延迟结束后，受到阶跃函数的影响，创新数量较初始模拟值有所增加，并且增加的百分比逐年增加，说明其作用具有持久性。高速铁路科研产出比曲线显示在增加一个脉冲函数后，创新数量也随之而增加，同时也出现了延迟现象，但并没有在一个脉冲结束后出现明显回落（图6-8），说明直接引进高速铁路创新也是维持系统创新数量提升的重要因素，并且其对系统的促进作用具有持久性。

6.4 案例分析：京津冀地区创新高速铁路驱动的 SD 模型仿真

6.4.1 模型检验

首先运用京津冀整体数据对高速铁路服务驱动的创新系统进行模拟仿真计算，进而在该模拟方程的基础上，用京津冀各地数据仿真京津冀各地创新系统的运作。模拟时间为 2010～2018 年，研究所用数据来源于《中国统计年鉴》《中国科技统计年鉴》《中国金融年鉴》《中国区域经济统计年鉴》等。

使用 Vensim_PLE 软件对高速铁路服务驱动的创新模型进行仿真，得到的京津冀整体模拟值与实际值对比及京津冀各地的实际值与模拟值对比，具体如图 6-10 所示。从图 6-10 中可以看出，京津冀整体的创新数量具有较好的拟合程

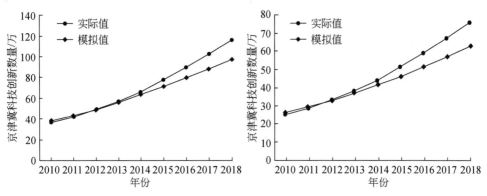

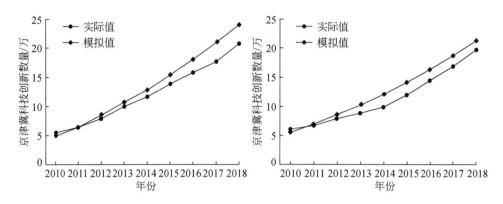

图 6-10　创新数量实际值与模拟值拟合对比

度，同时运用拟合度计算公式计算得到的创新数量拟合度为 89%，拟合效果显著，由此得到的京津冀各地创新数量实际值与模拟值的拟合度分别为 85%、85%、92%。由此可以得出无论是京津冀整体，亦或京津冀各地的创新数量都具有显著的拟合程度。因此，该系统较大程度上反映了京津冀区域高速铁路驱动的创新系统的运行状况，可以用来进行高速铁路驱动的仿真计算。

6.4.2　京津冀创新系统模型仿真及对比

通过系统动力学的"政策实验室"功能来研究系统的变化，采取向系统中加入延迟函数和阶跃函数的方式，分析比较高速铁路服务对京津冀区域创新的影响。

6.4.2.1　加入延迟函数时系统的反应实验

高速铁路网络的存在，减少了区域间的隔阂，打破了地理空间上存在的约束，可以有力地促进区域间各种资源的相互交流以及优化配置。事物的发展是循序渐进的，存在一个发展的过程，因此，高速铁路建设是一步一步建成的，高速铁路对区域创新的促进也并不是一蹴而就的，而是在一点点地资源积累与转换中逐步增强区域的创新能力，故高速铁路在促进区域创新的作用上存在着一定的延迟。

图 6-11 显示的是高速铁路服务对系统延迟 1 年的情况下京、津、冀的创新数量变动情况。由图可以看出，延迟性对系统存在着负向影响，使得创新数量逐渐降低。高速铁路服务对创新的促进作用存在延迟的情况下，不仅使得高速铁路服务对创新的作用不能立刻体现，同时也会削弱高速铁路服务的作用，并且随着

时间的推移，延迟的削减效果也在逐渐积累、加大。

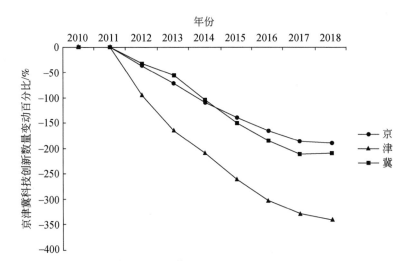

图 6-11　高速铁路服务加入延迟函数后系统反应实验

通过图 6-11 还可以看出，同样是高速铁路服务对创新的促进延迟 1 年的情况下，天津市受到的伤害最大，即高速铁路服务具有更大的削减作用。总体而言，延迟对河北省的影响要稍稍大于北京市。这说明相较于北京市和河北省，天津市对高速铁路服务具有更大程度上的依赖性。北京是我国的首都，作为经济政治中心，北京有较大能力集聚更多的资源，因此高速铁路服务延迟对北京的创新能力影响相对更小一些。而相对于河北省，天津市则更有吸引人力、物力及知识等资源的能力和环境，因此高速铁路服务延迟对天津市的影响更大。

6.4.2.2　加入阶跃函数时系统的反应实验

高速铁路建设是提高高速铁路服务的主要因素，高速铁路一经建成投入使用，便很少存在拆除的现象。区域的高速铁路服务水平提升是永久性的，几乎不存在今年高速铁路服务水平要低于去年高速铁路服务水平的现象。同理，高速铁路里程密度及高速铁路连结度也是如此。因此，对高速铁路服务水平及其引致因素，即高速铁路里程密度及高速铁路连结度的敏感性分析相当于向系统中加入一个阶跃函数。基于此，本书以 2013 年为系统的作用时间点，向系统加入阶跃函数，进而观察输入变量对创新系统的影响。

图 6-12 中的曲线是对高速铁路服务增加一个幅值为 2013 年模拟值 5% 的阶跃函数后，京、津、冀创新成果数量相对于初始模拟值的变动情况。从图中可以看出，高速铁路服务提升对创新成果具有明显的促进作用。高速铁路服务水平增

加后，其对创新的促进作用使得创新成果数量较模拟值有一定程度的提升。同时随着时间的推移，其对创新的影响具有累积效应，使得提升的百分比逐年增加，并且具有持久的影响作用。

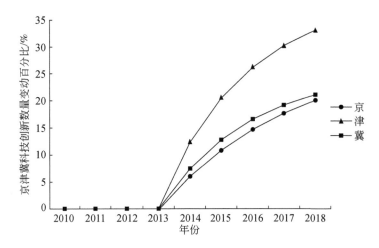

图6-12　高速铁路服务加入阶跃函数后系统反应实验

从图6-12中还可以看到，高速铁路服务提升相同比例的情况下，天津市的创新数量提升百分比最大，其次是河北省，其对北京市的影响最小。这说明在影响区域创新数量的所有因素中，高速铁路服务所占的比例天津市要大于河北省，而北京市最低。这也较为符合实际情况，在这三个区域中，北京市的经济发展水平最高，影响北京市创新水平的因素也更为复杂，因此，高速铁路服务所占的比例自然较小。对于河北省而言，其经济发展水平较低，科研环境、生活环境等因素都有待提高以提高创新水平，故高速铁路服务在其中所占的比例也较低。天津市的科研环境等因素都要高于河北省，更有能力吸引创新资源，所以，交通的便利性对其就有着较大的影响。

图6-13中的曲线是对高速铁路里程密度增加一个幅值为0.01的阶跃函数后，京、津、冀创新成果数量相对于初始模拟值的变动情况。图6-14中的曲线是对高速铁路连结度增加一个幅值为0.1的阶跃函数后，京津冀各地创新成果数量相对于初始模拟值的变动情况。

图6-13显示，增加高速铁路里程密度，对创新有促进作用，使得创新数量增加，并且增加的百分比逐步提高。该促进作用同样具有累积的效果，对系统具有持久性的影响。图6-14显示增加高速铁路连结度后，创新数量具有同样趋势的变化。但不同于高速铁路服务的是，直接建设高速铁路、提高高速铁路里程密

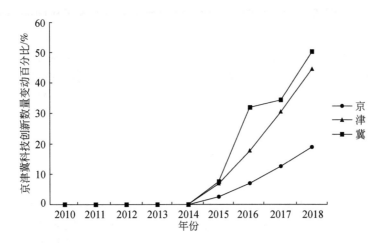

图 6-13 高速铁路里程密度加入阶跃函数后系统反应实验

度及高速铁路连结度时，其对系统的影响具有更为明显的延迟性，可以看出这两个输入变量都是从 2014 年开始发挥作用的。这是因为从高速铁路建设到提升高速铁路服务这两者之间具有一定程度上的时间差，同时高速铁路服务在提升区域创新能力上也存在时间差，造成其对高速铁路服务驱动的创新系统作用的延迟。

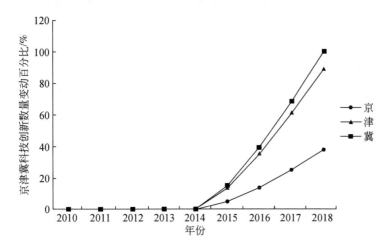

图 6-14 高速铁路连结度加入阶跃函数后系统反应实验

同样可以看出，对这两个输入变量而言，对比京、津、冀的高速铁路里程密度及高速铁路连结度时，河北省的创新数量变动最大，其次是天津市，但两者比较相差不大，北京市增加的百分比最少，与河北省和天津市具有相对较大差别。

因为在本次的阶跃函数中，是向京、津、冀创新系统中加入了相同的幅值，在不同的原始基础上，河北省的这两个输入变量变化程度最大，而北京市最小，所以河北省创新数量增加的百分比最多。因此，更应该加大经济发展程度低、高速铁路覆盖面积少的区域的高速铁路网络建设，增加其高速铁路里程密度及区域间的高速铁路连结度，以提高区域的高速铁路服务水平，促进创新资源的流入，进而提升区域的创新能力。

6.5 本章小节

高速铁路服务及高速铁路创新引致作用都存在延迟的现象，延迟输入变量对系统的作用时间，会降低创新数量。延迟时间越长，输入变量对系统的影响作用削减性便越大。高速铁路服务能力提升可以促进创新，该促进作用具有累积的效应，使得创新的增量逐年提高，并且具有持久性。增加高速铁路科研产出比、建设高速铁路科研平台可以影响高速铁路创新引致作用，加速创新速度。因此，基于高速铁路提升创新水平，不仅要注重高速铁路服务的创新驱动效果，同时也要关注高速铁路建设的创新引致作用。

对于京津冀地区而言，高速铁路网络对天津市和河北省的促进作用要大于北京市。高速铁路的存在使得京津冀区域间的资源交流变得更为便利，北京市的创新资源与天津市和河北省两地的交流更加顺畅，天津市和河北省两地创新水平得以提升。尤其是对于河北省，同时，京津两地的资源向河北省的倾斜，推动了京津冀创新能力协同发展，共同进步。

第7章 高速铁路的区域创新协调效果测度

高速铁路对区域创新协调的效果是否有影响？本章通过对我国的区域创新发展特征进行分析后，加入高速铁路因素，利用双重差分法进行对照分析。首先，通过对区域经济协调发展特征进行研究，通过熵权法确定各项指标权重，建立耦合协调度模型；其次，利用模型对我国的创新系统的投入、产出、环境三个方面进行综合评价及内部协调度分析；最后，以京津冀区域为例对区域间创新系统进行综合评价及协调发展测度，构建出区域城市创新协调度与高速铁路创新环境之间的回归模型，验证高速铁路对区域创新协调发展的影响。

7.1 区域创新协调发展特征

7.1.1 模型构建

7.1.1.1 指标体系构建

学术界关于创新评价指标体系有清晰的认知和相对一致的评价指标体系。已有研究较多从创新投入、创新产出及创新环境三方面对区域创新综合水平进行评价。因为创新行为以创新投入为起始点，以创新产出为最终目的，创新环境则是保障创新活动顺利进行不可缺少的重要支撑。基于已有研究，从创新投入、创新产出及创新环境三个方面构建区域创新的准则层。学者们虽然在准则层达成了较大程度的一致性，但对指标层的研究却具有多样性。其中，蒋天颖等（2014）选取 R&D 经费内部支出、技术市场合同成交额、每万人专利申请授权、科技拨款占财政支出的比例、高新技术企业数、每万人图书馆藏书量等作为创新系统的水平指标。李二玲和崔之珍（2018）选取 R&D 经费内部支出、R&D 当时人员全量、规模以上工业企业新产品开发经费、技术市场合同成交额、规模以上工业企业新产品销售收入、每万人图书馆藏书量等作为创新系统的水平指标。众多学者对创新系统评价设计为本书指标选取提供了依据，基于已有的研究成果、依据区域创新系统的特点、根据数据的可得性，对指标进行筛选并修改构建了区域创新水平评价指标体系，具体如表7-1所示。

7.1.1.2 研究方法及模型构建

建立耦合协调度模型来测度京津冀区域创新的协调发展现状。首先，确定京津冀区域创新的综合发展水平函数，并建立京津冀区域创新协调发展的耦合协调度模型。

表7-1 区域创新综合水平评价指标体系

一级指标	二级指标
创新投入	R&D 经费内部支出占 GDP 比例/%
	每万人 R&D 人员当时全量/人
	每万人科学研究技术服务业从业人数/人
	科技拨款占财政支出的比例/%
	技术市场合同成交额占 GDP 比例/%
创新产出	每万人三种专利申请授权量/(万人/件)
	科技成果登记数/个
创新环境	教育拨款占财政支出的比例/%
	互联网用户数/万人
	普通高等教育在校学生数/人
	图书馆藏书量/千册

(1) 系统综合发展水平模型

各个子系统在其内各种要素的共同相互作用下形成了完整的区域创新系统。因此，要选取适当的方法对区域创新发展水平进行测度评价，在此过程中，重要的是确定各指标的权重。权重的确定分主观和客观两种方式，熵权法作为一种客观计算权重的方式，不仅可以反映指标之间的区分能力，同时能够通过客观科学地计算得到指标的权重数值，相较于层次分析法（AHP）、专家打分法等主观确定方法更具有科学性和准确性。熵用来形容事物发展的变化度，其值越大，表明发展越无序。在衡量指标权重时，事物发展的稳定性用离散系数表示，指数数值差距越大，表明指标所反映的现象发展越不稳定，因为其对系统有着更大的影响作用，因而对其赋予更大的权重。熵值法根据某个指标观测数值所提供的信息大小确定指标的权重，可以从各指标中的固有信息得到该指标对目标的贡献程度，在科学的基础上可以得到较为准确的判断，因此，选取熵值法确定系统各指标的权重。

在测度区域创新发展水平时，首先需要对数据进行标准化处理，其次确定各指标的权重，在此基础上确定发展水平函数。

1）数据的标准化处理。由于不同指标有不同的数据量纲，指标间的可比性交叉，为消除指标量纲的影响，需要对数据进行标准化处理。正指标和负指标对系统的影响不同，需要分别对其进行标准化处理。

设 x_{ij} （$i=1$，2，$\cdots$，n；$j=1$，2，$\cdots$，m），其中 n 为区域个数，m 为指标个数，x_{ij} 为第 i 个城市第 j 个指标。y_{ij} 为标准化之后的指标值。正向指标和负向指标无量纲处理公式分别为：

$$y_{ij} = \frac{x_{ij} - x_{ij\min}}{x_{ij\max} - x_{ij\min}} \text{（正指标）} \tag{7-1}$$

$$y_{ij} = \frac{x_{ij\max} - x_{ij}}{x_{ij\max} - x_{ij\min}} \text{（负指标）} \tag{7-2}$$

2）权重计算。本书采用熵值法确定指标的权重，具体步骤为：①计算第 i 个地区第 j 个指标值比重：

$$p_{ij} = \frac{y_{ij}}{\sum\limits^{m} y_{ij}} \tag{7-3}$$

②计算指标的信息熵：

$$E_j = -\frac{1}{\ln kn} \sum\limits^{m} (p_{ij} \ln p_{ij}) \tag{7-4}$$

若 p_{ij} 为 0，则需要对 p_{ij} 进行修正和调整 $p_{ij}\ln p_{ij}=0$ 使其符合逻辑运算。其中 k 为统计数据所设计的年份数量，有 $0 \leqslant E_j \leqslant 1$。

③计算信息熵冗余度：

$$D_j = 1 - E_j \tag{7-5}$$

④熵权法指标权重的计算公式为：

$$w_j = \frac{D_j}{\sum\limits_{j=1}^{m} D_j} \tag{7-6}$$

3）综合发展水平函数。根据指标的标准化值和权重，可计算得出区域 i 的综合发展水平，记为 U_i：

$$U_i = \sum\limits_{j=1}^{m} w_j \times b_{ij} \quad \left(\sum\limits_{j=1}^{m} w_j = 1 \right) \tag{7-7}$$

（2）耦合协调度模型

关于耦合协调度的模型各个学者在使用方面也不尽相同，但都是万变不离其宗，有很大的相似之处，因此，选择普遍认可的模型进行计算。

1）耦合度。耦合的概念来源于物理学，耦合是衡量两个及以上的系统相互作用、相互关联的程度的物理量。当系统之间的联系和影响较小时，称为松散耦合，反之当系统之间具有较大的影响关系时，称为紧密耦合。耦合度函数为：

$$C=\left\{\frac{U_1\times U_2\times\cdots\times U_n}{\left[\left(U_1+U_2+\cdots+U_n\right)/n\right]^n}\right\}^{1/n} \tag{7-8}$$

式中，U_i 分别为京津冀区域内城市创新综合发展水平指数；C 为创新的耦合度。C 值越大表明区域间创新的相互关联、相互影响程度越高。本书借助已有研究设定耦合度的划分标准，具体如表 7-2 所示。

表 7-2　耦合度划分标准

耦合度	耦合度等级	特征
0 ~ 0.29	低水平耦合	系统间相互联系弱，关联性较差
0.3 ~ 0.49	初级耦合	系统进入拮抗阶段，有抑制作用
0.5 ~ 0.79	良好耦合	良性耦合
0.8 ~ 1	高级耦合	良性共振，相互促进

2）协调度。耦合度仅能表达系统间相互影响的程度，反映系统间的互动效应，但这种互动是否能推动系统间协调发展及系统间是否呈现协调发展状态却不得而知。协调度是在系统间相互作用的基础上进一步测度系统间的协调发展水平高低的指标。协调度的计算函数为：

$$D=\sqrt{C\times V}$$
$$V=\alpha\times U_1+\beta\times U_2+\cdots+\gamma\times U_n \tag{7-9}$$

式中，D 为协调度系数；V 为综合评价指数；α、β、γ 为子系统在整体系统发展中的权重指数，有 $\alpha+\beta+\cdots+\gamma=1$。由于京津冀各个区域在京津冀区域创新系统协调发展中占据着同等重要的地位，当且仅当地区共同发展时才能促进区域间的协调发展，故对其赋予相同权重，故取 $\alpha=\beta=\cdots=\gamma=1/n$。协调度取值在 0 到 1 之间，其值越大，代表系统间协调度越高，共同发展程度越高。借鉴学者们已有对协调度的划分标准对其进行划分，具体如表 7-3 所示。

7.1.1.3　数据来源

采用 2010 ~ 2020 年京津冀区域的相关数据进行区域创新耦合协调发展测度，主要来源于 2010 ~ 2020 年间的《中国统计年鉴》《北京统计年鉴》《天津统计年鉴》《河北统计年鉴》《中国城市统计年鉴》及各城市统计公报的相关数据作为数据统计的来源。对于缺失数据采用插值法和灰色预测法计算得出。

表 7-3　协调度划分标准

耦合协调度	等级	耦合协调度	等级
0 ~ 0.09	极度失调	0.5 ~ 0.59	勉强协调
0.1 ~ 0.19	严重失调	0.6 ~ 0.69	初级协调
0.2 ~ 0.29	中度失调	0.7 ~ 0.79	中级协调
0.3 ~ 0.39	轻度失调	0.8 ~ 0.89	良好协调
0.4 ~ 0.49	濒临失调	0.9 ~ 1	优质协调

注：0.1 ~ 0.39 为失调型，0.4 ~ 0.59 为过渡型，0.6 ~ 1 为协调型

7.1.2　我国创新系统综合评价及其内部协调发展测度

根据熵权法得出各指标权重，具体如表 7-4 所示。

表 7-4　指标权重

指标	权重
R&D 经费内部支出占 GDP 比例	0.085
每万人 R&D 人员当时全量	0.076
每万人科学研究技术服务业从业人数	0.084
科技拨款占财政支出的比例	0.114
技术市场合同成交额占 GDP 比例	0.121
每万人三种专利申请授权量	0.111
科技成果登记数	0.087
教育拨款占财政支出的比例	0.073
互联网用户数	0.087
普通高等教育在校学生数	0.075
图书馆藏书量	0.086

7.1.2.1　创新系统综合评价

根据以上模型计算，可以得出 2010 ~ 2020 年我国创新综合发展水平。如图 7-1 所示，我国创新综合水平在不断提升，且提升效果显著。2012 年提升幅度

较大，2013 年开始，创新综合发展水平的增长量逐年提升，尤其以 2018 年及以后提升更快，呈现出大幅度上升的趋势。

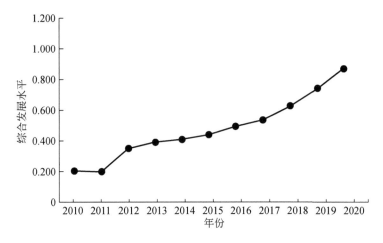

图 7-1　我国创新综合发展水平

　　通过对区域创新子系统发展水平进行比较，可以看出各阶段区域创新发展的主要优势来源，如图 7-2 所示。整体而言，我国创新的综合发展水平及其投入、产出、环境等子系统呈现出逐步提升趋势。创新发展的主要优势来源在 2013 ~ 2019 年间为创新投入，表明在此期间，国家重视创新发展，不断加大对创新的投入，但这一时期，创新资源实际利用率为负，具体表现为创新投入水平高于创新产出水平，创新资源利用率较低。不过，创新投入与创新产出之间的差距在不断缩小，创新资源实际利用率在缓慢提升。区域创新产出水平在 2017 年得到迅

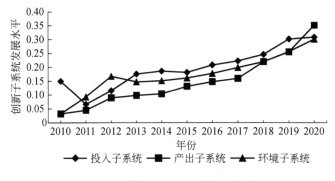

图 7-2　我国创新子系统发展水平

速发展，与创新环境之间的差距逐渐缩小，并于 2020 年高于创新投入水平，成为创新的主要优势来源。由此表明，创新资源实际利用率得到有效改善并迅速提升，创新资源实际利用率为正的趋势初现。

7.1.2.2　创新系统内部协调发展测度

创新耦合关联度如图 7-3 所示。可以看出，创新各子系统的耦合度在 2010 ~ 2011 年显著提高，在 2011 年后几乎保持稳定状态。我国创新各子系统耦合度分布在 0.75 ~ 0.99，表明子系统间的关联度较高，之间的相互影响程度也较高。创新投入是创新系统发展的基础，创新环境是创新发展的基础，而创新产出则是创新发展的成果，三者相辅相成，共同促进区域创新系统的发展。

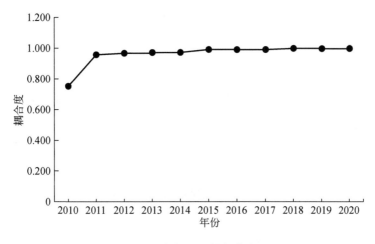

图 7-3　创新子系统耦合度

耦合度仅能衡量区域间的关联程度，协调度用来衡量区域间协调发展程度。创新子系统协调测度如图 7-4 所示。可以看出，创新子系统协调发展水平在不断提升，但整体协调度仍较低，协调度处于 0.23 ~ 0.56，由中度失调过渡到勉强协调，初步到达协调发展阶段。在 2010 ~ 2015 年，创新子系统处于失调发展阶段；在 2016 ~ 2020 年，协调发展水平处于协调阶段，但仍属于低级协调，协调水平有所提升。但是，在 2017 年之后，创新子系统协调水平大幅度提升。2016 年我国实行创新驱动发展战略，将创新上升为国家战略，促进创新水平的发展。而创新水平的发展离不开创新投入、产出以及政策环境的支持，三者共同发展才能促进创新整体的发展。因此，2017 年以后创新子系统的发展协调度显著提升，不断接近初级协调。

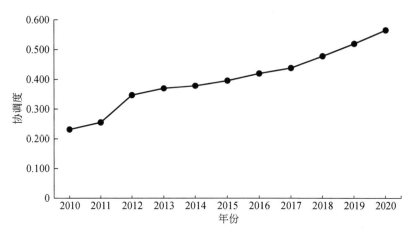

图 7-4 创新子系统协调度

7.1.3 区域间创新系统综合评价及协调发展测度—以京津冀区域为例

根据熵权法得出各指标权重，具体如表 7-5 所示。

表 7-5 区域创新系统指标权重

指标	权重
R&D 经费内部支出占 GDP 比例	0.079
每万人 R&D 人员当时全量	0.118
每万人科学研究技术服务业从业人数	0.124
科技拨款占财政支出的比例	0.062
技术市场合同成交额占 GDP 比例	0.087
每万人三种专利申请授权量	0.103
科技成果登记数	0.129
教育拨款占财政支出的比例	0.007
互联网用户数	0.066
普通高等教育在校学生数	0.103
图书馆藏书量	0.122

7.1.3.1　创新系统综合评价

(1) 时序特征

根据以上模型计算，可以得出 2010～2020 年京津冀区域创新综合发展水平及京津冀区域创新协调发展水平，以京津冀各城市发展水平和耦合协调度的平均值来指代。如图 7-5 所示，京津冀区域创新综合水平在不断提升，尤其在 2017 年以后创新综合发展水平显著提升。整体而言，京津冀区域创新发展可以分为两个阶段：第一阶段 2010～2016 年，创新综合发展水平处于缓慢稳步上升状态；第二阶段 2017～2020 年，创新综合发展水平呈现出大幅度上升的趋势。

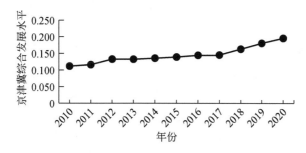

图 7-5　京津冀创新综合发展水平

通过对区域创新子系统发展水平进行比较，可以看出各阶段区域创新发展的主要优势来源（图 7-6）。对京津冀区域整体而言，京津冀区域创新的综合发展水平及其创新投入、产出、环境子系统都在逐步提升，但创新发展的主要优势来源是创新环境。依据创新资源实际利用率即创新投入与创新产出之间的大小关系可以将京津冀区域创新发展分为两个阶段：第一阶段是 2010～2017 年，京津冀区域表现出以创新环境为创新系统的优势来源。这一阶段创新环境的发展速度要大于创新产出和创新投入子系统，并且与这两系统之间的差距不断增加。同时该阶段的创新资源实际利用率为负，具体表现为创新投入水平高于创新产出水平，创新资源利用率较低。但整体而言创新投入与创新产出之间的差距在不断缩小，创新资源实际利用率缓慢提升。第二阶段是 2018～2020 年，该阶段京津冀区域创新主要优势来源仍是创新环境，但可以看出，区域创新产出水平迅速提升，与创新环境之间的差距逐渐缩小，并显著高于创新投入水平，说明京津冀区域整体的创新资源实际利用率不断提升，创新资源实际利用率为正的趋势初现，并逐渐提升。创新投入是创新产出发展的基础，随着创新投入水平的增加，创新产出水平也在不断发展，当科技产出水平高于创新投入水平时，创新投入资源得到充分合理利用，使得创新资源实际利用率为正且不断提高。

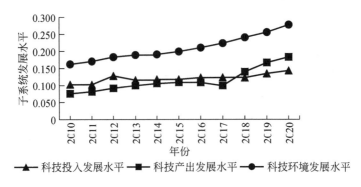

图 7-6 京津冀创新子系统发展水平

（2）空间特征

根据上述内容计算出京津冀各城市的创新水平，如图 7-7 所示。根据京津冀城市群创新综合发展水平来看，京津冀发展呈现出以北京市和天津市为核心的空间发展格局，其中北京市为领跑，天津市跟随其后，河北省城市创新综合水平则远远低于北京市和天津市。而在河北省城市中，则以石家庄市和保定市的创新发展水平最高，其次为廊坊市和唐山市，衡水市和承德市的发展水平屈居末尾。整体而言，京津冀城市群中仅北京市、天津市和石家庄市的创新综合发展水平在平均值之上，京津冀城市群发展极具不均衡性。2010～2020 年，京津冀城市群创新综合水平在不断提升，但城市之间提升水平有较大差距。与 2010 年相比，2020 年北京市和天津市创新发展水平有大幅度提升，提升幅度超过 0.2；在河北省城市中廊坊市的创新发展最快，其次为石家庄市、沧州市、秦皇岛市、唐山市、邯郸市和保定市的创新综合水平有小幅度提升，而邢台市、衡水市、承德

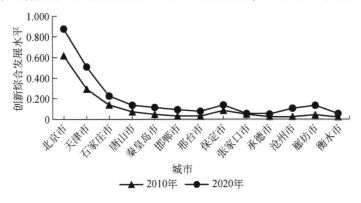

图 7-7 京津冀城市群创新综合发展水平

市、张家口市的创新综合发展水平则变化不大。北京市作为我国首都其发展政策更加完善，创新资源更为集聚，因此其较快的创新发展速度显得理所当然。在河北省城市中，廊坊市位于京津冀城市群的核心，紧邻北京市和天津市，因此其对廊坊市的创新辐射程度更大，因此廊坊市优越的地理位置使得其创新发展速度在河北省中居于首位。

如图 7-8 所示，在创新投入方面，河北省各城市变化不大，北京市和天津市在创新投入子系统发展水平中的差异较大，北京市远远高于其他城市发展水平。在京津冀所有城市中，仅有北京市和天津市的创新投入在平均值之上，总体而言，河北省内城市创新投入差距较小。2010 年，北京市创新投入水平为 0.644，天津市为 0.212，但河北省的城市投入水平都在 0.1 以下，发展极度不均衡。同时北京市和天津市增幅也相对较高，除张家口外，其他城市都保持在缓慢增长或变化不大的水平，这主要是由于张家口市的 R&D 人员全量占总人口的比例在不断下降。

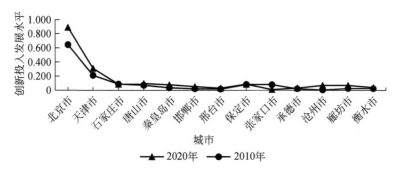

图 7-8　京津冀城市群创新投入发展水平

京津冀城市群创新产出的增长幅度较大，说明经过多年的发展，京津冀城市的创新投入利用率及创新资源实际利用率在不断提升，创新能力增加。由图 7-9 可以看出，京津冀城市的创新产出有显著提升，其中以北京市和天津市的增幅较大，其次则是廊坊市。廊坊市因临近北京市和天津市，受到其辐射较大，创新产出增长较快。

对创新环境而言，其总体增长幅度在三个子系统中最高。天津市增幅最大；其次是石家庄市和北京市，增幅在 0.2 以上；其次是唐山市、保定市、沧州市和廊坊市，增长幅度在 0.1~0.15。

如图 7-10 所示，北京市的创新环境水平最高，其每上升一个台阶所需付出的也越大，而对于其他城市而言，其增长的压力则较小。对三个子系统整体而言，各个城市的发展水平都在不断增长，这体现出城市群中核心城市的集聚和辐

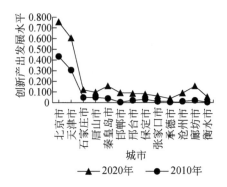

图 7-9　京津冀城市群创新产出发展水平

射作用，其中石家庄市、廊坊市、沧州市、唐山市和秦皇岛市距离北京市和天津市较近，再加上这些城市本身的基础设施较为完善，能更好地承接北京市和天津市的产业转移和经济辐射，其发展速度较快，尤其是廊坊市，地处京津冀区域核心，加速了其创新综合水平的发展速度。

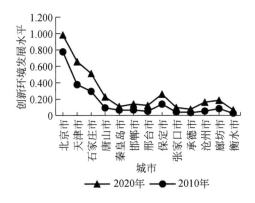

图 7-10　京津冀城市群创新环境发展水平

对大多数城市而言，创新环境是其创新发展的主要优势来源，只极个别存在不一致性。如表7-6所示，2010年，相对于其他子系统而言，创新投入是其创新优势来源，但经过一段时期的发展创新环境水平不断提升，创新环境成为创新主要优势来源。但是，秦皇岛市有些不同，其创新主要优势来源由创新环境逐渐转化为创新产出。将创新产出大于创新投入的情况视为创新资源实际利用率>0，即表明创新转化率为正，对资源的额利用率为正。因此可以看出，在2015～2020年，京津冀大部分城市实现了创新资源实际利用率为正的状态。截至2020年，仍有北京市和保定市的创新资源实际利用率为负，即实际创新投入资源的价值大于资源实际产出的价值，创新资源投入过于饱和，未得到充分利用，因此应加强对科技投入资源利用转化能力，减少创新投入的浪费。

表 7-6　创新优势来源及资源利用

年份	创新优势来源	创新资源实际利用率>0
2010 年	**创新环境**：北京市、天津市、石家庄市、唐山市、秦皇岛市、邯郸市、邢台市、保定市、承德市、沧州市、廊坊市、衡水市 **创新投入**：张家口市	天津市、秦皇岛市、邢台市、沧州市
2015 年	**创新环境**：北京市、天津市、石家庄市、唐山市、秦皇岛市、邯郸市、邢台市、保定市、承德市、沧州市、廊坊市、衡水市、张家口市	天津市、秦皇岛市、邢台市、沧州市、张家口市
2020 年	**创新环境**：北京市、天津市、石家庄市、唐山市、邯郸市、邢台市、保定市、承德市、沧州市、廊坊市、衡水市、张家口市 **创新产出**：秦皇岛市	天津市、石家庄市、唐山市、秦皇岛市、邯郸市、邢台市、承德市、沧州市、廊坊市、衡水市、张家口市

7.1.3.2　区域间创新系统协调发展测度

（1）时序特征

京津冀区域协调发展是我国重要发展战略之一，京津冀区域创新的发展具有较大的关联性，京津冀区域创新耦合关联度如图 7-11 所示。可以看出，京津冀区域创新耦合度在不断提高，京津冀区域间创新发展的关联度在不断提升。京津冀区域的耦合度分布在 0.79 ~ 0.85。2010 ~ 2013 年，京津冀区域的耦合关联度

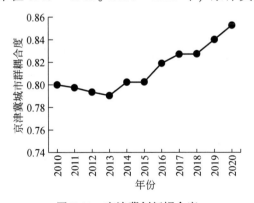

图 7-11　京津冀创新耦合度

处于良好耦合水平，并无限向高级耦合接近。得益于京津冀区域的临近的地理位置，京津冀区域创新一直有较高的关联性。这一时期多高速铁路的开通，使得各城市之间的可达性不断提升，进一步加大了城市间创新发展的耦合关联性。2014~2020年，京津冀区域的耦合度快速发展，达到高度耦合的状态，各城市基本实现良性共振，相互促进。这一时期的发展主要与政府的规划设计有关，2014年京津冀协同发展正式被确定为国家战略，有力推动了京津冀城市群耦合关联度的提升。

耦合度仅能衡量区域间的关联程度，耦合协调度用来衡量区域间协调发展程度。京津冀区域耦合协调测度如图7-12所示。可以看出，京津冀区域创新协调发展水平在不断提升，但京津冀城市群整体协调度较低，协调度处于0.26~0.37，由中度失调过渡到轻度失调，但始终处于失调型，未曾达到协调状态。2010~2015年，京津冀区域创新处于中度失调状态；2016~2020年，创新协调发展水平处于轻度失调，协调水平有所提升；尤其是在2017年之后，京津冀区域创新协调水平大幅度提升。尽管京津冀区域整体创新的耦合度较高，但其耦合协调度却表现平平，并未达到协调水平。依据创新协调增长趋势，可以将京津冀区域创新协调发展分为两个阶段：第一阶段为2010~2016年，该阶段创新协调发展水平稳步缓慢提升。该阶段城市间可达性快速提升，京津冀三地达成共识，区域合作全面启动，在这一时期内，经历了京津冀区域发展规划初步编制，到京津冀协同发展上升为国家发展战略，京津冀区域协同发展规划加速落实，为接下来创新协调水平快速发展打下了一定的基础。第二阶段为2017~2020年，该阶段京津冀区域创新协调发展水平快速提升。2017年中共中央、国务院印发通知，决定设立河北雄安新区，2018年，中共中央、国务院批复《河北雄安新区规划纲要》。设立河北雄安新区，是以习近平同志为核心的党中央深入推进京津冀协同发展做出的一项重大决策部署，是一项历史性工程。它将京津冀区域协调发展水平带上了一个新的台阶，共同促进京津冀创新发展水平快速提升，这正是未来的发展方向，京津冀区域创新也呈现出持续向好的趋势，逐步向协调发展进击。

综合以上分析可以得出，京津冀区域创新耦合协调度的发展首先与京津冀地区临近的地理位置及便利的交通条件有关，其次与国家对于京津冀区域的发展政策有关。临近的地理位置和便利的交通条件增加了京津冀城市群之间的可达性，使得京津冀区域间创新耦合协调度一直很高，国家政策使得京津冀区域创新耦合协调度进一步提升。2010年，《京津冀都市圈区域规划》上报国务院，河北省提出在6个在规划体系等6个方面与北京的"对接工程"。2011年，国家"十二五"规划提出要"打造首都经济圈"，这些政策为之后京津冀区域耦合协调度的提升打下了坚实的基础。2014年，正式将京津冀协同发展上升为国家战略，作

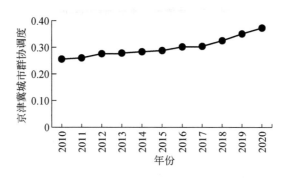

图 7-12　京津冀城市群创新协调度

为我国三大战略之一，其对京津冀协同发展发挥着重要作用。2017 年设立河北雄安新区，进一步增强了京津冀区域创新的关联性和协调性。在未来几年内，区域创新耦合协调度将有较大提升。由此可见，京津冀城市群创新耦合度水平的波动发展不仅受到城市规划和政府顶层设计的影响，同时也受城市地理位置和交通基础设施的影响。

（2）空间特征

将京津冀区域城市的耦合度进行比较可以得出各城市耦合度所处范围。京津冀城市之间耦合度较高，各城市之间始终保持在良好耦合及以上。2010～2020年，京津冀城市之间的耦合度不断增加，但整体发展格局未变。从表 7-7 中可以看出，京津冀城市中除北京市和天津市外，其他城市的耦合度都处于高级耦合状态，创新发展之间的关联度较高。北京市和天津市的创新综合水平远高于其他城市，这就代表着北京市和天津市更多地表现出对其他城市的辐射作用，带动其他城市的发展，而其他城市则对北京市和天津市的影响程度较低，因此北京市、天津市与其他城市创新之间的关联度相对较低。北京市和天津市除对河北省城市有辐射拉动作用之外，也存在着对河北省城市的虹吸效应，这也是河北省城市创新发展水平较低的原因。但总体来说，北京市和天津市对河北省城市的辐射作用大于虹吸效应，尤其在京津冀协调发展政策提出及雄安新区建设之后，河北省更多地承接了北京市非首都功能，将大幅度提升河北省创新发展。整体而言，河北省城市创新发展水平的差异相对较小，又由于城市地理位置较近，因此创新发展之间的关联度较高。同时，这也体现出京津冀城市创新发展的不平衡性，北京市和天津市对河北省城市的影响较大，反之，河北省城市则对京津两地的影响较低。

表 7-7　京津冀城市群创新耦合度

耦合度	2010 年	2020 年
良好耦合（0.5~0.8）	北京市、天津市	北京市、天津市
高级耦合（0.8~1）	石家庄市、唐山市、秦皇岛市、邯郸市、邢台市、保定市、承德市、沧州市、廊坊市、衡水市、张家口市	石家庄市、唐山市、秦皇岛市、邯郸市、邢台市、保定市、承德市、沧州市、廊坊市、衡水市、张家口市

　　京津冀城市之间创新协调度测度如表 7-8 所示。可以看出京津冀城市之间创新协调度呈增长趋势，但整体协调度较低，截至 2020 年各个城市都未达到协调型。北京市与其他城市创新协调度始终居于最高水平，其次是天津市。张家口市、承德市和衡水市与其他城市的创新协调度最低。在河北省城市中，石家庄市和保定市与其他城市的创新协调度相对较高，其次是保定市、唐山市、廊坊市和秦皇岛市。从表中可以看出，2010~2020 年城市间创新协调度的变迁，由 2010 年集中于中度失调发展至 2020 年的集中于轻度失调，协调度不断改善。同时可以看出，在 2015 年之后，各城市之间创新协调度的增幅较大，这主要是由于 2015 年前后国家将京津冀协调发展上升至国家战略的地位，并加强有利于京津冀区域协调发展的顶层设计，促进了城市之间协调发展进程。在 2010 年，京津冀城市群各城市除北京市处于协调发展的过渡阶段外，其他城市的创新协调发展都处于失调状态。至 2015 年，天津市上升到协调发展的过渡阶段，其他城市仍处于失调型，其中，承德市、衡水市和保定市都在原先基础上，有了进一步的发展。2020 年，河北省的石家庄市率先进入协调发展的过渡阶段。总体来看，京津冀城市群的创新协调度都有一定程度增长，北京市和天津市仍然居于领先地位，是京津冀城市群的两个中心，并逐渐形成沿京唐秦发展轴、京保石发展轴蔓延的趋于协调的发展格局。可以预期，在未来一段时间，京津冀城市在创新协调发展方面会有较大幅度的提升，政府顶层设计及更为密集的高速铁路基础设施，将为京津冀城市创新协调发展带来更大机遇。

表 7-8　京津冀城市群创新协调度

协调类型	协调度	2010 年	2015 年	2020 年
	严重失调（0.1~0.19）	承德市、衡水市		

协调 类型	协调度	2010年	2015年	2020年
失 调 型	中度失调 (0.2~0.29)	唐山市、秦皇岛市、邯郸市、邢台市、保定市、张家口市、沧州市、廊坊市	唐山市、秦皇岛市、邯郸市、邢台市、张家口市、沧州市、廊坊市、承德市、衡水市	张家口市、承德市
	轻度失调 (0.3~0.39)	天津市、石家庄市	石家庄市、保定市	唐山市、秦皇岛市、邯郸市、邢台市、保定市、沧州市、廊坊市、衡水市
过 渡 型	濒临失调 (0.4~0.49)	北京市	北京市、天津市	石家庄市
	勉强协调 (0.5~0.59)			北京市、天津市

7.2 高速铁路的区域创新协调效果测度：以京津冀为例

7.2.1 模型构建

为了验证高速铁路对区域创新协调发展的影响，本研究选取以下变量进行实证分析。

(1) 被解释变量

京津冀城市创新协调度水平（Y）。

(2) 核心解释变量

京津冀城市高速铁路创新环境（X）。为了全面衡量高速铁路条件下的城市间高速铁路创新环境，将高速铁路条件下的城市间有效平均旅行时间、城市日常可达性及城市创新潜力进行集成，采用熵权法得到各城市高速铁路条件下的城市高速铁路创新环境。

(3) 解释变量

区域创新协调发展是一个复杂的过程，是多因素相互配合，相互作用共同发展的结果。目前对区域协调发展影响因素的研究相对丰富。本书根据已有关于创新协调发展影响因素的探讨，结合区域发展的实际情况，得出创新协调发展解释变量。创新投入和创新产出是衡量创新活动的重要指标。其中，创新投入既反映协调创新的意愿大小，又能反映政府政策对创新的支持力度。创新产出反映了城市创新能力，是影响创新协调发展的重要影响因素。创新环境反映城市创新的基础设施环境、创新政策环境，也反映出对创新资源的吸引力。创新投入（Z_1）和创新产出（Z_2）、创新环境（Z_3）通过计算得出。国内市场需求能够调动创新的积极性和能动性，用城镇居民人均可支配收入（Z_4）作为市场需求指标。产业市场规模反映创新的需求主体和创新的供应主体，用规模以上工业企业数量（Z_5）作为产业市场规模指标。经济发展水平深刻影响城市的发展，对城市创新协调发展有着深远的影响，用人均 GDP（Z_6）反映经济发展水平指标，具体如表 7-9 所示。

表 7-9　高速铁路对区域创新协调发展影响指标

变量	指标	符号	测量
被解释变量	创新协调度水平	Y	城市间创新协调发展指数
核心解释变量	高速铁路创新环境	X	城市高速铁路创新环境
解释变量	创新投入	Z_1	创新政策及协调意愿
	创新产出	Z_2	创新能力
	创新环境	Z_3	创新环境及创新资源吸引力
	城镇居民人均可支配收入	Z_4	市场需求
	规模以上工业企业数量	Z_5	产业规模
	人均 GDP	Z_6	经济发展水平

为了验证高速铁路对区域创新协调发展的影响，本研究采用面板回归模型进行实证研究。为消除异方差的影响，对所选取变量做取对数处理，得到新的因变量和自变量，构建区域城市创新协调度与高铁创新环境之间的回归模型如下：

$$\ln Y = \alpha\ln X + \beta_1\ln Z_1 + \beta_2\ln Z_2 + \beta_3\ln Z_3 + \beta_4\ln Z_4 + \beta_5\ln Z_5 + \beta_6\ln Z_6 + C \quad (7\text{-}10)$$

式中，$\ln Y$ 代表区域创新发展协调度；$\ln X$ 代表区域城市高铁创新环境；$\ln Z_1 \sim \ln Z_6$ 代表影响区域创新协调发展的解释变量；α、$\beta_1 \sim \beta_6$ 代表各变量系数；C 代表常数项。

7.2.2　京津冀区域高速铁路网络条件下区域创新效率

研究发现，京津冀城市群协调发展程度较高的地区，与高速铁路创新环境较为发达的地区具有一致性，两者在城市中的分布格局也高度相似。因此，为了进一步证实高速铁路对区域创新协调发展的关系，采用面板数据模型，以京津冀城市群为例，采用 2010~2020 年的相关数据，验证高速铁路对区域创新协调发展的影响。

7.2.2.1　单位及协整检验

在进行数据回归之前，需对数据进行平稳性检验和协整性，避免出现伪回归现象。采用单位根检验来验证数据的平稳性，单位根检验包括两类：同质面板数据的单位根检验（LLC 和 Breitung 检验）和异质面板单位根检验（IPS、ADF-Fisher 和 PP-Fisher 检验）。为保障数据的平稳性，同时采用两类三种，即 LLC、ADF-Fisher 和 PP-Fisher 检验对京津冀城市群数据创新相关数据平稳性进行检验，结果如表 7-10 所示。结果显示，各个变量均在 5% 水平下通过了 LLC、ADF-Fisher 和 PP-Fisher 检验，表明回归数据是平稳的，可进一步进行面板协整性检验。

表 7-10　单位根检验结果

变量	同质面板单位根检验	异质面板单位根检验		结论
	LLC 检验	ADF-Fisher 检验	PP-Fisher 检验	
$\ln Y$	−11.686 *** (0.000)	147.729 *** (0.000)	149.643 *** (0.000)	平稳
$\ln X$	−8.626 *** (0.000)	129.152 *** (0.000)	159.895 *** (0.000)	平稳
$\ln Z_1$	−3.069 *** (0.001)	57.656 *** (0.000)	79.722 *** (0.000)	平稳
$\ln Z_2$	−4.918 *** (0.000)	56.534 *** (0.000)	93.690 *** (0.000)	平稳
$\ln Z_3$	−8.399 *** (0.000)	105.464 *** (0.000)	154.879 *** (0.000)	平稳
$\ln Z_4$	−7.417 *** (0.000)	57.898 *** (0.000)	86.898 *** (0.000)	平稳
$\ln Z_5$	−10.014 *** (0.000)	73.150 *** (0.000)	41.335 ** (0.029)	平稳

变量	同质面板单位根检验	异质面板单位根检验		结论
	LLC 检验	ADF-Fisher 检验	PP-Fisher 检验	
$\ln Z_6$	−7.129 *** (0.000)	68.634 *** (0.000)	97.370 *** (0.000)	平稳

***表示在1%水平下显著，**表示在5%水平下显著，*表示在10%水平下显著

采用协整 KAO 检验对序列的协整性进行检验，检验结果如表 7-11 所示。KAO 检验的原假设是不存在协整关系，由于 P 值为 0.0000，在 1% 水平下拒绝原假设，因此可以判定自变量和因变量之间存在协整关系。综上所述，回归数据满足构建回归方程的基本要求，可以进行数据模型的拟合。

表 7-11　协整 KAO 检验结果

ADF		t-Statistic	Prob.
		−6.0319	0.0000
Residual variance		0.0003	
HAC variance		0.0004	

7.2.2.2　回归模型选择

面板数据回归模型一般有三种形式，混合 OLS、固定效应回归模型和随机效应回归模型，通过 F 检验和 Hausman 检验确定最优模型，回归结果如表 7-12 所示。通过 F 检验可以判定固定效应模型优于混合效应模型，由 Hausman 检验确定固定效应模型优于随机效应模型。最后观察三种固定效应模型的 F 统计量结果，由个体固定效用模型的 F 统计量得出，该模型通过了显著性检验，因此确定个体固定效应为最优数据面板模型。之后以个体固定效应模型估计结构作为基准回归结果进行进一步分析。

表 7-12　面板回归结果

解释变量	随机效应	个体固定效应	时间固定效应	双向固定效应
$\ln X$	0.072 *** (0.000)	0.150 *** (0.000)	0.010 ** (0.017)	−0.008 (0.554)
$\ln Z_1$	0.036 *** (0.000)	0.056 *** (0.000)	0.058 *** (0.000)	0.063 *** (0.000)

解释变量	随机效应	个体固定效应	时间固定效应	双向固定效应
$\ln Z_2$	0.083 ***	0.121 ***	0.055 ***	0.064 ***
	(0.000)	(0.000)	(0.000)	(0.000)
$\ln Z_3$	0.123 ***	0.181 ***	0.132 ***	0.115 ***
	(0.000)	(0.000)	(0.000)	(0.000)
$\ln Z_4$	0.134 ***	0.015	−0.011	0.005
	(0.000)	(0.315)	(0.106)	(0.375)
$\ln Z_5$	−0.043 ***	0.001	−0.010 ***	0.007
	(0.000)	(0.931)	(0.000)	(0.385)
$\ln Z_6$	−0.030 ***	0.033 *	0.002	0.007
	(0.000)	(0.100)	(0.668)	(0.582)
常数项	−1.323 ***	−0.747 ***	−0.474 ***	−0.837 ***
	(0.000)	(0.008)	(0.000)	(0.000)
R^2	0.959	0.993	0.998	0.999
F 统计量	449.780 ($P=0.00$)	899.34 ($P=0.00$)	3592.627 ($P=0.00$)	3374.956 ($P=0.00$)
F 检验		$F=39.536$, $P=0.00$	$F=199.945$, $P=0.00$	$F=149.475$, $P=0.00$
Hausman 检验	Chi2 = 415.340, $P=0.00$			

***表示回归系数在1%水平下显著，**表示在5%水平下显著，*表示在10%水平下显著

7.2.2.3 实证检验及结果分析

通过个体固定效应回归模型可知，6 个解释变量中，4 个通过了显著性检验，其中区域市场需求和产业市场规模未通过显著性检验，这表明市场需求和产业市场规模对区域城市群创新协调发展的影响还不是很明显，但不能就此忽略其对区域创新协调发展的影响。具体可以看出，创新环境（0.181）对区域内城市创新协调发展的影响度最高，创新投入指数每增加1%，区域城市群创新协调度增加18.1%。除此之外，对京津冀城市群创新协调发展影响较大的是作为核心解释变量的高速铁路创新环境。可以看出，高速铁路创新环境（0.150）每增加1%，京津冀城市创新协调度增加15%，高速铁路发展是影响京津冀区域创新协调发展的重要因素。高速铁路的发展增加了区域城市间的可达性，促进了创新资源在城市间的流通和集聚，增加了对创新资源的吸引力。同时，城市可达性提升了城市间的辐射和带动作用，为京津冀区域间协调发展提供了先行条件。依托于高速铁路的综合优势，拉动区域内资本、技术、人力资源快速流动，使得城市间人流、物流的规模效率和质量大幅度提升，拉动沿线区域和城市群的区域联系，带

动区域城市经济社会和创新的发展。2017 年，中央提出建设雄安新区，目的在于承接北京市非首都功能，有利于加快补齐区域发展的短板，促进河北省经济社会的发展质量和发展水平，形成京津冀新的增长极，提高京津冀协调发展水平，而在这其中，高速铁路发挥着不可或缺的作用。高速铁路条件下，城市资源流动更为便利和畅通，北京市更多饱和资源在政策作用下得以流入河北省，提高河北省的社会发展水平；同时还增强北京市、河北省与天津市之间的联系，促进京津冀共同发展、交互发展。

京津冀城市群创新环境发展的差异是导致区域创新协调发展滞缓的首要原因，其次便是城市间的高速铁路创新环境。地区创新环境很大程度上决定了该地区对创新资源的吸引力度，尤其对于创新人力资源而言，创新环境是影响人才流动的重要因素，借助高速铁路的显著优势，促进创新要素流动，可以提高区域创新环境发展水平。因此，京津冀区域今后发展应把创新环境摆在突出位置，尤其是河北省各城市更应打造良好的创新环境，增强地区吸引力。在增强地区创新环境过程中，要合理充分利用高速铁路的优势，以达到事半功倍的效果。同时，京津冀城市创新协调发展与创新产出有较大联系（0.121），创新产出体现了地区的创新能力，是影响创新协调发展的重要因素。地区之间加强合作，进而形成联合创新产出是地区之间相互交流，联合共同发展的体现之一。创新投入（0.056）和地区经济发展水平（0.033）也对区域创新协调发展不断产生影响。通常，经济发展水平较高的地区，其创新投入、产出和环境发展水平也较高。众多发展影响因素并非孤立的，而是相互作用、相辅相成共同影响京津冀区域创新协调发展水平。高速铁路作为地区重要的基础设施，在其中也充当着中间角色。高速铁路通过增加地区间的可达性，增强地区间的联系强度和联系能力，进而提升地区之间各种资源的相互流动，促进地区创新投入、产出、环境和经济发展水平的提高。任一要素发展水平的增加必将带动其他要素发展水平的提高，如创新是经济发展的原始驱动力，经济发展水平的提高，必然使得地区对创新需求增加，进而提高创新投入，增加创新产出，带动创新环境的发展。若创新投入增加，必定使得创新产出增加，在此过程中会自然而然拉动社会经济水平的提高，促进创新环境的发展。总而言之，高速铁路的发展通过直接和间接的方式，对地区之间创新协调发展带来了重大影响。

7.2.2.4　稳健性分析

为保证实证结果的稳健性，通过增加变量指标和替换变量指标两种方式并行做稳健性检验。在不改变其他变量的情形下，将衡量经济发展水平的变量由人均GDP 替换为职工平均工资，同时增加由外商直接投资额衡量的区域开放程度指标进行回归分析，稳健性结果如表 7-13 所示。

表 7-13　稳健性分析

解释变量	个体固定效应
$\ln X$	0.094 ***
	(0.000)
$\ln Z_1$	0.056 ***
	(0.000)
$\ln Z_2$	0.118 ***
	(0.000)
$\ln Z_3$	0.156 ***
	(0.000)
$\ln Z_4$	−0.002
	(0.876)
$\ln Z_5$	0.001
	(0.960)
$\ln Z_6$	0.092 ***
	(0.000)
$\ln Z_7$	9.17×10^{-5}
	(0.986)
常数项	−1.325 ***
	(0.000)
R^2	0.994
F 统计量	1016.110 （$P=0.00$）

*** 表示回归系数在 1% 水平下显著，** 表示在 5% 水平下显著，* 表示在 10% 水平下显著

　　不难看出，稳健性检验结果与前面基准回归的结论基本保持一致。由此进一步验证了基准回归结果的稳健性，证明高速铁路对区域创新协调发展具有显著的正向影响。

7.3　本章小结

　　京津冀城市群创新综合发展水平不断提升，但京津冀城市发展极具不均衡性，呈现出以北京市为中心的沿秦石线线性扩展的趋势。资源优势型和高速铁路环境优势型城市的创新处于较高水平和等级。京津冀区域创新处于良好耦合水平，并无限向高级耦合接近，协调度在不断提升，但整体协调度仍较低，协调度

处于由中度失调过渡到轻度失调和协调的过渡阶段，未达到协调状态。创新环境对区域内城市创新协调发展的影响度最高。除此之外，对京津冀城市群创新协调发展影响较大的是作为核心解释变量的高铁创新环境，表现为高速铁路创新环境每增加1%，京津冀城市创新协调度增加15%，高速铁路带来的创新外部环境的改善是影响京津冀区域创新协调发展的重要因素。

第 8 章 高速铁路网络对区域创新水平的影响与作用机制

根据网络权力理论,在网络中具有高影响力的节点在调度资源和获得支持方面具有巨大优势(Turker,2014)。那么在高速铁路网络中,一个城市的中心位置越突出,是否意味着它对各种资源要素的集聚能力也越强呢?

本章将尝试从城市产业集聚和创新产出角度回答这一问题。具体来说,本章将系统探究高速铁路开通及高速铁路网络发展对城市和区域创新水平的作用,分析并检验产业集聚在高速铁路网络影响区域创新水平路径中的中介效应。其中,8.1 节将围绕高速铁路网络对区域创新水平的影响和作用机制展开理论分析,提出本章研究的整体框架和具体方案;8.2 节、8.3 节和 8.4 节将分别测度高速铁路对城市创新水平的开通效应、网络效应及极化和均衡效应;8.5 节将实证检验高速铁路网络对区域创新水平的作用机制,探究产业集聚(规模和专业化)的中介效应;8.6 节将对本章的研究内容和研究结论进行概括与总结。

8.1 理论机制分析与研究方案

8.1.1 理论机制分析

8.1.1.1 高速铁路网络与产业集聚

产业集聚指一定数量的企业在某一区域范围内集中以获得集聚外部性。马歇尔等将集聚外部性概括为知识溢出效应、劳动力市场共享效应及形成中间产品市场效应等,这些效应将有助于企业降低搜寻、匹配、交通、生产和创新等各种成本(Marshall,1920;Rosenthal and Strange,2004)。

经济学和地理学对产业集聚形成机制的探讨由来已久。早期的产业区位论从理论层面上分析了劳动力、资源、市场和交通对产业空间格局的综合作用(Thunen,1826;Weber,1929;Christaller,1933;Losch,1954;Ohlin,1933;Isard,1956)。此后,随着全球化、区域一体化及交通基础设施的发展,以克鲁格曼为代表的新经济地理学派通过构建核心—边缘模型进一步扩展了产业区位的理论体系，指出产业集聚的驱动力包括交通成本、市场潜力及规模经济（Fujita and Krugman，2004），特别是交通成本与产业集聚呈"倒U形"关系。

作为现代交通系统的重要组成部分，高速铁路虽然几乎不具备货物运输功能，但是也能够为产业的空间集聚带来深远影响。一方面，相较于传统交通运输方式，高速铁路可以以更高的效率和速度承载劳动力、资金、信息等生产要素实现跨区域流动，使各类资源和经济主体能够在更广阔的空间范围高效配置。另一方面，现有研究表明高速铁路可以通过改善沿线城市的可达性，扩大当地的市场规模和经济潜力，提高城市对各类企业和劳动力的吸引力，进一步优化企业和劳动力的空间配置（Cheng et al.，2015；柳泽等，2015；Dai et al.，2018；Dong et al.，2020）。

目前，学者们已经对高速铁路的产业集聚效应进行了一定的探索，但是相关研究主要集中在高速铁路对于城市特定产业集聚规模的分析上。例如，Shao 等（2017）、Dong 等（2018）研究发现高速铁路可以提高城市服务业集聚水平；Dai 等（2018）研究发现随着高速铁路网络发展，知识密集型、资本密集型和技术密集型产业将不断向高速铁路沿线城市集聚。然而，高速铁路网络在提升城市产业集聚效应的同时，也会提高城市的地租和劳动力价格，增加企业的生产经营成本（Glaeser et al.，2001；Partridgem et al.，2009），使得企业不得不在集聚效益与集聚成本之间的进行权衡。最终，不同企业将根据各自行业特点做出差异化的空间选址响应，由此将对不同城市的产业专业化集聚特征产生异质性影响。但是，目前关于这一问题的理论和实证研究仍十分有限。

8.1.1.2 产业集聚与区域创新产出水平

同产业的空间集聚特性一样，创新活动也具有明显的空间相关性。国内外学者通过将创新投入、创新产出及创新主体作为主要观测对象，对创新活动的空间集聚特征进行深入研究。特别是创新主体的空间分布和空间关联，已经成为新经济地理学区别于其他学科关注的重点内容。

经济地理学家认为，产业集聚可以通过分享、匹配和学习效应促进区域创新产出。例如，Fujita 和 Thisse（2003）通过构建两地区内生增长模型，提出随着产业集聚，区域创新水平将显著提高；Helsley 和 Strange（2002）研究发现产业集群内的企业能够更便捷地匹配到合作伙伴，进而降低创新成本；Olson 和 Olson（2003）研究发现产业集聚带来的地理邻近有助于创新主体之间面对面地交流，进而促进隐性知识的传递；Saxenian（1996）研究发现产业集聚可以提高企业之间竞争强度，促进企业通过创新提高自身竞争力；Porter（1990）从管理学视角提出产业空间集聚可以加快信息传递，促进企业创新。此外，作为产业空间集聚的参与者和响应者，劳动力的空间集聚也是区域创新水平提高的重要推动力。相关研究从理论和实证层面证明了劳动力集聚与知识技术创新的正向关系。例如，Niebuhr（2010）研究发现国家创新水平与其高素质移民的数量呈正相关关系，Carlino 等（2007）研究发现大都市区人口密度每增长一倍，人均专利数量将提高 20%。

随着研究不断深入，学者们又进一步围绕产业专业化和多样化集聚对区域创新产出水平的影响展开了理论分析。以 Marshall（1920）为代表的专业化理论认为城市中的产业专业化集聚可以推动区域创新。因为通过专业化集聚，产业集群中的企业不仅能够受益于同行业邻近企业的知识溢出和技术扩散，还可以获得更充足、匹配度更高的劳动力市场以及更专业的服务（Shearmur，2012）。例如，Sturgeon（2002）研究发现产业集聚带来的专业化使企业在其专业领域创新能力增强；而以 Jacobs（1969）为代表的多样化理论则认为，推动创新水平提升的是城市的多样化环境。城市因为提供了各种经济参与主体，以及多元化的种族、文化和社会结构，使得不同类型的知识能够相互碰撞融合，更有利于新知识的产生。例如，Page（2007）研究发现技术密集型产业部门中多样化的人才集聚更能促进创新。

综上所述，围绕产业集聚规模、专业化水平及区域创新产出，学者们已经进行了一定的探索。但是，回顾相关文献可以发现，现有研究大多以发达国家为研究对象，缺少以我国城市为样本开展的实证研究。作为最大的发展中国家，我国近 20 年来在产业发展和创新产出方面取得了显著的进步。系统探究我国产业集聚对区域创新产出水平的影响，既可以为国际学术界相关研究提供来自中国的实证证据，还有助于总结我国产业与创新发展的经验，为国家今后高质量发展提供启示和建议。

8.1.2　研究问题与研究框架

为了填补现有理论和实证研究空白，本章将围绕高速铁路网络、产业集聚及区域创新产出水平，回答三个关键问题：①高速铁路网络如何影响区域创新产出水平？②高速铁路网络如何影响城市产业集聚？③产业集聚如何影响城市创新产出水平？

问题 1 主要关注高速铁路网络对区域创新水平的影响效果，将从城市和区域两个维度回答这一问题。其中，城市维度将完整分析高速铁路网络从无到有、从形成到发展这一连续过程对城市创新产出的动态影响，分别测算高速铁路的开通效应和网络效应；区域维度将通过分析并比较高速铁路网络对我国不同地区及不同创新水平城市的异质性影响，识别高速铁路网络对区域创新水平的极化和均衡效应。

问题 2 和问题 3 主要关注高速铁路网络对区域创新水平的影响路径，将重点关注产业集聚在其中所起的中介效应（mediating effect）。具体来说，将基于中介效应模型中的逐步因果法（causal steps approach），先后识别高速铁路网络对城市产业集聚规模和专业化水平的影响，以及城市产业集聚规模、专业化水平对城市创新产出水平的影响，由此解释高速铁路网络对区域创新水平的作用机制。

本章的研究框架如图 8-1 所示。

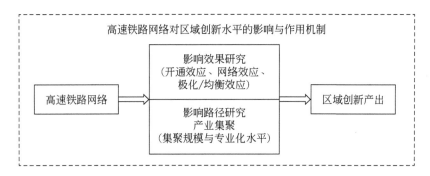

图 8-1　高速铁路网络对区域创新水平的影响与作用机制研究框架

8.1.3　研究时间与研究范围

研究时间为 2008 ~ 2015 年，研究范围为我国境内地级及以上城市，考虑到研究时间段内发生的行政区划调整以及部分少数民族地区的数据缺失，最终确定研究对象共有 282 个城市。

8.1.4　数据来源与处理

本研究主要使用五部分数据：①高速铁路数据；②发明专利数据；③工商企业数据；④统计年鉴数据；⑤地理数据。

（1）高速铁路数据

基于 CNRDS 提供的高速铁路线路数据整理得到各城市首次开通高铁的时间信息；基于《全国铁路旅客列车时刻表》统计城市间的高速铁路班次和高速铁路通行时间，计算得到各城市在高铁运营网络的加权中心性。由于高速铁路数据的处理和分析过程已经在本书5.1.1节进行过详细介绍，这里不再赘述。

（2）发明专利数据

基于各城市申请并获得授权的发明专利数量衡量城市的创新产出水平（以下简称创新水平）。由于专利数据的处理和分析过程已经在本书5.2.1节进行过详细介绍，这里不再赘述。

（3）工商企业数据

使用全国工商企业注册数据反映城市的产业集聚情况。该数据集涵盖1995年以来我国国民经济所有行业的注册企业，共计4039万条数据。其中，每条数据包括企业名称、成立日期、企业地址、注册资本、股东数量、所属行业等字段。

在我国，国民经济行业分类共设置了门类、大类、中类和小类4个层级。以稻谷加工业为例，其行业门类属于"C-制造业"，行业大类属于"13-农副食品加工业"，行业中类属于"131-谷物磨制"，而行业小类即为"1311-稻谷加工"。通过对国民经济行业进行不同层级的分类，不仅可以区别行业之间的差异性，还可以揭示行业之间的关联性。

表8-1为我国国民经济行业分类下的20个行业门类。由于后两个门类分别为"公共管理、社会保障和社会组织"及"国际组织"，不在本研究研究的产业部门范畴之内。所以，本研究仅对前18个行业展开分析。并且，为了提高产业集聚分析的准确性，本章将基于国民经济行业分类的2级代码（门类+大类），计算各城市每年每个行业大类的新增企业数量。经过统计，本书研究涉及的18个行业门类下共包含89个国民经济行业大类。

表8-1 国民经济行业门类

代码	行业名称	代码	行业名称
A	农、林、牧、渔业	K	房地产业
B	采矿业	L	租赁和商务服务业
C	制造业	M	科学研究和技术服务业
D	电力、热力、燃气及水生产和供应业	N	水利、环境和公共设施管理业
E	建筑业	O	居民服务、修理和其他服务业
F	批发和零售业	P	教育
G	交通运输、仓储和邮政业	Q	卫生和社会工作
H	住宿和餐饮业	R	文化、体育和娱乐业
I	信息传输、软件和信息技术服务业	S	公共管理、社会保障和社会组织
J	金融业	T	国际组织

（4）统计年鉴数据

收集和整理 2008~2015 年《中国城市统计年鉴》数据。一方面，从中提取各行业的就业人数信息，反映城市劳动力集聚情况；另一方面，收集各城市的年末总人口、地区生产总值、当年实际使用外资金额、科学技术支出、大学在校人数等数据，作为相关计量经济模型的控制变量。

（5）地理数据

收集我国数字高程模型（digital elevation model，DEM）数据，基于 ArcGIS 软件计算各城市的平均坡度，作为相关计量经济模型的工具变量。

8.2 高速铁路对城市创新水平的开通效应

8.2.1 模型设定与变量选择

分别从开通效应和网络效应两个角度探究高速铁路对城市创新水平的影响效果，两者的主要区别在于它们的研究对象分别是处在不同发展阶段的高速铁路网络。其中，高速铁路的开通效应重点关注高速铁路从无到有的瞬间变化及其对城市创新水平的影响，而高速铁路的网络效应重点关注高速铁路网络从形成到发展的连续变化过程及其对城市创新水平的影响。

采用倾向得分匹配法（propensity score matching，PSM）和双重差分（difference-in-differences，DID）模型检验并测算高速铁路开通对城市创新水平的净效应（net effect）。根据双重差分模型的分析思路，城市创新水平的变化一部分是受到高速铁路开通的影响，另一部分则是随时间变化受到其他因素的影响。双重差分模型是一种类实验方法（quasi-experiment），通过将研究样本分为对照组和实验组，并分别比较事件冲击前后对照组和实验组的变化情况，确定事件对研究对象的净效应。近些年来，双重差分模型被广泛应用于高速铁路的区域经济社会效应研究之中（Chang et al.，2021a，2021b；Long et al.，2018；Qin，2017；Yu et al.，2019）。

双重差分模型检验结果的可靠性在一定程度上取决于控制组样本选择的合理性，模型要求控制组和实验组在实验前要保持一致的发展趋势，这样才能准确识别实验对样本造成的真实影响。倾向得分匹配法（propensity score matching，PSM）提供了筛选控制组样本的有效办法。PSM 主要包括两个步骤：第一步是通过建立二元 logistic 模型［公式（8-1）］，确定影响高铁开通的因素，并计算各城市开通高铁的倾向得分。

$$\text{HSR}_{it} = f_1(X_{it}) + \varepsilon_{it} \qquad (8\text{-}1)$$

式中，HSR_{it} 描述城市 i 在第 t 年是否开通高速铁路，若开通，则 $\text{HSR}_{it}=1$，反之则 $\text{HSR}_{it}=0$；X_{it} 为一系列影响城市开通高速铁路的变量。根据国家《中长期铁路网规划》和《"十三五"现代综合交通运输体系发展规划》，在进行高速铁路网络站点的布局时，要综合考虑城市经济发展、人口和资源分布、国家安全、环境和社会稳定等因素。参照相关文献（Long et al., 2018；陈婧等，2019；诸竹君等，2019），选取城市的人口规模（Pop）及经济发展水平（GDP）作为该logistic 模型的自变量。在对公式（8-1）进行回归后，基于系数回归结果计算各城市开通高速铁路的倾向得分。

PSM 的第二步是对实验组和控制组进行匹配。常见的匹配方法包括最邻近匹配法（nearest neighbor matching，NNM）、半径匹配法（radius matching）和核匹配法（kernel matching）。本书主要采用半径匹配法，即选取与实验组中各样本得分值差异在 1/4 标准差范围内的未开通高速铁路城市作为控制组。PSM 可以有效提高实验组和控制组样本的相似性，从而在一定程度上避免样本选择性偏误（selection bias）。

在确定好研究的实验组和控制组后，基于 Chang 等（2021b）和 Long 等（2018）的研究方法，构建多期 DID 模型［公式（8-2）］，检验并测算高速铁路开通对城市创新水平的净效应：

$$\text{Patent}_{it} = a_0 + a_1 \text{HSR}_{it} + a\,Z_{it} + \mu_i + \nu_t + \varepsilon_{it} \qquad (8\text{-}2)$$

式中，Patent_{it} 是第 t 年城市 i 的创新产出水平，以城市当年申请并最终获得授权的专利数量表示；HSR_{it} 是一个随时间变化的虚拟变量，如果城市 i 在第 t 年已接入高速铁路网络，则 $\text{HSR}_{it}=1$，否则 $\text{HSR}_{it}=0$；Z_{it} 是一系列描述城市经济社会属性的控制变量；μ_i 表示城市固定效应，旨在捕捉不随时间变化的与城市个体特征相关的不可观测因素；ν_t 表示年份固定效应，旨在捕捉随时间变化的不可观测因素；ε_{it} 是随机误差项，为了解决城市内结果变量的空间和序列相关性，标准误差在城市级进行聚类。根据以上多期 DID 模型，a_1 是本书关注的核心系数，它描述了高速铁路开通前后，实验组和对照组城市创新水平的变化差异，即高速铁路开通对城市创新水平的净效应。

创新地理学家认为，区域创新产出不可避免地受到地方创新投入的影响，这与地方经济、科技水平、制度条件、社会文化等环境因素有关（Feldman，1994）。参考现有的关于区域创新水平的实证研究（卞元超等，2019），本模型的控制变量主要包括：①城市人口规模和经济水平，分别以城市年末总人口（Pop）和地区生产总值（GDP）表示；②城市科研投入，以城市科学技术支出（R&D）表示；③城市对外开放水平，以城市当年实际使用外资金额（FDI）表示；④城市人力资本水平，以城市在校大学生数量（College）表示。本书研究涉及变量的定义和描述性统计如表8-2所示。

表8-2 主要变量的定义和描述性统计

变量	定义	样本量	平均值	标准差	最大值	最小值
Patent	城市发明专利数量	2 256	3 537.2	10 971.8	172 301	3
HSR	虚拟变量；城市是否开通高速铁路	2 256	0.383	0.486	1	0
Centrality	城市在高速铁路网络的加权中心性	2 256	32.150	62.313	428.422	0
Pop	城市年末总人口（万人）	2 256	442.2	311.3	3375.2	18.6
GDP	城市地区生产总值（亿元）	2 256	1 865.4	2 526.6	25 123.5	101.1
R&D	城市科学技术支出（亿元）	2 256	6.3	21.2	287.8	0.07
FDI	城市实际使用外资金额（亿元）	2 256	53.95	122.2	1373.5	0
College	城市在校大学生数量（万人）	2 256	8.6	15.4	104.3	0

8.2.2 实证研究结果

表8-3展示了多期DID模型的回归结果，被解释变量为城市创新水平的对数，核心解释变量为HSR_{it}，所有非虚拟变量均已经过对数化处理。表8-3中，第（1）列和第（2）列展示了未进行倾向得分匹配的全样本回归结果，其中第（1）列仅控制了城市和时间固定效应，第（2）列则在此基础上加入了一系列控制变量。可以看出，在加入控制变量后，系数a_1为0.017，且通过了1%的显著性检验。这一结果表明，相较于未开通高速铁路的城市，开通高速铁路的城市在接入高速铁路网络后，其城市创新水平增长1.7%。

表8-3 高速铁路对城市创新水平开通效应的估计结果

被解释变量：Patent	（1）DID	（2）DID	（3）PSM-DID	（4）PSM-DID
HSR	0.019 *** (0.008)	0.017 *** (0.007)	0.015 *** (0.006)	0.013 *** (0.005)
Pop		1.074 ** (0.477)		0.983 *** (0.422)
GDP		0.451 * (0.240)		0.361 ** (0.159)

续表

被解释变量： Patent	（1） DID	（2） DID	（3） PSM-DID	（4） PSM-DID
R&D		0.346***		0.351***
		(0.068)		(0.082)
FDI		0.002		0.002
		(0.031)		(0.033)
College		0.063		0.071
		(0.079)		(0.083)
城市固定效应	是	是	是	是
时间固定效应	是	是	是	是
样本量	2 256	2 256	1 992	1 992
R^2	0.743	0.746	0.751	0.757

*、**、*** 分别代表10%、5%和1%的统计显著性水平

第（3）列和第（4）列展示了进行倾向得分匹配后的样本回归结果，其中第（3）列仅控制了城市和时间固定效应，第（4）列则在此基础上加入了控制变量。可以看出，在加入控制变量后，系数 a_1 为 0.013，依旧通过了 1% 的显著性检验。但是，通过对比可以发现该值略小于未进行 PSM 的回归结果，说明如果不进行倾向得分匹配，将可能高估高速铁路开通对城市创新水平的影响效果。

8.2.3　稳健性检验

双重差分模型的前提是实验组和控制组在实验前具有平行的发展趋势（parallel trend），除了采用 PSM 方法提高实验组和控制组的匹配程度外，本节还将通过常用的事件研究（event study）方法检验实验组和控制组的平行趋势，具体模型如公式（8-3）所示（Qin，2017；Chang and Zheng，2020）。

$$\text{Patent}_{it} = \alpha_0 + \sum_{j=-3}^{3} b_j \text{HSR}_{i,t+j} + \alpha Z_{it} + \mu_i + \nu_t + \varepsilon_{it} \qquad (8\text{-}3)$$

式中，$\text{HSR}_{i,t-3}$、$\text{HSR}_{i,t-2}$、$\text{HSR}_{i,t+1}$、$\text{HSR}_{i,t+2}$、$\text{HSR}_{i,t+3}$ 为一系列虚拟变量，分别等于高速铁路开通前 3 年、前 2 年、后 1 年、后 2 年、后 3 年的时间虚拟变量与城市是否开通高速铁路（是否为实验组）的虚拟变量的乘积，表示高铁开通前 3 年、前 2 年、后 1 年、后 2 年、后 3 年，实验组和控制组的创新水平差异。需要指出的是，$\text{HSR}_{i,t-1}$ 即高速铁路开通前 1 年作为研究的对照组，没有加入公式（8-3）之中。经过该事件分析，既可以检验高速铁路开通前实验组和控制组是否具有平行趋势，又可以识别高速铁路开通对城市创新水平的时间动态效应。

图 8-2 展示对公式（8-3）进行回归后的高速铁路虚拟变量系数（95% 置信区间）。可以看出，高速铁路开通前的虚拟变量系数均未通过显著性检验，这表明高速铁路开通前，实验组和控制组的城市创新水平不存在显著差异，即本研究满足平行趋势假设。而高速铁路开通后的虚拟变量系数均显著为正，且随着时间推移，系数逐渐增大。这表明高速铁路开通对城市创新水平的影响具有延续性，且影响效果在高速铁路开通后的 3 年内逐年提升。

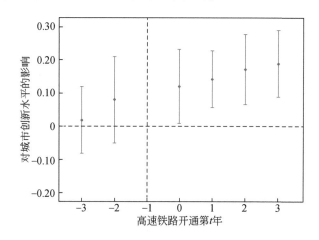

图 8-2　事件研究的回归结果

8.3　高速铁路对城市创新水平的网络效应

8.3.1　模型设定与变量选择

高速铁路的开通效应主要揭示高速铁路从无到有这一事件前后城市创新水平的变化情况，而高速铁路的网络效应重点探究的是高速铁路网络从形成到发展这一连续过程中城市创新水平受到的影响。由第 5 章研究可知，高速铁路运营网络的节点加权中心性可以有效反映城市在网络中的连通性和可达性，描述城市在高速铁路网络中心位置的差异和变化情况。因此，本节将通过定量分析城市在高速铁路网络的加权中心性对其创新产出水平的影响，揭示高速铁路的网络效应。公式（8-4）为研究所使用的双向固定效应模型。

$$\mathrm{Patent}_{it} = \beta_0 + \beta_1 \mathrm{Centrality}_{it} + \beta\, Z_{it} + \mu_i + \nu_t + \varepsilon_{it} \qquad (8\text{-}4)$$

式中，Patent_{it} 是第 t 年城市 i 的创新产出水平，以城市当年申请并最终获得授权的专利数量表示；$Centrality_{it}$ 为第 t 年城市 i 在高铁运营网络的加权中心性，该指标的详细计算过程见 5.1.3 节；Z_{it} 为一系列描述城市经济社会属性的控制变量，同公式（8-2）一样，仍包括城市人口规模（Pop）、经济水平（GDP）、科研资本投入（R&D）、对外开放水平（FDI）和人力资本水平（College）；μ_i 表示城市固定效应，旨在捕捉不随时间变化的与城市特征有关的不可观测变量；ν_t 表示年份固定效应，旨在捕捉适用于所有城市的随时间变化的不可观测变量；ε_{it} 是随机误差项。为了解决城市内结果变量的空间和序列相关性，标准误差在城市级进行聚类。根据以上双向固定效应模型，β_1 为本研究关注的核心系数，反映了高速铁路网络加权中心性对城市创新水平的影响。

8.3.2　实证研究结果

表 8-4 展示了以上双向固定效应模型的回归结果，被解释变量为城市创新水平，核心解释变量为城市在高速铁路网络的加权中心性，所有变量均已经过对数化处理。其中，表 8-4 中，第（1）列仅控制了城市和时间固定效应，第（2）列则加入了控制变量。可以看出，在加入控制变量后，系数 β_1 等于 0.012，且通过了 1% 的显著性检验。这一结果表明，随着高速铁路网络发展，城市的高速铁路网络的可达性和连通性提升，将对其创新产出水平带来正向影响。换句话说，城市在高速铁路网络的中心位置有助于提升其创新产出水平。

表 8-4　高速铁路对城市创新水平网络效应的估计结果

被解释变量：Patent	（1）	（2）
Centrality	0.015 ***	0.012 ***
	（0.006）	（0.005）
控制变量	否	是
城市固定效应	是	是
时间固定效应	是	是
样本量	2 256	2 256
R^2	0.742	0.747

***代表 1% 的统计显著性水平

8.3.3　稳健性检验

由于城市高速铁路连接情况主要受到中央政府的统筹安排，并且中央政府在进行高速铁路规划时，城市创新水平并不是其主要考虑的因素，所以本书研究出现反向因果（reverse causality）问题的可能性较低。但是，考虑到可能存在同时影响城市在高速铁路网络的加权中心性及其创新水平的遗漏变量（omitted variable），引起内生性问题，本节将使用工具变量（instrumental variable，IV）方法进一步检验研究结果的稳健性。

研究所需的工具变量应该与城市在高速铁路网络的中心位置相关，但与可能影响城市创新水平的未被观察到的变量无关，即不会通过其他途径影响城市的创新水平。基于 Saiz（2010）和 Dong 等（2020）的研究，选择以每个城市的平均地理坡度 $slope_i$ 作为工具变量。因为城市的平均坡度决定了城市建设高速铁路的难易程度，平均坡度越小，通常意味着城市拥有更高高速铁路网络中心性的可能性越大。与此同时，城市平均坡度属于客观的自然地理条件，通常不会对模型中的未被观测变量造成影响，具有外生性（戴亦一等，2016）。本研究使用的城市平均坡度基于全球数字高程数据（digital elevation model，DEM）和 ArcGIS 软件计算得到。由于坡度不随时间变化而变化，这意味着本研究的工具变量和两阶段最小二乘估计（two stage least square，2SLS）只能基于长差分回归（long difference regression）开展（Dong et al.，2020；Wang and Cai，2020）。

第一阶段：

$$\Delta \text{Centrality}_{i,2008-2015} = f_2(\text{slope}_i, \Delta Z_{i,2008-2015}) + \varepsilon_{it} \tag{8-5}$$

第二阶段：

$$\Delta \text{Patent}_{i,2008-2015} = f_3(\Delta \text{Centrality}_{i,2008-2015}, \Delta Z_{i,2008-2015}) + \varepsilon_{it} \tag{8-6}$$

式中，$\Delta \text{Patent}_{i,2008-2015}$、$\Delta \text{Centrality}_{i,2008-2015}$ 和 $\Delta Z_{i,2008-2015}$ 分别为城市 i 在 2015 年和 2008 年的创新水平差值、高铁网络加权中心性差值及相关控制变量的差值，$slope_i$ 为城市 i 的平均坡度。

表 8-5 展示了基于两阶段最小二乘法的回归结果。其中，面板 A 为第一阶段［公式（8-5）］的回归结果，可以看出，城市平均坡度的回归系数为负，且在 5% 的统计水平上显著。表明城市的平均坡度越小，其在高速铁路网络加权中心性越大，与本研究的预估一致。此外，第一阶段的 F 统计值大于 10，也通过了检验，说明本研究选择的工具变量是城市在高速铁路网络加权中心性的强预测因子。面板 B 为第二阶段［公式（8-6）］的回归结果，研究结果表明城市高速铁路网络中心性依旧对其创新水平具有正向影响，且在 5% 的统计水平上显著，进一步证明了研究结论的稳健性。

表 8-5　两阶段最小二乘回归结果

面板 A：被解释变量 $\Delta Centrality_{i,2008-2015}$	
$slope_i$	−2.143 **
	(0.953)
控制变量	是
F 检验	44.57
样本量	282
R^2	0.299

面板 B：被解释变量 $\Delta Patent_{i,2008-2015}$	
$\Delta Centrality_{i,2008-2015}$	0.009 **
	(0.004)
控制变量	是
样本量	282
R^2	0.317

** 代表 5% 的统计显著性水平

8.4　高速铁路网络对区域创新水平的极化和均衡效应

我国国土空间广阔，不同城市之间经济社会发展水平存在很大差距，前两节的回归结果反映了高速铁路网络对所有城市创新水平的平均影响，但现实中，高速铁路对城市的再分配效应十分普遍，处在不同区位和发展阶段的城市可能会受到高速铁路开通和高速铁路网络发展的异质性影响。例如，围绕高速铁路对城市经济增长的作用，很多研究表明高速铁路可以促进大城市的经济增长，而这种增长是以牺牲中小城市为代价的（Chang et al.，2021a，2021b；Qin，2017）。为了识别高速铁路对区域创新水平的极化和均衡效应，本节将通过分组回归分别测算并对比高速铁路网络对不同地区和不同创新水平城市的异质性影响。

8.4.1　高速铁路网络对不同地区城市的差异化影响

根据城市所属的不同地区，分别基于公式（8-2）的高速铁路开通效应模型和公式（8-4）的高速铁路网络效应模型对研究样本进行分组回归，检验高速铁路网络对不同地区城市创新水平的异质性影响。

表 8-6 的第（1）列至第（4）列分别展示了高速铁路开通对我国东部、中

部、西部和东北地区城市创新水平的影响。可以看出，高速铁路开通对所有地区城市的创新水平都具有正向作用，但是对西部和东北地区城市的影响效果要大于东部和中部地区。表8-6的第（5）列至第（8）列分别展示了高速铁路网络加权中心性对我国东部、中部、西部和东北地区城市创新水平的影响。可以看出，随着高速铁路网络不断发展，西部和东北地区城市创新水平的提升幅度要显著大于东部和中部地区。也就是说，无论是开通效应还是网络效应，高速铁路均对我国相对欠发达的地区影响更大，表明高速铁路网络对区域内网络节点城市创新水平具有一定的均衡效应。但是通过本章8.2节的研究结果可以发现，高速铁路网络将扩大已开通高速铁路城市和未开通高速铁路城市的创新水平差距。

表8-6　高速铁路网络对不同地区城市创新水平的差异化影响

被解释变量：Patent	（1）东部	（2）中部	（3）西部	（4）东北	（5）东部	（6）中部	（7）西部	（8）东北
HSR	0.008 ** (0.004)	0.012 *** (0.005)	0.018 *** (0.006)	0.013 *** (0.005)				
Centrality					0.004 * (0.002)	0.012 *** (0.004)	0.017 *** (0.005)	0.014 *** (0.005)
控制变量	是	是	是	是	是	是	是	是
固定效应	是	是	是	是	是	是	是	是
样本量	688	640	656	272	688	640	656	272
R^2	0.673	0.696	0.689	0.542	0.587	0.652	0.633	0.527

＊、＊＊、＊＊＊分别代表10%、5%和1%的统计显著性水平

8.4.2　高速铁路网络对不同创新水平城市的差异化影响

为了进一步分析高速铁路对区域创新水平的极化和均衡作用，根据2008年各城市发明专利数量的四分位数将研究样本分为高创新水平城市（前1/4）和低创新水平城市（后1/4），并对两组子样本进行分别回归，表8-7展示了回归结果。其中，前两列的核心解释变量为 HSR_{it}，检验的是高速铁路开通效应的异质性；后两列的核心解释变量为 $Centrality_{it}$，检验的是高速铁路网络效应的异质性。可以看出，无论是在高速铁路开通前后，还是随着高速铁路网络不断发展，创新水平较低的城市受到高速铁路的正向作用均大于创新水平较高的城市。

8.4.1节和8.4.2节的实证结果说明高速铁路网络对于区域创新水平具有"俱乐部效应"，即缩小了高速铁路沿线城市的创新水平差距，但扩大了已开通高速铁路和未开通高速铁路城市之间的创新水平差距。这一研究结论与杨思莹和

李政（2020）基于《中国城市和产业创新力报告 2017》中的城市创新指数评估高速铁路开通对城市创新水平影响所得到的结论一致。

表 8-7   高速铁路网络对不同创新水平城市的差异化影响

被解释变量： Patent	（1） 高创新水平城市	（2） 低创新水平城市	（3） 高创新水平城市	（4） 低创新水平城市
HSR	0.008 *** (0.003)	0.017 *** (0.007)		
Centrality			0.006 ** (0.003)	0.019 *** (0.006)
控制变量	是	是	是	是
城市固定效应	是	是	是	是
时间固定效应	是	是	是	是
样本量	568	568	568	568
R^2	0.567	0.579	0.610	0.633

*、**、*** 分别代表 10%、5% 和 1% 的统计显著性水平

8.5   高速铁路网络对区域创新水平的作用机制

8.5.1   中介效应研究思路

如 8.1.1 节的理论机制分析所述，高速铁路网络有可能通过改变产业的空间集聚特征影响区域创新水平。为了验证这一影响路径，将基于中介效应模型中的逐步因果法进行实证检验。中介效应是指变量之间的因果关系不是自变量与因变量的直接传导（$X \rightarrow Y$），而是间接依赖于一个或多个中介变量（M）的间接传导（$X \rightarrow M \rightarrow Y$）。

逐步检验法最早由 Baron 和 Kenny（1987）提出，主要包括三个步骤：①检验自变量是否对因变量具有显著影响；②检验自变量是否对中介变量具有显著影响；③检验控制自变量后，中介变量是否对因变量具有显著影响。如果以上各影响都在统计学上通过了显著性检验，则中介效应成立，反之则不成立。因此，逐步因果法需要对以下三个模型进行依次分析：

$$Y = cX + e_1 \tag{8-7}$$

$$M = aX + e_2 \tag{8-8}$$

$$Y = c'X + bM + e_3 \tag{8-9}$$

式中，c 代表 X 对 Y 的总效应，c' 代表 X 对 Y 的直接效应，而 $a \times b$ 代表 M 的中介效应。具体到本研究，实证检验将包括三个步骤，如图 8-3 所示。一是检验高速铁路网络对城市创新水平的影响（已在 8.2 节和 8.3 节完成）；二是检验高速铁路网络对城市产业集聚的影响；三是检验产业集聚对城市创新水平的影响。此外，将从集聚规模和专业化水平两个方面分析产业集聚的中介效应。

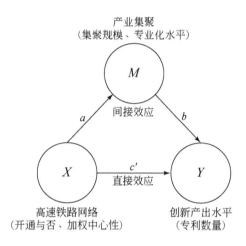

图 8-3　产业集聚中介效应检验思路

8.5.2　高速铁路网络对城市产业集聚的影响

8.5.2.1　模型设定与变量选择

分别探究高速铁路网络对城市产业集聚规模和专业化水平的影响。同 8.2 节和 8.3 节一样，仍分为采用 PSM-DID 模型和双向固定效应模型检验高速铁路对城市产业集聚的开通效应和网络效应。

开通效应模型：

$$\text{Agglormation}_{it} = \omega_0 + \omega_1 \text{HSR}_{it} + \omega\, Z_{it} + \mu_i + \nu_t + \varepsilon_{it} \tag{8-10}$$

网络效应模型：

$$\text{Agglormation}_{it} = \delta_0 + \delta_1 \text{Centrality}_{it} + \delta\, Z_{it} + \mu_i + \nu_t + \varepsilon_{it} \tag{8-11}$$

式中，Agglormation_{it} 为描述城市 i 第 t 年产业集聚的变量，包括产业集聚规模和产业集聚专业化水平；HSR_{it} 描述城市 i 在第 t 年是否接入高速铁路网络，如果是，则 $\text{HSR}_{it} = 1$，否则 $\text{HSR}_{it} = 0$；Centrality_{ij} 为城市 i 第 t 年在高铁网络的加权中心性；Z_{it} 是为控制变量，包括城市人口规模（Pop）、经济水平（GDP）、科研资本投入

（R&D）、对外开放水平（FDI）和人力资本水平（College）；μ_i 表示城市固定效应，ν_t 表示年份固定效应；ε_{it} 是随机误差项，为了解决城市内结果变量的空间和序列相关性，标准误差在市级进行聚类。根据两个模型的设定，ω_1 和 δ_1 是本书关注的核心系数，分别反映了高速铁路对城市产业集聚的开通效应和网络效应。

研究的被解释变量包括产业集聚规模和产业集聚专业化水平。其中，产业集聚规模（Scale）描述城市产业的整体集聚水平，以城市当年工商企业总数表示。区位熵（Location quotient，LQ）是测量专业化的最常用指标之一，它描述了城市特定产业份额与区域整体水平的比值，具体计算方法如公式（8-12）所示。

$$\text{LQ}_{ij} = \frac{S_{ij}}{S_j} \tag{8-12}$$

式中，LQ_{ij} 为城市 i 第 j 个产业的区位熵，S_{ij} 为城市 i 第 j 个产业在其所有产业中所占的份额，而 S_j 为第 j 个产业在全国所有产业中所占的份额。本书以城市每年各产业大类（共 89 个）的企业数量占其企业总数的比例描述其所占份额。从计算公式可知，城市某一产业的专业化程度越高，它的区位熵就越大。参照现有研究（邬丽萍，2012；钟顺昌和任媛，2017；梁兴辉等，2018），本书以城市各产业区位熵的最大值描述城市产业专业化程度（Specialization），如公式（8-13）所示。

$$\text{Specialization}_i = \max_{j=1} \text{LQ}_{ij} \tag{8-13}$$

此外，根据中介效应模型的设定，控制变量与 8.2 节和 8.3 节的模型一致，包括城市人口规模（Pop）、经济水平（GDP）、科研资本投入（R&D）、对外开放水平（FDI）和人力资本水平（College）。

8.5.2.2 实证研究结果

表 8-8 的第（1）列和第（2）列分别展示了高速铁路开通对城市产业集聚规模和专业化水平的影响，第（3）列和第（4）列分别展示了城市高速铁路网络加权中心性对其产业集聚规模和专业化水平的影响。两个模型中除虚拟变量外，其他变量均经过对数化处理。

表 8-8　高速铁路网络对城市产业集聚影响的估计结果

被解释变量	（1）集聚规模	（2）专业化水平	（3）集聚规模	（4）专业化水平
HSR	0.027 *** （0.011）	0.013 ** （0.007）		
Centrality			0.017 *** （0.006）	0.008 ** （0.004）

被解释变量	(1) 集聚规模	(2) 专业化水平	(3) 集聚规模	(4) 专业化水平
控制变量	是	是	是	是
固定效应	是	是	是	是
样本量	2 256	2 256	2 256	2 256
R^2	0.531	0.458	0.547	0.482

＊＊、＊＊＊分别代表5%和1%的统计显著性水平

从回归结果可知，无论是从开通效应还是从网络效应进行分析，高速铁路均对城市产业集聚规模和专业化水平具有显著的正向影响。具体来说，当城市接入高速铁路网络后，其企业数量和产业专业化程度分别较未开通高速铁路的城市上涨2.7%和1.3%；城市在高速铁路网络的加权度中心性每提高1倍，其企业数量和产业专业化程度分别提高1.7%和0.8%。

8.5.3 产业集聚对城市创新水平的影响

8.5.3.1 模型设定与变量选择

基于逐步因果法，进一步探究城市产业集聚规模和专业化水平对城市创新水平的影响。具体模型如下：

$$\text{Patent}_{it} = \theta_0 + \theta_1 \text{HSRNetwork}_{it} + \theta_2 \text{Agglormation}_{it} + \theta Z_{it} + \mu_i + \nu_t + \varepsilon_{it} \qquad (8\text{-}14)$$

式中，Patent_{it} 为第 t 年城市 i 的创新水平；HSRNetwork_{it} 描述城市的高速铁路网络属性，包括城市当年是否开通高速铁路和城市在高速铁路网络的加权中心性；Agglormation_{it} 描述城市产业集聚特征，包括产业集聚规模、专业化和多样化程度。根据逐步因果法，θ_1 如果通过了显著性检验，则表明高速铁路网络对城市创新水平具有直接效应；θ_2 如果通过了显著性检验，则表明高速铁路网络可以通过产业集聚的中介效应影响城市创新水平，并且 θ_2 与公式（8-9）和公式（8-10）中 ω_1 与 δ_1 的乘积反映了中介效应的大小。

8.5.3.2 实证研究结果

表8-9展示了以上模型的回归结果，被解释变量为城市的创新水平，所有非虚拟变量均已经过对数化处理。可以看出，所有产业集聚变量的回归系数均通过了显著性检验，表明产业集聚规模和专业化水平在高速铁路网络对区域创新水平影响路径的中介效应均得到验证。此外，所有高速铁路网络变量的回归系数也通

过了显著性检验，表明高速铁路网络除了通过产业集聚的中介变量影响城市创新水平外，其自身也对城市创新水平具有直接作用。

表 8-9 产业集聚对城市创新水平影响的估计结果

被解释变量：Patentit	(1) 开通效应	(2) 网络效应
HSR$_{it}$	0.006** (0.003)	
Centrality$_{it}$		0.002** (0.001)
Scale$_{it}$	0.137*** (0.049)	0.171*** (0.070)
Specialization$_{it}$	0.249* (0.132)	0.228* (0.121)
控制变量	是	是
固定效应	是	是
样本量	2 256	2 256
R^2	0.437	0.497

*、**、*** 分别代表 10%、5% 和 1% 的统计显著性水平

8.6 本章小结

本章系统分析了高速铁路网络对区域创新水平的影响效果与作用机制。

影响效果方面，8.2 节和 8.3 节分别检验并测算了高速铁路开通及高速铁路网络发展对城市创新水平的正向作用，8.4 节发现了高速铁路网络对区域创新水平的"俱乐部效应"。具体来说，经过 PSM-DID 模型检验，研究发现随着高速铁路开通，相较于未开通高速铁路的城市，已开通高速铁路城市的发明专利数量将提升 10% ~ 20%；经过双向固定效应模型和工具变量法检验，本书研究发现随着高速铁路网络发展，城市在高速铁路网络的加权中心性每提高 1 倍，其发明专利数量将提升 10% 左右。此外，研究还发现欠发达地区及创新水平较低的城市受到高速铁路网络的正向影响更大，说明高速铁路网络对于区域创新水平具有"俱乐部效应"，即缩小了高速铁路沿线城市之间的创新水平差距，但扩大了已开通高速铁路和未开通高速铁路城市之间的创新水平差距。

作用机制方面，8.1.1 节提出了高速铁路网络影响区域创新水平的理论机制分析。随着高速铁路网络引起的城市交通可达性提升，城市市场规模和经济潜力

不断扩大，城市对产业的集聚效应不断增强。在产业空间重分布的过程中，城市的产业集聚规模、专业化和多样化集聚特征将发生变化，这将为城市创新产出水平带来影响。之后，在8.5节基于中介效应模型中的逐步因果法对以上影响路径进行实证检验，先后发现了高速铁路网络对区域产业集聚规模和专业化水平的正向作用，以及产业集聚规模和专业化水平对城市创新水平的正向作用，由此证明了产业集聚的中介效应成立。

　　本章的理论和实证分析填补了现有的关于高速铁路网络对城市产业集聚和创新水平影响的研究空白。首先，针对现有研究关于高速铁路极化和均衡效应观点的不一致，本章研究证明了高速铁路网络对于沿线城市的创新产出具有均衡作用，但是对沿线城市与边缘城市的创新产出具有极化作用。这一发现启示政策制定者在利用高速铁路网络"俱乐部效应"推动区域协调发展的同时，不要忽视对未开通高速铁路的边缘城市给予政策支持。其次，相较于现有研究重点关注高速铁路对城市特定产业集聚的影响，本章研究揭示了高速铁路网络对城市产业集聚的整体性和结构性影响，证明了高速铁路网络对城市产业集聚规模和专业化集聚的积极作用，特别是发现了城市在高速铁路网络的位置越中心，其产业专业化集聚特征就越明显。再次，本章研究揭示了产业集聚规模和专业化集聚对区域创新水平均具有正向作用，为Marshall（1920）、Jacobs（1969）等学者提出的经典理论提供了来自中国的证据。最后，结合理论分析与实证检验，本章研究证明了高速铁路网络可以通过产业集聚效应提升城市创新水平，拓展了高速铁路网络对区域创新水平的作用机制。

| 第 9 章 | 高速铁路网络对区域创新合作的影响与作用机制

随着科学技术的不断发展，单一个体越来越难以独立完成日趋复杂的创新任务，以多元主体相互配合为主要特征的协同创新成为创新的主要模式之一。2016年，由中共中央、国务院印发的《国家创新驱动发展战略纲要》提出"构建跨区域创新网络，推动区域间共同设计创新议题、互联互通创新要素、联合组织技术攻关"，表明推动区域创新合作是优化区域创新布局的重要内容。

网络视角初步验证了我国高速铁路网络与区域创新合作网络的动态耦合关系，本章将进一步基于计量经济模型检验两者的因果关系。具体来说，从点、线、面三个维度分别验证高速铁路在促进区域创新合作过程中的作用，并从推动城市间产业同构化角度检验高速铁路的作用机制。其中，9.1 节将围绕高速铁路网络对区域创新合作的影响和作用机制展开理论分析，提出本章研究的整体框架和具体方案；9.2 节将从城市层面，检验城市在高速铁路网络的加权中心性对其合作创新开放度的影响；9.3 节将从城市对层面，检验城市间高速铁路连通性对其合作创新强度的影响；9.4 节将从城市群层面，检验城市群高速铁路网络密度对其合作创新活跃度的影响；9.5 节将实证检验高速铁路网络对区域创新合作的作用机制，验证城市间产业同构化的中介效应；9.6 节将对本章的具体研究内容和研究结论进行概括与总结。

9.1　理论机制分析与研究方案

9.1.1　理论机制分析

目前，关于高速铁路对区域创新合作影响路径的研究依然较为缺乏，少数研究尝试从高技能劳动力、知识、技术和资本等创新要素流动层面进行解释。例如，Dong 等（2020）提出高速铁路方便了城市间高技能劳动力的面对面交流，从而促进了城市间的科研合作；Zhang 等（2020）认为高速铁路可以促进信息流动并提高企业监控能力，可以通过减少融资约束、加强人才流动，以及增加机构投资者的实地考察来刺激企业创新；Duan 等（2020）研究了高速铁路和航空构成的交通网络对不同城市间风险投资的影响，发现城市间旅行时间的缩短，以及高速铁路和航空班次的增加将提高城市间风险投资的笔数、金额及新被投资企业的数量，其中新兴产业风险投资、小规模风险投资及初创企业风险投资受到的正向作用更强，由此推断高速铁路可能对区域创新产生积极影响；龙玉等（2017）在调查高速铁路开通与风险投资关系的过程中提出，高速铁路开通所引发的时空压缩效应有利于知识等"软信息"的传播，这在促进风险投资的同时，也有利于区域创新活动的开展；王雨飞和倪鹏飞（2016）认为高速铁路网络在全国的普及打破了知识流动在空间上的限制，提高了知识的传播速度；郭进和白俊红（2019）基于面对面理论，提出高速铁路开通提高了技术和知识的传播效率，促进了企业的专利产出。

研究从理论层面分析高速铁路对区域创新要素流动的可能影响，但是受限于表征创新要素流动的数据可获得性较差，而无法对其提出的理论机制进行有效的验证。为了填补现有研究空白，从产业这一关键创新主体出发，提出并检验高速铁路网络通过城市间产业同构化效应影响区域创新合作的逻辑路径。

9.1.1.1 高速铁路网络与城市间产业同构化

自古典区位论诞生以来，交通基础设施就被视为重塑区域产业发展格局的重要力量。目前，绝大多数关于高速铁路与区域产业发展的研究都将焦点集中在城市可达性提升所引起的产业集聚效应上，而忽视了城际高速铁路连通性改善对城市间产业关联的影响。

随着高速铁路网络的发展，不同产业将在区域内重新布局，城市间产业同构化趋势将发生改变。一方面，根据新经济地理学理论，上下游企业会为了降低交通运输成本会形成专业化集聚与分工（Stiglitz，1977；Krugman，1991；Fujita et al.，1999；Krugman and Venables，1995；Fujita and Krugman，2004）。现有研究发现，随着高速铁路开通，沿线城市资本密集型和知识技术密集型产业，以及生产性和生活性服务业将迎来发展。当这些关联性较强的产业不断集聚在高速铁路沿线城市时，高速铁路沿线城市间的产业结构可能逐渐趋同。

另一方面，交通基础设施的改善可以缓解劳动力市场的分割并提高企业搜索和匹配的效率（Faber，2014）。经过学者们的广泛调查，我国大约40%的高速铁路旅客出行目的为商务出差，他们的平均月收入在4300～6700元（Ollivier et al.，2014；Wu et al.，2013；Wang and Cai，2020）。这些高素质劳动力乘坐高速铁路在城市间商务出行的同时，以人为载体的信息、技术、资本等资源要素也频繁在高速铁路网络中流动，从而有助于高速铁路沿线城市企业之间的交流和联系。所以，同一产业的上下游企业很有可能会围绕高速铁路线路展开空间布局。因此，城市间高速铁路连通性提升将有助于其产业同构化发展，并在9.5.2节展开实证检验。

9.1.1.2 产业同构与区域创新合作

20世纪90年代以来，邻近性理论在邻近动力学派的推动下得到迅速的发展，时至今日，多维邻近性依旧是解释区域创新合作关系形成和发展的重要理论。在影响区域创新合作的众多邻近性中，Boschma（2005）归纳提出的地理邻近、认知邻近、组织邻近、社会邻近及制度邻近受到了学界广泛的认同。

高速铁路网络的时空压缩效应提高了城市间的地理邻近性，方便了创新主体间的面对面交流，从而有助于隐性知识的传播，可以促进城市间的创新合作——这是当前绝大多数研究关于高速铁路对区域创新合作作用机制的描述。但是，正如多维邻近性理论所述，决定创新合作的不止地理邻近一个因素，高速铁路对城市间创新合作的影响路径也不止一条。本书尝试从认知邻近性层面分析高速铁路的可能作用。

认知邻近反映两个创新主体共享同一知识库的程度。知识的有效转移需要创新主体具有识别、解释和利用新知识的能力（Cohen and Levinthal，1990），创新主体之间的认知基础应该与新知识足够接近，这样才能促使彼此顺利地交流、理解和协作，否则将增加沟通成本，不利于知识溢出和技术扩散（Chuluun et al.，2017；Scherngell and Barber，2011）。9.1.1.1节分析了高速铁路网络对城市间产业同构化的可能作用，因为不同产业有各自专注的研发领域，处在同一个产业内的企业通常具有相近的认知基础。所以有理由相信，当两个地区产业结构趋同时，它们的认知邻近性也将逐渐提高。换句话说，城市间的产业同构化会提升它们的认知邻近性，从而有可能影响区域创新合作关系的建立和发展。为了验证以上理论机制推断，将在9.5节系统检验产业同构在高速铁路影响区域创新合作路径中的中介效应。

9.1.2 研究问题与研究框架

截至目前，尚未发现关于高速铁路网络通过城市间产业同构效应影响区域创新合作的理论或实证研究。本章围绕高速铁路网络、产业同构及区域创新合作，回答三个关键问题：①高速铁路网络如何影响区域创新合作？②高速铁路网络如何影响城市间产业同构化趋势？③城市间产业同构如何影响城际创新合作？

问题1主要关注高速铁路网络对区域创新合作的影响效果。本章将从点、线、面三个维度描述区域创新合作情况。①节点维度，本章将通过构建城市合作创新开放度指标，描述城市参与城际创新合作的积极性和取得的成果，以城市每年合作发明专利数量占其当年全部发明专利数量的比例表示；②连线维度，本章将通过构建城市间合作创新强度指标，描述城市间合作创新的产出情况，以城市对每年的合作发明专利数量表示；③网络维度，本章将通过构建城市群合作创新活跃度指标，描述城市群范围内合作创新的整体水平，以城市群内所有城市对合作发明专利数量的平均值表示。之后，本章将分别基于双向固定效应模型和工具变量法，检验城市在高速铁路网络的加权中心性、城市间高速铁路连通性，以及城市群高速铁路网络密度对于城市合作创新开放度、城市间合作创新强度及城市群合作创新活跃度的影响。

问题 2 和问题 3 主要关注高速铁路网络对区域创新合作的影响路径。本章将重点关注产业同构在其中的中介效应。具体来说，本章将首先计算城市间产业结构相似性系数，描述城市间的产业同构化情况。之后基于中介效应模型中的逐步因果法，先后识别高速铁路网络对城市间产业同构化的影响，以及产业同构化对城市间创新合作的影响，由此补充高速铁路网络对区域创新合作的作用机制。

本章的研究框架如图 9-1 所示。

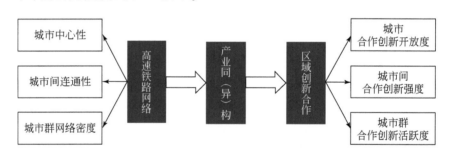

图 9-1　高速铁路网络对区域创新合作的影响与作用机制研究框架

9.1.3　研究时间与研究范围

研究时间段仍为 2008 ~ 2015 年。此外，实证策略包含三个维度，共有三个层次的分析单元，分别是城市、城市对和城市群。在城市层面，研究对象为全国境内 282 个城市；在城市对层面，研究对象为 282 个城市组成的39 621个城市对；在城市群层面，研究对象为京津冀、长三角、珠三角、成渝、长江中游、山东半岛、粤闽浙沿海、中原、关中平原、北部湾、哈长、辽中南、山西中部、黔中、滇中、呼包鄂榆、兰州—西宁、宁夏沿黄、天山北坡等 19 个国家级城市群。

9.1.4 数据来源与处理

本研究主要使用4种数据：①高速铁路数据；②专利数据；③工商企业数据；④统计年鉴数据。

（1）高速铁路数据

高速铁路数据主要来源于《全国铁路旅客列车时刻表》，通过该数据集计算各城市在高速铁路网络的加权中心性、各城市对的高速铁路连通性及各城市群的高速铁路网络密度。

此外，还收集了1961年的国家铁路图，用以识别历史上铁路网络连通情况，作为相关研究的工具变量。

（2）专利数据

通过城市间合作发明专利反映区域创新合作情况，数据来源于国家知识产权局的专利系统，因专利数据的处理和分析过程已经在前面章节作过详细介绍，这里不再赘述。

（3）工商企业数据

使用全国工商企业注册数据反映城市间产业同构化特征。具体来说，本研究将根据行业门类（共18个）分析各城市的产业构成情况，然后通过计算城市间产业结构相似性系数，描述城市间的产业同构化水平。

（4）统计年鉴数据

收集整理2008～2015年《中国城市统计年鉴》数据，一方面从中提取各行业的就业人数信息，反映城市劳动力集聚情况；另一方面收集各城市的年末总人口、地区生产总值、当年实际使用外资金额、科学技术支出、在校大学生人数等数据，作为相关计量经济模型的控制变量。本章主要的研究贡献为选取具有实践意义的数据模型，该数据的时段覆盖了高速铁路的迅速发展阶段以及发展成熟阶段，能够验证模型的有效性。

9.2 高速铁路网络对城市合作创新开放度的影响

9.2.1 模型设定与变量选择

从城市层面检验高速铁路网络对区域创新合作的影响。在高速铁路网络中，城市的中心位置使城市能够更轻松地与其网络邻居进行信息交流和产业联系，从而有可能提高城市与外界合作创新的机会。为了验证这一推论，首先构建城市合作创新开放度指标（Open），描述城市参与城际创新合作的程度，以城市每年城际合作发明专利数量占其当年全部发明专利数量的比例表示。之后基于双向固定效应模型检验城市在高速铁路网络的加权中心性对其合作创新开放度的影响：

$$\text{Open}_{it} = \alpha_0 + \alpha_1 \text{Centrality}_{it} + \alpha \, Z_{it} + \mu_i + \nu_t + \varepsilon_{it} \tag{9-1}$$

式中，Open_{it}是第 t 年城市 i 的合作创新开放度，取值范围为 $[0, 1]$，其值越接近于 1，表明城市参与城际合作创新的积极性越高；Centrality_{it} 为第 t 年城市 i 在高速铁路运营网络的加权中心性，详细计算过程见本书 5.1 节；Z_{it} 为一系列描述城市经济社会属性的控制变量；μ_i 表示城市固定效应，旨在捕捉不随时间变化的与城市特征有关的不可观测变量；ν_t 表示年份固定效应，旨在捕捉适用于所有城市的随时间变化的不可观测变量；ε_{it} 为随机误差项。为了解决城市内结果变量的空间和序列相关性，标准误差在城市级进行聚类。根据以上双向固定效应模型，α_1 为本章关注的核心系数，反映了高速铁路网络加权中心性对城市合作创新开放度的影响。

控制变量包括：①城市人口规模和经济水平，分别以城市年末总人口（Pop）和地区生产总值（GDP）表示；②城市科研投入，以城市科学技术支出（R&D）表示；③城市对外开放水平，以城市当年实际使用外资金额（FDI）表示；④城市人力资本水平，以城市在校大学生人数（College）表示。

9.2.2　实证研究结果

表 9-1 反映了基于 OLS 的双向固定效应模型回归结果，所有变量均已经过对数化处理。其中，表中第（1）列仅控制了城市固定效应和时间固定效应，第（2）列在此基础上加入了描述城市经济社会属性的控制变量。可以看出，系数 α_1 为正，且通过了 5% 的显著性检验，表明城市在高速铁路网络的加权中心性对其合作创新开放度具有正向作用。具体来说，城市加权中心性每提高 1 倍，其合作创新开放度将增长 3.6%。

表 9-1　高速铁路网络对城市合作创新开放度影响的估计结果

被解释变量：Open	（1）	（2）
Centrality	0.040 ** (0.017)	0.036 ** (0.016)
控制变量	否	是
城市固定效应	是	是

续表

被解释变量：Open	（1）	（2）
时间固定效应	是	是
样本量	2 256	2 256
R^2	0.633	0.651

＊＊代表5%的统计显著性水平

9.2.3　稳健性检验

中央政府在规划高速铁路线路时，城市对外合作开放度不是其考虑的主要因素，因此本模型存在反向因果问题的可能性较低。但是，为了避免由遗漏变量引起的内生性问题，我们使用工具变量方法提高研究结果的稳健性。研究所需的工具变量应同时满足相关性与外生性要求，即与城市在高速铁路网络的加权中心性相关，而不通过其他路径影响城市的合作创新开放度。同 8.3.3 节一样，本章仍以城市的平均地理坡度的 slope 作为工具变量，基于两阶段最小二乘法进行长差分回归。由于第一阶段回归已经在 8.3.3 节完成，证明了 slope 可以作为有效的工具变量，故本节仅进行第二阶段回归：

$$\Delta \text{Open}_{i,2008-2015} = f_1(\Delta \text{Centrality}_{i,2008-2015}, \Delta Z_{i,2008-2015}) + \varepsilon_{it} \tag{9-2}$$

式中，$\Delta \text{Open}_{i,2008-2015}$、$\Delta \text{Centrality}_{i,2008-2015}$ 和 $\Delta Z_{i,2008-2015}$ 分别为城市 i 在 2015 年和 2008 年的合作创新开放度差值、高速铁路网络加权中心性差值的工具变量估计值以及相关控制变量的差值。表 9-2 的面板 B 展示了第二阶段回归结果。研究结果表明，在使用工具变量法后，城市高速铁路网络加权中心性依旧对其合作创新开放度具有显著的正向影响，从而证明了研究结论的稳健性。

表 9-2　两阶段最小二乘回归结果（城市层面）

面板 A：被解释变量 $\Delta \text{Centrality}_{i,2008-2015}$	slope_i	−2.143＊＊
		（0.953）
	控制变量	是
	F 检验	44.57
	样本量	282
	R^2	0.299

面板 B：被解释变量 $\Delta \text{Open}_{i,2008-2015}$	$\Delta \text{Centrality}_{i,2008-2015}$	0.032** （0.014）
	控制变量	是
	样本量	282
	R^2	0.271

**代表5%的统计显著性水平

9.3   高速铁路网络对城市间合作创新强度的影响

9.3.1   模型设定与变量选择

从城市对层面探究高速铁路网络对区域创新合作的影响。为此，首先构建城市间合作创新强度指标，描述城市间合作创新产出情况，以两城市合作发明专利数量表示。之后，本节参照 Dong 等（2020）和 Duan 等（2020）的研究，采用双向固定效应模型检验城市间高速铁路连通性对其合作创新强度的影响，研究对象为 282 个城市两两组合而成的城市对。具体模型设定如下：

$$\text{Coinvention}_{ijt} = \beta_0 + \beta_1 \text{Connectivity}_{ijt} + \beta X_{ijt} + \xi_{ij} + \delta_{it} + \mu_{jt} + \nu_t + \varepsilon_{ijt} \qquad (9-3)$$

式中，Coinvention_{ijt} 为第 t 年城市 i 和城市 j 之间的合作创新强度；$\text{Connectivity}_{ijt}$ 为第 t 年城市 i 和城市 j 之间的高速铁路连通性，其计算方法如公式（9-3）所示；X_{ijt} 为一系列与城市对属性有关的控制变量，包括城市对年末总人口的平均值（Pop）、城市对地区生产总值的平均值（GDP）、城市对科学技术支出的平均值（R&D）、城市对当年实际使用外资金额的平均值（FDI）以及城市对在校大学生人数的平均值（College）；ξ_{ij} 表示城市对固定效应，旨在捕捉不随时间变化的与城市对特征有关的不可观测变量；ν_t 表示年份固定效应，旨在捕捉适用于所有城市对的随时间变化的不可观测变量；δ_{it} 和 μ_{jt} 表示城市-年份固定效应；ε_{ijt} 为随机误差项。为了解决城市对内结果变量的空间和序列相关性，标准误差在城市对级进行聚类。根据以上双向固定效应模型，β_1 为本章关注的核心系数，反映了城市间高速铁路网络连通性对其合作创新强度的影响。

9.3.2   实证研究结果

表 9-3 反映了基于 OLS 的双向固定效应模型回归结果，所有变量均已经过对

数化处理。其中，表中第（1）列仅控制了城市对固定效应和时间固定效应，第（2）列在此基础上加入了与城市对属性有关的控制变量。可以看出，系数 β_1 为正，且通过了 1% 的显著性检验，表明城市间高速铁路连通性对其合作创新强度具有正向作用。具体来说，城市间高速铁路连通性每提高 1 倍，其合作创新强度将增长 8.3%。

表 9-3　高速铁路连通性对城市间合作创新强度影响的估计结果

被解释变量：Coinvention	（1）	（2）
Connectivity	0.089 ***	0.083 ***
	（0.030）	（0.027）
控制变量	否	是
固定效应	是	是
样本量	316 968	316 968
R^2	0.873	0.891

＊＊＊代表 1% 的统计显著性水平

9.3.3　稳健性检验

由于高速铁路线路规划更多考虑城市人口和经济布局，而不是取决于城市间合作创新强度，因此公式（9-3）存在反向因果问题的可能性较小。但是该模型仍可能遗漏同时影响城市间高速铁路连通性和合作创新强度的变量，为此，本节将使用工具变量方法来解决潜在的内生性问题。研究所需的工具变量应该与城市高速铁路网络的连通性相关，但与可能影响城市间合作创新强度的未被观察到的变量无关。基于 Saiz（2010）和 Dong 等（2020）的方法，以城市间历史铁路连通情况（connect$_{ij,1961}$）及城市间地理坡度（slope$_{ij}$）作为工具变量。对于第一个工具变量 connect$_{ij,1961}$，通过收集 1961 年我国铁路网络图，提取铁路沿线城市名单，规定若城市 i 和城市 j 都在铁路沿线，则 connect$_{ij,1961}$ =1，反之则 connect$_{ij,1961}$ =0。因为历史上两个城市如果都接入铁路网络的话，那么这两个城市如今通过高速铁路连通的可能性也更大。并且，历史上城市间铁路连通情况不会通过其他途径影响它们如今的合作创新强度，因此符合工具变量的外生性条件。对于第二个工具变量 slope$_{ij}$，基于 DEM 数据和 ArcGIS 软件，首先以直线将城市 i 与城市 j 的市辖区中心点相连，之后计算这条直线周围 1km×1km 单元网格地理坡度的平均值。如果两城市之间的平均坡度很小，那么这会降低在它们之间修建高速铁路的难度，从而可能影响其高速铁路连通性。此外，城市间坡度属于客观的自然地理条件，因此符合工具变量的外生性条件。由于$\text{connect}_{ij,1961}$和slope_{ij}均不随时间变化而变化，因此仍需经过长差分处理：

第一阶段：

$$\Delta \text{Connectivity}_{ij,2008-2015} = f_1(\text{connect}_{ij,1961}, \text{slope}_{ij}, \Delta Z_{ij,2008-2015}) + \varepsilon_{ijt} \quad (9\text{-}4)$$

第二阶段：

$$\Delta \text{Coinvention}_{ij,2008-2015} = f_2(\Delta \text{Connectivity}_{i,2008-2015}, \Delta Z_{ij,2008-2015}) + \varepsilon_{ijt} \quad (9\text{-}5)$$

式中，$\Delta\text{Connectivity}_{ij,2008-2015}$、$\Delta\text{Coinvention}_{ij,2008-2015}$和$\Delta Z_{ij,2008-2015}$分别为城市$i$与城市$j$在2015年和2008年的高速铁路连通性差值、合作创新强度差值以及相关控制变量的差值，$\text{connect}_{ij,1961}$和slope_{ij}为本章研究选择的两个工具变量。

表9-4展示了两阶段最小二乘的回归结果。其中，面板A为第一阶段［公式(9-4)］的回归结果．可以看出，$\text{connect}_{ij,1961}$的回归系数为正，且通过了1%的显著性检验，slope_{ij}的回归系数为负，且通过了5%的显著性检验。此外，第一阶段的F统计值大于10，也通过了检验。这些结果表明本章研究选择的两个工具变量是城市间高速铁路连通性的强预测因子。面板B为第二阶段［公式(9-5)］的回归结果，研究结果表明城市间高速铁路连通性依旧对其合作创新强度具有显著的正向影响，证明了研究结论的稳健性。

表9-4　两阶段最小二乘回归结果（城市对层面）

面板A：被解释变量 $\Delta\text{Connectivity}_{ij,2008-2015}$	$\text{connect}_{ij,1961}$	1.337*** (0.562)
	slope_{ij}	−1.429** (0.635)
	控制变量	是
	F检验	32.71
	样本量	39 621
	R^2	0.677
面板B：被解释变量 $\Delta\text{Coinvention}_{ij,2008-2015}$	$\Delta\text{Connectivity}_{ij,2008-2015}$	0.075*** (0.023)
	控制变量	是
	样本量	39 621
	R^2	0.702

、*分别代表5%和1%的统计显著性水平

9.3.4 异质性检验

高速铁路网络与公路、航空等网络相结合而共同组成了国家交通系统。因为各种交通方式的速度和票价存在差异,所以它们在不同旅行距离上的竞争力也不同。例如,Hall(2009)研究发现,当旅行距离大于 800 千米时,高速铁路的竞争力将低于飞机。为了检验地理距离在高速铁路对城市创新合作影响中的阈值效应,根据城市对之间的直线距离将样本以 300 千米的间隔分为 5 组,并基于公式(9-3)进行分组回归。

表 9-5 展示了分组回归结果。可以看出,当两城市间的直线距离小于等于 900 千米时,城市间高速铁路连通性对其合作创新强度具有显著影响,并且直线距离在 300~600 千米的城市对受到的影响最大。而当城市对间的直线距离大于 900 千米时,高速铁路连通性对城市间合作创新强度的影响不再显著。这一结果表明高速铁路的区域创新合作效应主要体现在中短距离的城市之间,与 Steer 等(2004)和 Hall(2009)的研究结论相近。

表 9-5 高速铁路对不同距离城市间合作创新强度的影响

被解释变量: Coinvention	(1) (0, 300]	(2) (300, 600]	(3) (600, 900]	(4) (900, 1200]	(5) (1200, +∞)
Connectivity	0.089 *** (0.031)	0.127 *** (0.037)	0.102 ** (0.045)	0.077 (0.061)	0.076 (0.060)
控制变量	是	是	是	是	是
城市固定效应	是	是	是	是	是
时间固定效应	是	是	是	是	是
样本量	12 048	275 376	40 880	46 056	188 448
R^2	0.793	0.891	0.828	0.780	0.712

、*分别代表5%和1%的统计显著性水平

进一步根据城市 2008 年创新水平的四分位数将城市分为高创新水平城市和低创新水平城市,并将所有城市对样本分为 3 组,分别为高创新水平城市之间组成的城市对(高-高)、高创新水平城市和低创新水平城市组成的城市对(高-低)及低创新水平城市之间组成的城市对(低-低)。之后基于公式(9-3)进行分组回归。

表 9-6 展示了分组回归的结果。可以看出,随着高速铁路连通性提高,高创新水平城市和低创新水平城市之间的创新合作显著提高,低创新水平城市之间以及高创新水平城市之间的创新合作提升幅度相对较小,但仍然显著。这一结果表

明，高速铁路网络可以为低创新水平城市提供更多与高创新水平城市合作交流的机会，有助于缩小城市间的创新差距，推动区域创新网络协调发展。

表9-6　高速铁路对不同创新水平城市间合作创新强度的影响

被解释变量： Coinvention	（1） 高–高	（2） 高–低	（3） 低–低
Connectivity	0.072*** （0.028）	0.121*** （0.043）	0.076*** （0.029）
控制变量	是	是	是
固定效应	是	是	是
样本量	19 880	19 880	19 880
R^2	0.653	0.671	0.639

***代表1%的统计显著性水平

9.4　高速铁路网络对城市群合作创新活跃度的影响

9.4.1　模型设定与变量选择

在城市群层面检验高速铁路网络对区域创新合作的影响。在一定区域范围内，高速铁路网络密度越大，意味着城市之间的联系和交流越容易，区域内创新合作可能越活跃。为了验证这一推论，以城市群内各城市对平均合作发明专利数量构建城市群合作创新活跃度指标（Activity），之后以全国19个国家级城市群为研究对象，利用双向固定效应模型检验城市群高速铁路网络密度对其合作创新活跃度的影响。具体模型如下：

$$\text{Activity}_{it} = c_0 + c_1 \text{Density}_{it} + c\, Z_{it} + \mu_i + \nu_t + \varepsilon_{it} \tag{9-6}$$

式中，Activity_{it}是第t年城市群i的合作创新活跃度；Density_{it}描述第t年城市群i的高速铁路网络密度，计算方法如公式（5-4）所示；Z_{it}为第t年城市群i的经济社会属性，包括城市群年末总人口的平均值（Pop）、城市群地区生产总值的平均值（GDP）、城市群科学技术支出的平均值（R&D）、城市群当年实际使用外资金额的平均值（FDI）及城市群在校大学生数量的平均值（College）；μ_i表示城市群固定效应，ν_t表示年份固定效应，ε_{it}为误差项。为了解决城市群内结果变量的空间和序列相关性，标准误差在城市群级进行聚类。c_1为本节研究关注的核心系数，揭示了高速铁路网络密度对城市群合作创新活跃度的影响。

9.4.2 实证研究结果

表 9-7 展示了基于 OLS 的双向固定效应模型回归结果，所有变量均已经过对数化处理。其中，第（1）列仅控制了城市群固定效应和时间固定效应，第（2）列在此基础上加入了描述城市群经济社会属性的控制变量。可以看出，系数 c_1 为正，且通过了 10% 的显著性检验，表明城市群高速铁路网络密度对其合作创新活跃度具有正向作用。具体来说，城市群高速铁路网络密度每提高 1 倍，其合作创新活跃度将增长 2.3%。至此，本章先后从城市、城市对和城市群层面验证了高速铁路网络对区域创新合作的正向作用。

表 9-7　高速铁路网络密度对城市群合作创新活跃度影响的估计结果

被解释变量：Activity	（1）	（2）
Density	0.029 *	0.023 *
	(0.015)	(0.012)
控制变量	否	是
城市群固定效应	是	是
时间固定效应	是	是
样本量	152	152
R^2	0.231	0.277

＊代表 10% 的统计显著性水平

9.5　高速铁路网络对区域创新合作的作用机制

9.5.1 中介效应研究思路

如 9.1.1 节所述，研究推断高速铁路网络可以通过改变城市间产业同构化趋势，影响区域创新合作。为了验证这一影响路径，本节将基于中介效应模型中的逐步因果法进行实证检验。由于该方法已经在第 8 章作过详细介绍，这里不再赘述。具体到本节研究，实证检验将包括三个步骤：一是检验高速铁路网络对城市间合作创新的影响（已在本章 9.3 节完成）；二是检验高速铁路网络对城市间产业同构化的影响；三是在控制高速铁路网络变量后，检验产业同构对城市间合作创新强度的影响。图 9-2 展示了中介效应检验的逻辑思路。需要指出的是，本节的作用机制检验主要在城市对层面展开。

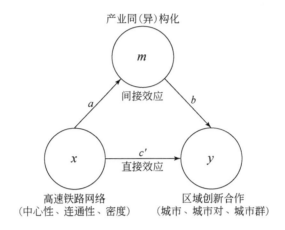

图9-2　产业同构中介效应检验思路

9.5.2　高速铁路网络对城市间产业同构化的影响

9.5.2.1　模型设定与变量选择

在城市对层面，检验高速铁路网络对城市间产业同构化的影响。联合国工业发展组织提出的产业结构相似性系数被广泛用于定量测算城市间产业构成的相似程度（汪本强，2012），本节研究以此表征城市间产业同构化，具体计算方法如下：

$$\mathrm{IS}_{ij} = \frac{\sum_{k=1}^{N} S_{ik} \times S_{jk}}{\sqrt{\sum_{k=1}^{N} S_{ik}^2} \times \sqrt{\sum_{k=1}^{N} S_{ik}^2}} \tag{9-7}$$

式中，IS_{ij} 为城市 i 和城市 j 之间的产业结构相似性系数，S_{ik} 和 S_{jk} 分别为城市 i 和城市 j 第 k 个行业门类企业数量占其全部企业数量的比例。从计算公式可知，IS_{ij} 的取值范围为 [0，1]，且其值越大，城市间产业构成越相似，而当两个城市的产业构成完全一致时，其产业结构相似性系数等于1。

之后，基于双向固定效应模型检验城市间高速铁路连通性对其产业相似性系数的影响，具体模型如下所示：

$$\mathrm{IS}_{ijt} = \beta_0 + \beta_1 \mathrm{Connectivity}_{ijt} + \beta X_{ijt} + \xi_{ij} + \delta_{it} + \mu_{jt} + \nu_t + \varepsilon_{ijt} \tag{9-8}$$

式中，IS_{ijt} 为第 t 年城市 i 和城市 j 之间的产业结构相似性系数；$Connectivity_{ijt}$ 描述第 t 年城市 i 和城市 j 之间的高速铁路连通性；X_{ijt} 为一系列与城市对属性有关的控制变量；ξ_{ij} 表示城市对固定效应，旨在捕捉不随时间变化的与城市对特征有关的不可观测变量；ν_t 表示年份固定效应，旨在捕捉适用于所有城市对的随时间变化的不可观测变量；δ_{it} 和 μ_{jt} 表示城市–年份固定效应；ε_{ijt} 为随机误差项。为了解决城市对内结果变量的空间和序列相关性，标准误差在城市对级进行聚类。根据以上双向固定效应模型，β_1 为本节研究关注的核心系数，反映了城市间高速铁路网络连通性对其产业同构化的影响。

9.5.2.2 实证研究结果

表 9-8 展示了城市间高速铁路连通性对产业结构相似性的影响，所有变量均已进行对数化处理。其中，第（1）列和第（2）列的被解释变量为基于 18 个行业门类计算的城市间产业结构相似性系数，第（1）列仅控制了城市对固定效应和时间固定效应，第（2）列在此基础上加入了描述城市对经济社会属性的控制变量。可以看出，当按照行业门类进行分析时，城市间高速铁路连通性对城市间产业同构化具有显著的正向影响。具体来说，城市间高速铁路连通性每提高 1 倍，其产业结构相似性系数增长 1.2%。这一研究结果验证了 9.1.1.1 节所作的理论推断。

表 9-8　高速铁路网络对城市间产业同构化影响的估计结果

被解释变量：IS	（1）	（2）	（3）	（4）
Connectivity	0.015 ***	0.012 ***	0.008	0.007
	(0.003)	(0.003)	(0.012)	(0.015)
控制变量	否	是	否	是
城市固定效应	是	是	是	是
时间固定效应	是	是	是	是
样本量	316 968	316 968	316 968	316 968
R^2	0.729	0.746	0.633	0.679

＊＊＊代表 1% 的统计显著性水平

第（3）列和第（4）列的被解释变量为基于 89 个行业大类计算的城市间产业结构相似性系数，第（3）列仅控制了城市对固定效应和时间固定效应，第（4）列在此基础上加入了描述城市对经济社会属性的控制变量。可以看出，当按照更为精细的行业大类进行分析时，城市间高速铁路连通性对城市间产业同构化的影响系数虽然仍为正，但并未通过显著性检验。

9.5.3 产业同构化对城市间创新合作的影响

9.5.3.1 模型设定与变量选择

继续进行逐步因果法的第三步,检验产业同构对城市间合作创新的影响,具体模型如下:

$$\text{Coinvention}_{ijt} = c_0 + c_1 \text{Connectivity}_{ijt} + c_2 \text{IS}_{ijt} + c\, X_{ijt} + \xi_{ij} + \delta_{it} + \mu_{jt} + \nu_t + \varepsilon_{ijt} \quad (9\text{-}9)$$

式中,Coinvention_{ijt}为第 t 年城市 i 和城市 j 之间的合作创新强度;$\text{Connectivity}_{ijt}$ 描述第 t 年城市 i 和城市 j 之间的高速铁路连通性;IS_{ijt} 为城市 i 和城市 j 的产业结构相似性系数;X_{ijt} 为一系列与城市对属性有关的控制变量;ξ_{ij} 表示城市对固定效应;ν_t 表示年份固定效应;δ_{it} 和 μ_{jt} 表示城市—年份固定效应;ε_{ijt} 为随机误差项。为了解决城市对内结果变量的空间和序列相关性,标准误差在城市对级进行聚类。根据逐步因果法,c_1 如果通过了显著性检验,则其代表高速铁路连通性对城市间合作创新强度的直接效应;c_2 如果通过了显著性检验,则证明产业同异构的中介效应成立。

9.5.3.2 实证研究结果

表9-9 展示了产业结构相似性对城市间合作创新强度的影响。可以看出,系数 c_2 为正,且通过了5%的显著性检验,表明产业同构对城市间创新合作具有正向作用,且产业同构在高速铁路网络对区域创新合作影响路径的中介效应成立,这一结果验证了9.1.1节所做的理论推断。此外,系数 c_2 通过了1%的显著性检验,表明除了通过产业同构这一中介变量外,高速铁路网络对城市间合作创新的影响还存在其他路径。

表9-9 产业同构对城市间合作创新强度影响的估计结果

变量	Coinvention_{ijt}
$\text{Connectivity}_{ijt}$	0.024 ***
	(0.008)
IS_{ijt}	1.203 **
	(0.053)
控制变量	是
固定效应	是
样本量	316 968

变量	Coinvention$_{ijt}$
R^2	0.879

$**$、$***$分别代表5%和1%的统计显著性水平

9.6　本章小结

本章系统分析了高速铁路网络对区域创新合作的影响效果和作用机制。

影响效果方面，本章分别从城市、城市对和城市群层面验证了高速铁路网络对区域创新合作的促进作用。具体来说，在城市层面，本章发现城市在高速铁路网络的加权中心性每提高1倍，其合作创新开放度将提高3%~4%；在城市对层面，本章发现城市间高速铁路连通性每提高1倍，其合作创新强度将提高8%左右；在城市群层面，本章发现城市群高速铁路网络密度每提高1倍，其合作创新活跃度将提高2%~3%。

作用机制方面，本章首先在9.1.1节提出高速铁路网络影响区域创新合作的可能路径——高速铁路网络在重构区域产业空间格局时，城市间产业同构化趋势也可能发生改变，由于每一产业都有其各自专注的创新领域，城市间产业同构通常意味着其认知基础较为接近，所以产业同构有可能对城市间创新合作产生影响，即高速铁路网络通过城市间产业同构效应影响区域创新合作。之后，本章在9.5节基于逐步检验法对以上理论机制推断进行了实证验证，发现高速铁路连通性提高将促进城市间产业同构化发展，而产业同构化将对城市间创新合作产生正向作用，由此证明了产业同构的中介效应成立。

本章的研究填补了现有的关于高速铁路网络对城市间产业关联和创新合作影响的研究空白。首先，本章从城市、城市对和城市群多个维度证明了高速铁路网络对区域创新合作的促进作用，不仅提高了研究结论的稳健性，还扩展了高速铁路网络对区域创新合作影响的研究视角。其次，不同于现有研究多从城市层面检验高速铁路的产业集聚效应，本章研究从城市对层面分析并验证了高速铁路连通性对城市间产业同构的影响，填补了现有关于高速铁路对城市间产业关联影响的研究空白。再次，通过理论和实证分析，本章分析并验证了高速铁路网络通过城市间产业同构效应间接影响区域创新合作的逻辑路径，进一步扩展了高速铁路网络对区域创新合作的作用机制。

本章的发现为推动区域协同创新提供了政策启示。首先，对于中央政府来说，提高高速铁路建设和运营服务水平可以被视作促进区域协同创新的有效政策工具，由于资源和资金的有限性，高速铁路网络无法遍及所有地区，所以中央政

府应该对未接入高速铁路的地区予以适当支持，避免使其脱离区域创新网络。其次，对于创新水平较低城市的地方政府来说，应当充分利用接入高速铁路网络的机会，加强与创新水平较高城市的合作交流，如果短期内城市无法接入高速铁路网络，也应通过信息通信技术等其他方式积极与外部地区保持交流联系。最后，对于高速铁路物理和运营网络的规划者来说，在高速铁路线路建设完成后，还应注意高速铁路运营服务的提升，结合区域发展布局适当提高城市之间的高速铁路服务班次，缩短城市间的高速铁路通行时间。

第 10 章 高速铁路网络对区域创新分工的影响与作用机制

作为区域间经济联系的重要形式，区域分工主要指各个地区依托自身发展条件和发展基础，选择和发展具有比较优势的产业，进行专业化生产的过程。区域分工可以提高资源要素的配置和使用效率，提升区域发展的总体效益。本书提出区域创新分工概念，旨在描述不同城市发挥各自的比较优势，在特定领域实现创新的专业化发展，同时城市间保持适当的知识技术关联，从而使整个区域达到一种良性互动、各具特色、合理分工的创新发展格局。

本章将从城市、城市对和城市群三个层面构建反映区域创新分工的指标，包括城市创新专业化、城市间创新关联性及城市群创新多样化，然后基于实证模型检验高速铁路网络对区域创新分工的作用，并从推动区域产业分工角度检验高速铁路网络的作用机制。其中，10.1 节将提出本章的研究框架和研究方案；10.2 节将从城市层面，检验城市在高速铁路网络的加权中心性对其创新专业化的影响；10.3 节将从城市对层面，检验城市间高速铁路连通性对其创新关联性的影响；10.4 节将从城市群层面，检验城市群高速铁路网络密度对其创新（相关、无关）多样化的影响；10.5 节将实证检验高速铁路网络对区域创新分工的作用机制；10.6 节将对本章的具体研究内容和研究结论进行概括与总结。

10.1 研究框架与研究方案

10.1.1 研究问题与研究框架

第 8 章和第 9 章分别分析和检验了高速铁路网络对城市产业专业化与城市间产业同构化的影响，在一定程度上证明了高速铁路网络的产业分工效应。作为创新活动，特别是专利申请最重要的主体之一，产业的区域分工将直接传导至创新的区域分工。为了验证这一推论，本章围绕高速铁路网络、区域产业分工与区域创新分工，回答三个关键问题：①高速铁路网络如何影响区域创新分工？②高速铁路网络如何影响区域产业分工？③区域产业分工如何影响区域创新分工？

问题 1 主要关注高速铁路网络对区域创新分工的影响效果。本章将从点、线、面三个维度，分别构建城市创新专业化、城市间创新关联性及城市群创新（相关、无关）多样化指标，描述区域创新的分工情况。之后，本章将基于双向固定效应模型和工具变量法分别检验城市在高速铁路网络的加权中心性、城市间高速铁路连通性及城市群高速铁路网络密度对于城市创新专业化、城市间创新关联性和城市群创新多样化的影响。

问题 2 和问题 3 主要关注高速铁路网络对区域创新分工的影响路径，为了对应区域创新分工的三个维度，本章将分别分析城市产业专业化、城市间产业同构化及城市群产业多样化的中介效应。因为在第 8 章和第 9 章已经先后验证了高速铁路网络对城市产业专业化以及城市间产业同构化的影响，所以对于问题 2，本章将重点检验高速铁路网络对城市群产业多样化的影响，并根据产业关联性将其分解为相关多样化和无关多样化。问题 3 重点关注产业分工对创新分工的传导效应，本章将分别检验城市产业专业化、城市间产业同构化和城市群产业多样化对城市创新专业化、城市间创新关联性及城市群创新多样化的影响。

本章的研究框架如图 10-1 所示。

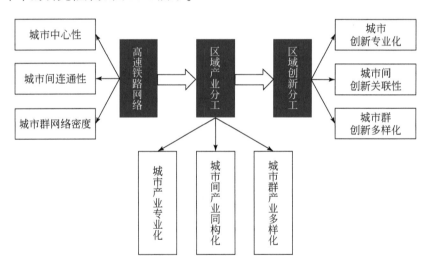

图 10-1　高速铁路网络对区域创新分工的影响与作用机制研究框架

10.1.2　研究时间与研究范围

研究时间仍为 2008～2015 年。本章节主要的研究贡献是选取具有实践意义的数据模型，2008～2015 年时段覆盖了高速铁路的迅速发展阶段以及发展成熟阶段，该数据能够验证模型的有效性。此外，同第 5 章一样，本章的实证策略包含点、线、面三个维度，共有三个层次的分析单元，分别是城市、城市对和城市群。在城市层面，研究对象为全国境内 282 个城市；在城市对层面，研究对象为 282 个城市组成的 39 621 个城市对；在城市群层面，研究对象为 19 个国家级城市群。

10.1.3 数据来源与处理

研究主要使用以下四部分数据：①高速铁路数据；②专利数据；③工商企业数据；④统计年鉴数据。

（1）高速铁路数据

本章将基于《全国铁路旅客列车时刻表》计算城市在高速铁路网络的加权中心性、城市间高速铁路连通性和城市群高速铁路网络密度，因数据相关处理和分析过程已在前文进行介绍，这里不再赘述。

（2）专利数据

本章将通过发明专利的专利分类代码识别其所处创新领域，进而分析城市在不同领域的创新情况。作为国际上公认的专利分类和检索工具，国际专利分类（international patent classification，IPC）被广泛用于识别专利的创新内容和创新领域（Guan et al.，2015；Yan and Guan，2018）。IPC 采用逐级分类的方式对专利所处的创新领域进行划分，共包括部、大类、小类、大组、小组 5 个层级，表 10-1 展示了 IPC 下 8 个分部所代表的具体创新领域。一个完整的专利分类号通常包含 8 位代码，例如，A01B11/00 具体指"带有振动、挖掘或穿孔工作部件的犁"，其所属分部为"A-人类生活需要"，所属大类为"A01-农业；林业；畜牧业；狩猎；诱捕；捕鱼"。本章研究将提取各专利的前两级分类代码（部和大类），一方面区分专利所属的不同创新领域，另一方面识别专利之间的知识技术关联性。经过统计，IPC 的 8 个分部下共包含 131 个大类。

表 10-1 IPC 分部代码及定义

代码	内容
A	人类生活必需（农、轻、医）
B	作业、运输
C	化学、冶金
D	纺织、造纸
E	固定建筑物（建筑、采矿）
F	机械工程

代码	内容
G	物理
H	电学

（3）工商企业数据

本章将继续使用全国工商企业注册数据反映区域产业的分工情况。具体来说，本章将分别根据行业门类（共 18 个）和行业大类（共 89 个）统计各城市的企业数量，计算城市产业专业化指数、城市间产业同构化指数和城市群产业（相关、无关）多样化指数。

（4）统计年鉴数据

本章将收集整理 2009～2016 年《中国城市统计年鉴》数据，提取相关指标作为计量经济模型的控制变量。

10.2 高速铁路网络对城市创新专业化的影响

10.2.1 模型设定与变量选择

8.5.2 节验证了高速铁路网络加权中心性对城市产业专业化集聚的影响，本节将继续在城市层面，检验高速铁路网络加权中心性对城市创新专业化的影响。为此，首先根据描述产业专业化的区位熵指标，构建城市创新专业化指数，具体计算方法如下：

$$\text{InoSp}_i = \max_{j=1} R_{ij}/R_j \qquad (10\text{-}1)$$

式中，InoSp_i 为城市 i 的创新专业化指数；R_{ij} 为城市 i 在第 j 个专利大类（IPC 二级代码）下的发明专利数量占其所有发明专利数量的比例；R_j 为全国第 j 个专利大类下的发明专利数量占全国当年所有发明专利数量的比例。从计算公式可知，城市在某一创新领域的专业化程度越高，其创新专业化指数就越大。

之后，基于双向固定效应模型检验城市在高速铁路网络的加权中心性对其创新专业化指数的影响：

$$\text{InoSp}_{it} = \alpha_0 + \alpha_1 \text{Centrality}_{it} + \alpha \, Z_{it} + \mu_i + \nu_t + \varepsilon_{it} \qquad (10\text{-}2)$$

式中，InoSp_{it} 为第 t 年城市 i 的创新专业化指数；Centrality_{it} 为第 t 年城市 i 在高速铁路运营网络的加权中心性，详细计算过程见本书 5.1 节；Z_{it} 为一系列描述城市经济社会属性的控制变量，包括城市年末总人口（Pop）、地区生产总值

（GDP）、科学技术支出（R&D）、当年实际使用外资金额（FDI）、在校大学生数量（College）；μ_i 表示城市固定效应，旨在捕捉不随时间变化的与城市特征有关的不可观测变量；ν_t 表示年份固定效应，旨在捕捉适用于所有城市的随时间变化的不可观测变量；ε_{it} 为随机误差项。为了解决城市内结果变量的空间和序列相关性，标准误差在城市级进行聚类。根据以上双向固定效应模型，α_1 为本节研究关注的核心系数，反映了高速铁路网络加权中心性对城市创新专业化的影响。

10.2.2 实证研究结果

表 10-2 反映了基于 OLS 的双向固定效应模型回归结果，所有变量均已进行对数化处理。其中，第（1）列仅控制了城市固定效应和时间固定效应，第（2）列在此基础上加入了描述城市经济社会属性的控制变量。可以看出，系数 α_1 为正，且通过了 1% 的显著性检验，表明城市在高速铁路网络的加权中心性对其创新专业化具有正向作用。具体来说，城市加权中心性每提高 1 倍，其创新专业化指数将提高 1.0% 。

表 10-2 高速铁路网络对城市创新专业化影响的估计结果

被解释变量：InoSp	（1）	（2）
Centrality	0.013 ***	0.010 ***
	(0.003)	(0.002)
控制变量	否	是
城市固定效应	是	是
时间固定效应	是	是
样本量	2 256	2 256
R^2	0.701	0.723

***代表 1% 的统计显著性水平

10.2.3 稳健性检验

因为中央政府在规划高速铁路网络时，城市专业化不是其考虑的主要因素，所以本模型存在反向因果问题的可能性较低。但是，考虑到可能存在同时影响城市高速铁路网络加权中心性和创新专业化的遗漏变量，本节将继续使用工具变量方法来解决模型潜在的内生性问题。同本书 8.3 节和 9.2 节一样，本节仍以城市的平均地理坡度的 slope 作为工具变量，在长差分处理后基于两阶段最小二乘法进行回归。由于第一阶段回归已经在 8.3.3 节完成，证明了 slope 可以作为有效的工具变量，故本节仅进行第二阶段回归：

$$\Delta \text{InoSp}_{i,2008-2015} = f_3(\Delta \text{Centrality}_{ij,2008-2015}, \Delta Z_{ij,2008-2015}) + \varepsilon_{it} \quad (10\text{-}3)$$

式中，$\Delta \text{InoSp}_{i,2008-2015}$、$\Delta \text{Centrality}_{i,2008-2015}$ 和 $\Delta Z_{i,2008-2015}$ 分别为城市 i 在 2015 年和 2008 年的创新专业化指数差值、高速铁路网络加权中心性差值及相关控制变量的差值。表 10-3 的面板 B 展示了第二阶段回归结果。研究结果表明城市高速铁路网络中心性依旧对其创新专业化指数具有正向影响，且在 1% 的统计水平上显著，进一步证明了研究结论的稳健性。

表 10-3　两阶段最小二乘回归结果（城市层面）

面板 A：被解释变量 $\Delta \text{Centrality}_{i,2008-2015}$	
slope_i	-2.143^{**}
	(0.953)
控制变量	是
F 检验	44.57
样本量	282
R^2	0.299
面板 B：被解释变量 $\Delta \text{InoSp}_{i,2008-2015}$	
$\Delta \text{Centrality}_{i,2008-2015}$	0.006^{***}
	(0.001)
控制变量	是
样本量	282
R^2	0.303

***代表 1% 的统计显著性水平

10.3　高速铁路网络对城市间创新关联性的影响

10.3.1　模型设定与变量选择

本章提出城市间创新关联性概念，旨在描述城市间创新领域的接近程度。如果两个城市的创新产出都主要集中在相同的某一个或几个领域，那么说明这两个城市的知识基础较为接近，其创新内容具有较强的关联性。参照城市间产业结构相似性系数，提出城市间创新关联性系数的计算方法，如公式 10-4 所示。

$$\text{InoRe}_{ij} = \frac{\sum\limits_{k=1}^{N} R_{ik} \times R_{jk}}{\sqrt{\sum\limits_{k=1}^{N} R_{ik}^2} \times \sqrt{\sum\limits_{k=1}^{N} R_{ik}^2}} \qquad (10\text{-}4)$$

式中，InoRe_{ij} 为城市 i 和城市 j 之间的创新关联性系数，R_{ik} 和 R_{jk} 分别为城市 i 和城市 j 在第 k 个专利分部（IPC 一级代码）下的发明专利数量占其当年所有发明专利数量的比例。从计算公式可知，城市创新关联性系数的取值范围为 [0，1]，且其值越大，说明两个城市的创新关联性越强。

之后，采用双向固定效应模型检验城市间高速铁路连通性对其创新关联性的影响，研究单元为城市对。具体模型设定如下：

$$\text{InoRe}_{ijt} = \beta_0 + \beta_1 \text{Connectivity}_{ijt} + \beta X_{ijt} + \xi_{ij} + \delta_{it} + \mu_{jt} + \nu_t + \varepsilon_{ijt} \qquad (10\text{-}5)$$

式中，InoRe_{ijt} 为第 t 年城市 i 和城市 j 之间的创新关联性系数；$\text{Connectivity}_{ijt}$ 为第 t 年城市 i 和城市 j 之间的高速铁路连通性，其计算方法如公式（5-1）所示；X_{ijt} 为一系列与城市对属性有关的控制变量，包括城市对年末总人口的平均值（Pop）、城市对地区生产总值的平均值（GDP）、城市对科学技术支出的平均值（R&D）、城市对当年实际使用外资金额的平均值（FDI）及城市对在校大学生数量的平均值（College）；ξ_{ij} 表示城市对固定效应；ν_t 表示年份固定效应，δ_{it} 和 μ_{jt} 表示城市—年份固定效应；ε_{ijt} 为随机误差项。为了解决城市对内结果变量的空间和序列相关性，标准误差在城市对级进行聚类。根据以上双向固定效应模型，β_1 为本节关注的核心系数，反映了城市间高速铁路网络连通性对其创新关联性的影响。

10. 3. 2　实证研究结果

表 10-4 展示了公式（10-5）的回归结果，所有变量均已经过对数化处理。其中，第（1）列仅控制了城市对固定效应和时间固定效应，第（2）列在此基础上加入了与城市对属性有关的控制变量。可以看出，系数 β_1 为正，且通过了 1% 的显著性检验，表明城市间高速铁路连通性对其创新关联性具有正向作用。具体来说，城市间高速铁路连通性每提高 1 倍，其创新关联性系数将增长 2.7%。

表 10-4　高速铁路连通性对城市间创新关联性影响的估计结果

被解释变量：InoRe	（1）	（2）
Connectivity	0.031 ***	0.027 ***
	(0.008)	(0.007)

被解释变量：InoRe	（1）	（2）
控制变量	否	是
城市固定效应	是	是
时间固定效应	是	是
样本量	316 968	316 968
R^2	0.793	0.822

***代表1%的统计显著性水平

10.3.3 稳健性检验

本节继续使用工具变量方法来解决以上模型潜在的内生性问题，并且仍以历史上城市间铁路连通情况（$connect_{ij,1961}$）及城市间地理坡度（$slope_{ij}$）作为工具变量。由于第一阶段回归已经在9.3.3节完成，证明了 $connect_{ij,1961}$ 和 $slope_{ij}$ 是城市间高速铁路连通性的强预测因子，故本节仅进行第二阶段回归：

$$\Delta\, InoRe_{ij,2008-2015} = f_3(\Delta\, Connectivity_{ij,2008-2015}, \Delta\, Z_{ij,2008-2015}) + \varepsilon_{ijt} \qquad (10\text{-}6)$$

式中，$\Delta InoRe_{ij,2008-2015}$、$\Delta Connectivity_{ij,2008-2015}$ 和 $\Delta Z_{ij,2008-2015}$ 分别为城市 i 和城市 j 在 2015 年和 2008 年的创新关联性系数差值、高速铁路网络连通性差值以及相关控制变量的差值。表 10-5 的面板 B 展示了第二阶段回归结果。研究结果表明城市高速铁路网络连通依旧对其创新关联性具有正向影响，且在 5% 的统计水平上显著，进一步证明了研究结论的稳健性。

表 10-5 两阶段最小二乘回归结果（城市对层面）

面板 A：被解释变量 $\Delta Connectivity_{ij,2008-2015}$	
$connect_{ij,1961}$	1.337***
	（0.562）
$slope_{ij}$	−1.429**
	（0.635）
控制变量	是
F 检验	32.71
样本量	39 621
R^2	0.677

续表

面板 B：被解释变量 $\Delta\mathrm{InoRe}_{ij,2008-2015}$	
$\Delta\mathrm{Connectivity}_{ij,2008-2015}$	0.023**
	(0.010)
控制变量	是
样本量	39 621
R^2	0.756

、*分别代表5%和1%的统计显著性水平

10.4 高速铁路网络对城市群创新多样化的影响

10.4.1 模型设定与变量选择

从城市群层面检验高速铁路网络对区域创新多样化的影响。结构熵常被用于评估系统的随机性，描述系统内的不一致或异质性，首先基于该指标计算区域创新多样化指数：

$$\mathrm{Div}_i = \sum_{j=1}^{n} R_{ij}\ln\left(\frac{1}{R_{ij}}\right) \tag{10-7}$$

式中，Div_i 为城市群 i 的创新多样化指数；R_{ij} 为城市 i 在第 j 个专利大类（IPC 二级代码）下的发明专利数量占其当年所有发明专利数量的比例。从计算公式可知，城市群的创新多样化程度越高，其创新结构熵就越大。

采用结构熵计算区域创新多样化的优点在于这一指标可以进一步分解为相关多样化（ReDiv）和无关多样化（UrDiv）。创新相关多样化指城市间虽然创新所在的细分领域不一致，但这些细分领域具有一定的知识技术关联性，仍同属于一个更大的创新领域。而创新无关多样化指城市间不仅创新所在的细分领域不一致，并且这些细分领域之间的知识技术关联性较低，也不属于同一个更大的创新领域。借鉴 Frenken（2007）的研究，本书分别提出城市群创新无关多样化指数和创新相关多样化指数的计算方法，如公式（10-8）和（10-9）所示。

$$\mathrm{UrDiv}_i = \sum_{k=1}^{N} R_{ik}\ln\left(\frac{1}{R_{ik}}\right) \tag{10-8}$$

$$\mathrm{ReDiv}_i = \sum_{k=1}^{N} R_{ik}\left[\sum_{j\in k}\left(\frac{R_{ij}}{R_{ik}}\right)\ln\left(\frac{R_{ik}}{R_{ij}}\right)\right] \tag{10-9}$$

式中，$UrDiv_i$ 为城市群 i 的创新无关多样化指数，$ReDiv_i$ 为城市群 i 的创新相关多样化指数；R_{ik} 为城市 i 在第 k 个专利分部（IPC 一级代码）下的发明专利数量占其当年所有发明专利数量的比例；R_{ij} 为城市 i 在第 j 个专利大类（IPC 二级代码）下的发明专利数量占其当年所有发明专利数量的比例；N 为专利分布的数量，而公式（10-7）中的 n 为专利大类的数量，根据 IPC 分类，$N = 8$，$n = 131$。此外，通过公式推导，可以发现 $Div_i = UrDiv_i + ReDiv_i$。换句话说，区域创新多样化等于区域创新无关多样化与相关多样化之和。

采用双向固定效应模型检验城市群高速铁路网络密度对其创新多样化的影响，研究对象为全国 19 个国家级城市群。具体模型设定如下：

$$Y_{it} = c_0 + c_1 Density_{it} + c\,Z_{it} + \mu_i + \nu_t + \varepsilon_{it} \qquad (10\text{-}10)$$

式中，Y_{it} 描述第 t 年城市群 i 的创新多样化，包括 Div_i、$UrDiv_i$ 和 $ReDiv_i$；$Density_{it}$ 描述第 t 年城市群 i 的高速铁路网络密度，计算方法如公式（5-4）所示；Z_{it} 为第 t 年城市群 i 的经济社会属性，包括城市群年末总人口的平均值（Pop）、城市群地区生产总值的平均值（GDP）、城市群科学技术支出的平均值（R&D）、城市群当年实际使用外资金额的平均值（FDI）及城市群在校大学生数量的平均值（College）；μ_i 表示城市群固定效应，ν_t 表示年份固定效应，ε_{it} 为误差项。为了解决城市群内结果变量的空间和序列相关性，标准误差在城市群级进行聚类。c_1 为本节研究关注的核心系数，它揭示了高速铁路网络密度对城市群创新多样化的影响。

10.4.2 实证研究结果

表 10-6 展示了基于 OLS 的双向固定效应模型回归结果，所有变量均已经过对数化处理。其中，第（1）列的被解释变量为 Div，第（2）列的被解释变量为 UrDiv，第（3）列的被解释变量为 ReDiv。可以看出，高速铁路网络密度对城市群创新相关多样化具有显著的正向作用，对城市群创新无关多样化具有显著的负向作用，但是对城市群创新多样化整体水平的影响则不显著。具体来说，城市群高速铁路网络密度每提高 1 倍，其创新相关多样化指数提高 1.2%，其创新无关多样化指数降低 0.7%。这一结果表明高速铁路网络有助于加强城市群内城市间的知识技术关联性，同时使各城市的创新细分领域保持差异化。

表 10-6　高速铁路网络密度对城市群创新多样化影响的估计结果

被解释变量	(1) Div	(2) UrDiv	(3) ReDiv
Density	0.003 (0.002)	−0.007*** (0.002)	0.012** (0.005)
控制变量	是	是	是
城市群固定效应	是	是	是
时间固定效应	是	是	是
样本量	152	152	152
R^2	0.287	0.323	0.299

***、** 分别代表 1% 和 5% 的统计显著性水平

10.5　高速铁路网络对区域创新分工的作用机制

10.5.1　中介效应研究思路

如 10.1.1 节所述，推断高速铁路网络可以通过区域产业分工效应间接影响区域创新分工。为了验证这一影响路径，本节将基于中介效应模型中的逐步检验法展开实证分析。具体来说，本节的中介效应检验包括三个步骤：一是检验高速铁路网络对区域创新分工的影响（已分别在 10.2 节、10.3 节和 10.4 节完成）；二是检验高速铁路网络对区域产业分工的影响（城市和城市对层面的研究已分别在 8.5.2 节和 9.5.2 节完成）；三是检验控制高速铁路网络变量后，区域产业分工对区域创新分工的影响。图 10-2 展示了中介效应检验的逻辑思路。

10.5.2　高速铁路网络对区域产业分工的影响

10.5.2.1　模型设定与变量选择

由于已经分别在 8.5.2 节和 9.5.2 节从城市和城市对层面验证了高速铁路网络对城市产业专业化和城市间产业同构化的正向作用，所以本节将重点从城市群层面检验高速铁路网络对区域产业分工的影响。首先，基于结构熵计算城市群产业多样化指数（TV），并进一步将其分解为产业无关多样化指数（UV）和相关多样化指数（RV）：

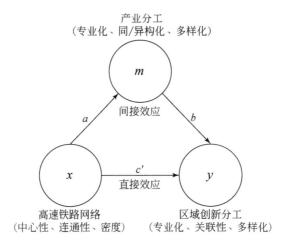

图 10-2　产业分工中介效应检验思路

$$TV_i = \sum_{j=1}^{n} S_{ij} \ln\left(\frac{1}{S_{ij}}\right) \tag{10-11}$$

$$UV_i = \sum_{k=1}^{N} S_{ik} \ln\left(\frac{1}{S_{ik}}\right) \tag{10-12}$$

$$RV_i = \sum_{k=1}^{N} S_{ik} \left[\sum_{j \in k} \left(\frac{S_{ij}}{S_{ik}}\right) \ln\left(\frac{S_{ik}}{S_{ij}}\right) \right] \tag{10-13}$$

式中，TV_i 为城市群 i 的产业多样化指数，UV_i 为城市群 i 的产业无关多样化指数，RV_i 为城市群 i 的产业相关多样化指数；S_{ik} 为城市 i 在第 k 个行业门类（国民经济行业分类一级代码）下的企业数量占其当年所有企业数量的比例；S_{ij} 为城市 i 在第 j 个行业大类（国民经济行业分类二级代码）下的企业数量占其当年所有企业数量的比例；N 为行业门类的数量，n 为行业大类的数量，根据国民经济行业分类，$N=18$，$n=89$。此外，通过公式推导，可以发现 $TV_i = UV_i + RV_i$。换句话说，区域产业多样化等于区域产业无关多样化与相关多样化之和。

之后，采用双向固定效应模型检验城市群高速铁路网络密度对其产业多样化的影响。具体模型设定如下：

$$Y_{it} = c_0 + c_1 \text{Density}_{it} + c\, Z_{it} + \mu_i + \nu_t + \varepsilon_{it} \tag{10-14}$$

式中，Y_{it} 描述第 t 年城市群 i 的产业多样化，包括 TV_i、UV_i 和 RV_i；Density_{it} 描述第 t 年城市群 i 的高速铁路网络密度；Z_{it} 为第 t 年城市群 i 的经济社会属性；μ_i 表示城市群固定效应，ν_t 表示年份固定效应，ε_{it} 为误差项。为了解决城市群内结果变量的空间和序列相关性，标准误差在城市群级进行聚类。c_1 为本节研究关注的核心系数，它揭示了高速铁路网络密度对城市群产业多样化的影响。

10.5.2.2　实证研究结果

表 10-7 展示了基于 OLS 的双向固定效应模型回归结果，所有变量均已经过对数化处理。其中，第（1）列的被解释变量为 TV，第（2）列的被解释变量为 UV，第（3）列的被解释变量为 RV。可以看出，高速铁路网络密度对城市群产业相关多样化具有显著的正向作用，对城市群产业无关多样化具有显著的负向作用，但是对城市群产业多样化整体水平的影响则不显著。这一发现与高速铁路网络对区域创新多样化的影响效果一致。

表 10-7　高速铁路网络密度对城市群产业多样化影响的估计结果

被解释变量	(1) TV	(2) UV	(3) RV
Density	0.005 (0.004)	−0.015*** (0.004)	0.017*** (0.005)
控制变量	是	是	是
固定效应	是	是	是
样本量	152	152	152
R^2	0.312	0.374	0.353

***代表1%的统计显著性水平

10.5.3　区域产业分工对区域创新分工的影响

10.5.3.1　模型设定与变量选择

根据理论推断，如果区域产业分工对区域创新分工具有传导效应，则产业分工的中介效应成立。为此，本节将分别从城市、城市对和城市群层面，检验产业专业化、同构化和多样化对创新专业化、同构化及多样化的影响。具体模型设定如下：

$$\text{Inovation} = f_4(\text{HSR}, \text{Industry}) + \varepsilon \tag{10-15}$$

式中，Inovation 为描述区域创新分工的变量，包括城市创新专业化指数（InoSp）、城市间创新关联性系数（InoRe）和城市群创新多样化指数（UrDiv、ReDiv）；HSR 为描述高速铁路网络的变量，包括城市高速铁路网络加权中心性（Centrality）、城市间高速铁路连通性（Connectivity）和城市群高速铁路网络密度（Density）；Industry 为描述区域产业分工的变量，包括城市产业专业化指数（Specialization）、城市间产业同构化系数（IS）和城市群产业多样化指数（UV、

RV)。公式（10-15）将分别在城市、城市对和城市群三个维度进行回归，除了以上变量外还加入了控制变量和固定效应。

10.5.3.2 实证研究结果

表 10-8 展示了逐步因果法第三步的回归结果，所有变量均已经过对数化处理。其中，第（1）列的被解释变量为 InoSp，核心解释变量为 Centrality 和 Specialization，研究单元为城市。Specialization 的回归系数通过了 1% 的显著性检验，表明高速铁路网络通过影响城市产业专业化间接影响城市创新专业化的逻辑路径成立。

表 10-8　区域产业分工对区域创新分工影响的估计结果

被解释变量	（1）InoSp	（2）InoRe	（3）UrDiv	（4）ReDiv
Centrality	0.002 (0.004)			
Connectivity		0.009 ** (0.004)		
Density			−0.001 *** (0.000)	0.002 ** (0.001)
Specialization	0.533 *** (0.137)			
IS		0.721 ** (0.318)		
UV			0.313 *** (0.085)	
TV				0.420 *** (0.124)
控制变量	是	是	是	是
固定效应	是	是	是	是
样本量	2 256	316 968	152	152
R^2	0.701	0.796	0.387	0.368

*** 、** 分别代表 1% 和 5% 的统计显著性水平

第（2）列的被解释变量为 InoRe，核心解释变量为 Connectivity 和 IS，研究单元为城市对。IS 的回归系数通过了 5% 的显著性检验，表明高速铁路网络通过影响城市间产业同构化间接影响城市间创新关联性的逻辑路径成立。

第（3）列的被解释变量为 UrDiv，核心解释变量为 Density 和 UV，研究单元为城市群。UV 的回归系数通过了 1% 的显著性检验，表明高速铁路网络通过影响城市群产业无关多样化间接影响城市群创新无关多样化的逻辑路径成立。

第（4）列的被解释变量为 ReDiv，核心解释变量为 Density 和 RV，研究单元为城市群。RV 的回归系数通过了 1% 的显著性检验，表明高速铁路网络通过影响城市群产业相关多样化间接影响城市群创新相关多样化的逻辑路径成立。

综上所述，产业分工对创新分工的传导效应存在，高速铁路网络可以通过区域产业分工效应间接影响区域创新分工。

10.6 本章小结

本章系统分析了高速铁路网络对区域创新分工的影响效果和作用机制。

影响效果方面，本章分别从城市、城市对和城市群层面验证了高速铁路网络对区域创新分工的作用。具体来说，在城市层面，本章发现城市在高速铁路网络的加权中心性每提高 1 倍，其创新专业化指数将提高 1% 左右；在城市对层面，本章发现城市间高速铁路连通性每提高 1 倍，其创新关联性系数将提高 2% ~ 3%；在城市群层面，本章发现城市群高速铁路网络密度每提高 1 倍，其创新相关多样化将提高 1.2%，而其创新无关多样化将降低 0.7%。

作用机制方面，本章研究证明了高速铁路网络可以通过产业分工效应间接影响区域创新分工。具体来说，本章研究先后检验了高速铁路网络对城市产业专业化、城市间产业同构化和城市群产业（相关、无关）多样化的影响，以及城市产业专业化、城市间产业同构化和城市群产业（相关、无关）多样化对城市创新专业化、城市间创新关联性和城市群创新（相关、无关）多样化的影响，既反映了产业分工对创新分工的传导效应，又揭示了高速铁路网络对区域创新分工的作用机制。

本章的研究填补了现有的关于高速铁路网络对区域产业分工和创新分工影响的研究空白。首先，本章从城市、城市对、城市群多个维度，以及专业化、同构化（关联性）、多样化多个角度，证明了高速铁路网络对区域产业分工和创新分工的作用，以上相关研究在现有的文献中少有涉及。其次，本章研究揭示了产业分工对创新分工的传导作用，进一步证明了产业这一主要创新主体在区域创新空间格局形成和发展过程中的关键作用。最后，通过设计相关多样化和无关多样化指标，研究发现高速铁路网络有利于区域产业和创新的合理分工，高速铁路网络既可以使区域（城市群）内城市间保持一定的知识和技术关联，又可以使各城市在其专业化领域实现差异化的发展，提升区域知识技术的多元性，由此进一步扩展了对高速铁路区域经济社会效应的认识。

本章的研究结论为推动区域创新和产业合理分工提供了政策启示。一方面，各城市应结合区域分工选取适合自身发展的创新领域和产业类别，不断提高自身的专业化水平，加强与高速铁路网络邻居之间的互联互通。另一方面，中央政府在优化区域创新布局和产业布局时应该统筹规划，各级政府应该结合区域产业链布局区域创新链，推动区域产业和创新良性互动、协同发展，鼓励高速铁路沿线企业之间基于产业或技术关联加强创新合作，构建多元化多边合作的全产业链技术创新网络结构，提升网络整体创新能力。

第 11 章 高速铁路网络导向下区域协同创新的利益协调机制

11.1 高速铁路作用下区域协同创新发展假设

为了准确地阐述高速铁路对区域创新协同发展的影响，研究如何最大限度发挥出其优势，本章基于不同场景构建了区域创新利益模型。在此基础上，重点研究有无高速铁路、是否集中决策背景下协同创新利益在区域创新利益中的变化，以及不同创新规划在高速铁路发挥作用中扮演的角色。因此，提出以下假设：

1）假设协同创新成果以及独立研发成果为市场同时存在的两种同类产品，两者之间存在竞争关系。将协同创新（M_1）时对创新成果的需求（D_1）作为协同创新成果价格（p_1）、独立研发时成果价格（p_2）和协同创新能力差异水平（θ）的线性函数，如式（11-1）所示。独立研发（M_2）时对创新成果的需求（D_2）作为独立研发时创新成果价格（p_2）协同创新时创新成果价格（p_1）的线性函数如公式（11-2）所示。

$$D_1 = -\beta p_1 + \gamma p_2 + \varepsilon\alpha + \lambda\theta \tag{11-1}$$
$$D_2 = -\beta p_2 + \gamma p_1 + (1-\varepsilon)\alpha \tag{11-2}$$

公式（11-1）和（11-2）中，α 表示创新资源。符号 β 和 γ 表示不同创新模式下创新成果的价格弹性以及交叉价格弹性，满足条件 $\beta>0$，$\gamma>0$。λ 表示创新能力提升系数，即协同创新时创新能力提升水平与创新成果需求之间的关系系数。ε（$0\leqslant\varepsilon\leqslant1$）表示协同创新时创新资源在总资源中的占比，（$1-\varepsilon$）表示独立研发时创新资源在总资源中的占比。

2）在高速铁路的作用下，创新主体在资源的调度及资源的获取上有着比以前更大的便利性。在高速铁路影响下，区域联系得以增强，协同创新成本都会降低，创新产品的价格也会相应下降。假设高速铁路对协同创新、独立研发时创新产品成果价格的降低水平分别为 t_1、t_2，高速铁路背景下协同创新时创新能力提升水平为 t_3。因此，在高速铁路的作用下，调整不同创新模式的选择意愿，分别如公式（11-3）和（11-4）所示。

$$D_1 = -\beta(p_1-t_1) + \gamma(p_2-t_2) + \lambda(\theta+t_3) + \varepsilon\alpha \tag{11-3}$$

$$D_2 = -\beta(p_2 - t_2) + \gamma(p_1 - t_1) + (1 - \varepsilon)\alpha \qquad (11\text{-}4)$$

3）假设协同创新主体的产品创新成本包括创新生产成本和资源协同创新成本，其中使得创新能力增加的成本包括人员流动成本、资源互通成本等，即资源协同创新成本，创新到一定程度时，创新水平再要提升，付出的成本会更多。创新活动存在规模不经济性，其回报随着创新支出的增长递减，意味着创新成本函数是凸函数。因此，假设资源协同创新成本与创新能力增加水平的关系为 $c(\theta) = \eta\theta^2$，其中 η 为资源合同的成本系数。而独立研发成本只包括创新生产成本，如公式（11-5）所示。在高速铁路的作用下，创新主体间的资源交流合同成本会降低，设 t_4 为资源合同成本的降低度，则高速铁路背景下的协同创新成本如公式（11-6）所示。

$$c_1 = v_1 D_1 + \eta\,\theta^2 \qquad c_2 = v_2 D_2 \qquad (11\text{-}5)$$

$$c_1 = v_1 D_1 + (\eta - t_4)\theta^2 \qquad (11\text{-}6)$$

式中，v_1 为协同创新时产品单位创新生产成本，v_2 为独立研发时产品单位创新生产成本，η 为资源合同的成本系数。本章研究中使用的变量名称和符号如表 11-1 所示。

表 11-1　变量及其释义

变量	释义	变量	释义
M_1	协同创新	D_1	协同创新时成果需求
M_2	独立研发	D_2	独立研发时成果需求
β	价格弹性	γ	交叉价格弹性
p_1	协同创新成果价格	c_2	独立研发成本
c_1	协同创新成本	α	创新资源
p_2	独立研发成果价格	θ	协同创新能力差异水平
v_1	协同创新单位创新生产成本	η	资源合同的成本系数
v_2	独立研发单位创新生产成本	Π_{SC_i}	系统总体经济利益
t_1	协同创新产品价格的降低水平	Π_{M_1}	协同创新经济利益
t_2	独立研发产品价格的降低水平	Π_{M_2}	独立研发经济利益
t_3	协同创新时能力差异水平增加度	ε	协同创新资源在总资源中占比
t_4	合同成本的降低度	λ	能力提升系数

11.2 基于不同场景的创新利益模型构建

Stackelberg 博弈模型是一种生产领导模型。领先企业首先决定生产策略，以期获取最优收益，下面的厂商根据领先企业的选择，决定自身的策略，以获得收益的最大化。假设独立研发主体先决定其创新成果的价格，协同创新主体根据独立研发成果的价格决定其成果价格，进而通过引入高速铁路的影响，分析不同场景下创新主体的创新模式选择，以及不同模式下的创新利益状况。为了研究高速铁路的影响，本节构建了 4 种场景，以分析比较不同场景下的创新特点、创新模式选择及创新利益。

11.2.1 场景 1：无高速铁路作用和集中决策

假设无高速铁路，且以区域整体的创新水平为目标的集中决策场景，协同创新和独立决策主体形成一个完整的创新系统，其目标是使得区域创新系统的创新利益最大化。根据上述问题的描述和假设，确定创新系统整体创新水平，如公式 (11-7) 所示。

$$\Pi_{SC_1} = (p_1 - v_1) D_1 + (p_2 - v_2) D_2 - \eta\theta^2$$
$$= (p_1 - v_1)(-\beta p_1 + \gamma p_2 + \lambda\theta + \varepsilon\alpha)$$
$$+ (p_2 - v_2)[-\beta p_2 + \gamma p_1 + (1-\varepsilon)\alpha] - \eta\theta^2 \quad (11\text{-}7)$$

命题 1：在无高速铁路作用和集中决策场景下，存在一个协同创新成果价格、独立研发成果价格及创新能力水平差异，使得创新系统的经济利益最大化。

证明：利用公式 (11-7)，得出不同创新模式下决策变量 p_1、p_2、θ 的一阶导数，如公式 (11-8) ~ (11-10) 所示。

$$\frac{\partial \Pi_{SC_1}}{\partial p_1} = \alpha\varepsilon + \theta\lambda - \beta p_1 + \gamma p_2 - \beta(p_1 - v_1) + \gamma(p_2 - v_2) = 0 \quad (11\text{-}8)$$

$$\frac{\partial \Pi_{SC_1}}{\partial p_2} = \alpha(1-\varepsilon) + \gamma p_1 - \beta p_2 + \gamma(p_1 - v_1) - \beta(p_2 - v_2) = 0 \quad (11\text{-}9)$$

$$\frac{\partial \Pi_{SC_1}}{\partial \theta} = -2\eta\theta + \lambda(p_1 - v_1) = 0 \quad (11\text{-}10)$$

同样，可以确定 p_1、p_2、θ 的 Hessian 矩阵，如公式 (11-11) 所示。

$$H(p_1,p_2,\theta)=\begin{pmatrix} \dfrac{\partial^2 \Pi_{SC_1}}{\partial p_1{}^2} & \dfrac{\partial^2 \Pi_{SC_1}}{\partial p_1 p_2} & \dfrac{\partial^2 \Pi_{SC_1}}{\partial p_1 \theta} \\[3mm] \dfrac{\partial^2 \Pi_{SC_1}}{\partial p_2 p_1} & \dfrac{\partial^2 \Pi_{SC_1}}{\partial p_2{}^2} & \dfrac{\partial^2 \Pi_{SC_1}}{\partial p_2 \theta} \\[3mm] \dfrac{\partial^2 \Pi_{SC_1}}{\partial \theta p_1} & \dfrac{\partial^2 \Pi_{SC_1}}{\partial \theta p_2} & \dfrac{\partial^2 \Pi_{SC_1}}{\partial \theta^2} \end{pmatrix}=\begin{pmatrix} -2\beta & 2\gamma & \lambda \\ 2\gamma & -2\beta & 0 \\ \lambda & 0 & -2\eta \end{pmatrix} \quad (11\text{-}11)$$

可以看出，当 $4\eta(\beta^2-\gamma^2)-\beta\lambda^2>0$ 时，矩阵为负定矩阵，即存在协同创新成果的最优价格、独立研发成果的最优价格和协同创新能力差异水平，使得系统的创新利益最大化。在此基础上，解得组成的方程，可以确定这些决策变量的最优值，如公式（11-12）~（11-14）所示。

$$p_1^{1*} \rightarrow \frac{-2\alpha\gamma\eta-2\alpha\beta\varepsilon\eta+2\alpha\gamma\varepsilon\eta-2\beta^2\eta v_1+2\gamma^2\eta v_1+\beta\lambda^2 v_1}{4\beta^2\eta-4\gamma^2\eta-\beta\lambda^2} \quad (11\text{-}12)$$

$$p_2^{1*} \rightarrow \frac{-4\alpha\beta\eta+4\alpha\beta\varepsilon\eta-4\alpha\gamma\varepsilon\eta+\alpha\lambda^2-\alpha\varepsilon\lambda^2+\gamma\lambda^2 v_1-4\beta^2\eta v_2+4\gamma^2\eta v_2+\beta\lambda^2 v_2}{2(4\beta^2\eta-4\gamma^2\eta-\beta\lambda^2)}$$

$$(11\text{-}13)$$

$$\theta^{1*} \rightarrow \frac{\lambda(-\alpha\gamma-\alpha\beta\varepsilon+\alpha\gamma\varepsilon+\beta^2 v_1-\gamma^2 v_1)}{4\beta^2\eta-4\gamma^2\eta-\beta\lambda^2} \quad (11\text{-}14)$$

将以上公式带入公式（11-7），可得无高速铁路作用和集中决策情境下系统创新的经济利益。

11.2.2 场景2：无高速铁路作用和自主决策

在无高速铁路作用并且独立决策的条件下，协同创新及独立研发主体的目的是为了实现自身创新收益的最大化而进行决策。因此，协同创新及独立研发时的创新收益，如公式（11-15）和（11-16）所示。假设独立研发主体首先决定成果的价格，使其利益最大化。协同创新主体在收到决策信息后，为使自身收益最大化，存在最优成果价格和创新能力差距水平。当创新能力差水平达到一定程度时，创新主体才会有更大可能选择协同创新。

$$\Pi_{M_1}=(p_1-v_1)D_1-\eta\theta^2=(p_1-v_1)(-\beta p_1+\gamma p_2+\lambda\theta+\varepsilon\alpha)-\eta\theta^2 \quad (11\text{-}15)$$

$$\Pi_{M_2}=(p_2-v_2)D_2=(p_2-v_2)[-\beta p_2+\gamma p_1+(1-\varepsilon)\alpha] \quad (11\text{-}16)$$

命题2：在无高速铁路作用和自主决策场景下，存在一个协同创新成果价格、独立研发成果价格及创新能力水平差异，使得不同创新模式下创新主体有着最优的经济利益。

证明：在无高速铁路作用和自主决策场景下，协同创新主体的决策变量为创新成果价格和创新能力差距水平，独立研发主体的决策变量为创新成果的价格。因此，p_1、θ 可由公式（11-17）和（11-18）确定。

$$\frac{\partial \prod_{M_1}}{\partial p_1} = \alpha\varepsilon + \theta\lambda - \beta p_1 + \gamma p_2 - \beta(p_1 - v_1) = 0 \tag{11-17}$$

$$\frac{\partial \prod_{M_1}}{\partial \theta} = -2\eta\theta + \lambda(p_1 - v_1) = 0 \tag{11-18}$$

同样，可以确定 p_1、θ 的 Hessian 矩阵，如公式（11-19）所示。

$$H(p_1, \theta) = \begin{pmatrix} \dfrac{\partial^2 \prod_{M_1}}{\partial p_1^2} & \dfrac{\partial^2 \prod_{M_1}}{\partial p_1\theta} \\ \dfrac{\partial^2 \prod_{M_1}}{\partial \theta^2} & \dfrac{\partial^2 \prod_{M_1}}{\partial \theta p_1} \end{pmatrix} = \begin{pmatrix} -2\beta & \lambda \\ \lambda & -2\eta \end{pmatrix} \tag{11-19}$$

可以看出，当 $4\eta\beta - \lambda^2 > 0$ 时，矩阵为负定矩阵，即存在协同创新产品的最优成果价格、和创新能力差距水平使得创新收益最大化。在此基础上，可以确定这些决策变量的最优值，如公式（11-20）和（11-21）所示。

$$p_1^{2*} = \frac{-2\alpha\varepsilon\eta - 2\gamma\eta p_2 - 2\beta\eta v_1 + \lambda^2 v_1}{4\beta\eta - \lambda^2} \tag{11-20}$$

$$\theta^{2*} = -\frac{\lambda(-\alpha\varepsilon - \gamma p_2 + \beta v_1)}{4\beta\eta - \lambda^2} \tag{11-21}$$

将公式（11-20）引入公式（11-16），可以转化独立研发创新时的收益函数。求出 p_2 的一阶导数和二阶导数 $\dfrac{\partial \prod_{M_2}^2}{\partial p_2^2} = -2\beta < 0$，使其一阶导数为零，则可确定独立研发时创新成果的最优价格，如公式（11-22）所示。

$$\frac{\partial \prod_{M_2}}{\partial p_2} = 0 \Rightarrow p_2^{2*} \rightarrow \frac{1}{2}\left(\frac{\alpha(-4\beta(-1+\varepsilon)\eta + 2\gamma\varepsilon\eta + (-1+\varepsilon)\lambda^2) + \gamma(2\beta\eta - \lambda^2)v_1}{4\beta^2\eta - 2\gamma^2\eta - \beta\lambda^2} + v_2\right) \tag{11-22}$$

将公式（11-22）代入公式（11-20）和（11-21），可确定协同创新时创新成果价格和创新能力差距水平，如公式（11-23）和（11-24）所示。

$$p_1^{2*} = -\frac{-2\alpha\varepsilon\eta - 2\beta\eta v_1 + \lambda^2 v_1 - \gamma\eta\left(\dfrac{\alpha(-4\beta(-1+\varepsilon)\eta + 2\gamma\varepsilon\eta + (-1+\varepsilon)\lambda^2) + \gamma(2\beta\eta - \lambda^2)v_1}{4\beta^2\eta - 2\gamma^2\eta - \beta\lambda^2} + v_2\right)}{4\beta\eta - \lambda^2} \tag{11-23}$$

$$\theta^{2*} = -\frac{\lambda\left(-\alpha\varepsilon + \beta v_1 - \dfrac{1}{2}\gamma\left(\dfrac{\alpha(-4\beta(-1+\varepsilon)\eta + 2\gamma\varepsilon\eta + (-1+\varepsilon)\lambda^2) + \gamma(2\beta\eta - \lambda^2)v_1}{4\beta^2\eta - 2\gamma^2\eta - \beta\lambda^2} + v_2\right)\right)}{4\beta\eta - \lambda^2} \tag{11-24}$$

11.2.3　情景3：高速铁路作用和集中决策

在高速铁路的作用下，高速铁路增加了创新主体的创新能力，同时降低了协同创新过程中的资源交流成本，可以更大限度地促进创新主体间的协同创新。在高速铁路的作用下，创新主体会充分利用高速铁路的优势，实现其创新水平的最大化，同时降低创新成果的价格，增加市场对创新成果的需求。在集中调控决策的情境下，创新主体形成整体系统，创新系统的经济利益如公式（11-25）所示。

$$
\begin{aligned}
\prod_{SC_3} &= (p_1-v_1)D_1+(p_2-v_2)D_2-(\eta-t_4)\theta^2 \\
&= (p_1-v_1)(-\beta(p_1-t_1)+\gamma(p_2-t_2)+\lambda(\theta+t_3)+\varepsilon\alpha) \\
&\quad +(p_2-v_2)\left[-\beta(p_2-t_2)+\gamma(p_1-t_1)+(1-\varepsilon)\alpha\right]-(\eta-t_4)\theta^2
\end{aligned} \tag{11-25}
$$

命题3：在高速铁路作用和集中决策场景下，存在一个协同创新成果价格、独立研发成果价格及创新能力水平差异，使得创新系统的经济利益最大化，即

$$
p_1^{3*} \to -\frac{\begin{aligned}&2\beta\lambda^2 v_1+2(\eta-t_4)(-2\gamma(\alpha(1-\varepsilon)-\gamma t_1+\beta t_2-\gamma v_1+\beta v_2) \\ &-2\beta(\alpha\varepsilon+\beta t_1-\gamma t_2+\lambda t_3+\beta v_1-\gamma v_2))\end{aligned}}{-2\beta\lambda^2+2(4\beta^2-4\gamma^2)(\eta-t_4)} \tag{11-26}
$$

$$
\begin{aligned}
p_2^{3*} \to &\frac{\begin{aligned}&\gamma\lambda^2 t_1+t_2(4\beta^2\eta-4\gamma^2\eta-\beta\lambda^2-4(\beta-\gamma)(\beta+\gamma)t_4)+\alpha(4(\beta-\beta\varepsilon+\gamma\varepsilon)\eta \\ &+(-1+\varepsilon)\lambda^2+4\beta(-1+\varepsilon)t_4)\end{aligned}}{(8\beta^2\eta-8\gamma^2\eta-2\beta\lambda^2+8(-\beta^2+\gamma^2)t_4)} \\
&+\frac{\gamma(-4\alpha\varepsilon t_4+\lambda(4 t_3(\eta-t_4)-\lambda v_1))+(4\beta^2\eta-4\gamma^2\eta-\beta\lambda^2-4(\beta-\gamma)(\beta+\gamma)t_4)v_2}{(8\beta^2\eta-8\gamma^2\eta-2\beta\lambda^2+8(-\beta^2+\gamma^2)t_4)}
\end{aligned} \tag{11-27}
$$

$$
\theta^{3*} \to \frac{\lambda(\alpha\gamma+\alpha\beta\varepsilon-\alpha\gamma\varepsilon+\beta^2 t_1-\gamma^2 t_1+\beta\lambda t_3-\beta^2 v_1+\gamma^2 v_1)}{4\beta^2\eta-4\gamma^2\eta-\beta\lambda^2-4\beta^2 t_4+4\gamma^2 t_4} \tag{11-28}
$$

11.2.4　情景4：高速铁路作用与自主决策

在无高速铁路作用并且独立决策的条件下，协同创新以及独立研发主体的目的是为了实现自身创新收益的最大化而进行决策。因此，协同创新以及独立研发时的创新收益，如公式（11-29）和（11-30）所示。

$$
\begin{aligned}
\prod_{M_1} &= (p_1-v_1)D_1-(\eta-t_4)\theta^2 \\
&= (p_1-v_1)(-\beta(p_1-t_1)+\gamma(p_2-t_2)+\lambda(\theta+t_3)+\varepsilon\alpha)-(\eta-t_4)\theta^2
\end{aligned} \tag{11-29}
$$

$$
\begin{aligned}
\prod_{M_2} &= (p_2-v_2)D_2 \\
&= (p_2-v_2)\left[-\beta(p_2-t_2)+\gamma(p_1-t_1)+(1-\varepsilon)\alpha\right]
\end{aligned} \tag{11-30}
$$

命题 4：在高速铁路作用和自主决策场景下，存在一个协同创新成果价格、独立研发成果价格及创新能力水平差异，使得不同创新模式下创新主体有着最优的经济利益，即

$$\frac{\partial \Pi_{M_2}}{\partial p_2} = 0 \Rightarrow p_2^{4*} \rightarrow \frac{y_1 + y_2}{8\beta^2\eta - 4\gamma^2\eta - 2\beta\lambda^2 + 4(-2\beta^2 + \gamma^2)t_4} \tag{11-31}$$

$$y_1 = t_2(4\beta^2\eta - 2\gamma^2\eta - \beta\lambda^2 + 2(-2\beta^2 + \gamma^2)t_4)$$

$$+ \alpha(-4\beta(-1+\varepsilon)\eta + 2\gamma\varepsilon\eta + (-1+\varepsilon)\lambda^2 + 4\beta(-1+\varepsilon)t_4)$$

$$y_2 = \gamma(2\lambda t_3(\eta - t_4) - 2\alpha\varepsilon t_4 - (-2\beta\eta + \lambda^2 + 2\beta t_4)v_1)$$

$$+ (4\beta^2\eta - 2\gamma^2\eta - \beta\lambda^2 + 2(-2\beta^2 + \gamma^2)t_4)v_2 + \gamma t_1(-2\beta\eta + \lambda^2 + 2\beta t_4)$$

$$p_1^{4*} \rightarrow \frac{-\lambda^2 v_1 + 2(\eta - t_4)\left(\alpha\varepsilon + \beta t_1 - \gamma t_2 + \lambda t_3 + \beta v_1 + \dfrac{\gamma(y_1 + y_2)}{8\beta^2\eta - 4\gamma^2\eta - 2\beta\lambda^2 + 4(-2\beta^2 + \gamma^2)t_4}\right)}{-4\beta\eta + \lambda^2 + 4\beta t_4} \tag{11-32}$$

$$\theta^{4*} \rightarrow -\frac{\lambda\left(\alpha\varepsilon + \beta t_1 - \gamma t_2 + \lambda t_3 - \beta v_1 + \dfrac{\gamma(y_1 + y_2)}{8\beta^2\eta - 4\gamma^2\eta - 2\beta\lambda^2 + 4(-2\beta^2 + \gamma^2)t_4}\right)}{-4\beta\eta + \lambda^2 + 4\beta t_4} \tag{11-33}$$

11.3 高速铁路影响区域协同创新的利益博弈仿真

11.3.1 数值模拟

由于涉及较多研究因素，在不同的场景下，存在着不同程度的影响。因此，采用数值模拟的方法来检验上述结论的正确性，并以此为基础进行相关变量的敏感度分析。变量参数的设置不是为了代表实际的应用场景，而是为了验证模型的正确性及对相关变量的敏感度进行分析。变量参数的设置如表 11-2 所示。

表 11-2 参数设置

变量	数值	变量	数值
β	6	γ	4
ε	0.7	α	1000

变量	数值	变量	数值
λ	1.5	η	5
t_1	8	t_4	1
t_2	5	v_1	60
t_3	3	v_2	65

通过将参数引入场景 1 到场景 4，可以确定不同场景下协同创新以及独立研发的创新成果价值、市场对两种形式的创新成果的需求以及其创新能力的差别的最优水平，其结果如表 11-3 所示。

表 11-3　不同场景下的最优策略

场景	p_1	p_2	θ	D_1	D_2
场景 1	168.668	149.945	16.3001	312.222	75.002
场景 2	123.904	103.118	9.5856	383.426	176.908
场景 3	174.506	153.67	21.4698	332.349	74.004
场景 4	127.373	104.258	12.6325	404.243	181.944

结果表明，在高速铁路的作用下，无论是协同创新或是独立研发，创新成果的价值都会有所提升，但不可否认，高速铁路更大程度地促进了协同创新成果价值的提升。对创新成果的市场需求，可以看出，高速铁路下集中决策时独立研发需求要略低于无高速铁路下集中决策时独立研发的需求，这说明在高速铁路发达的现今，政府更加鼓励区域创新主体进行协同创新，双重加成，使得对协同创新成果具有更大的需求，推动区域进行合作，相互促进，共同发展。对于两种创新模式的创新水平差距而言，可以明显得出，高速铁路可以有效推动区域选择合作创新，各集所长，互通有无促进创新能力的提升，缩减区域间的发展差异性。

高速铁路作用下，是否集中决策也对创新模式有着很大程度影响。在有政府加入的集中决策时，政府会综合考虑区域的整体创新能力及创新收益。因此，在政府的整体规划下，抉择也会产生很大的不同。集中决策时，可以看出创新成果的价值及不同创新模式间的创新能力差距显著提高，表明集中决策更有利于区域创新的协调发展。

将变量参数引入相应方程，可以确定不同场景下，不同创新模式的最大收益，以及系统整体的经济利益，如表 11-4 所示。结果表明，高速铁路对创新具有促进作用，高速铁路场景下集中决策可以使区域创新的经济利益达到最大。区域创新发展要充分发挥高速铁路的作用，同时充分利用政府的宏观调控优势。因此，利用高速铁路的显著优势，同时加上区域政府的集中发展规划，可以有效促进区域间创新主体创新的合作，使区域资源互通，风险同担，成果共享，共同促进创新的水平，实现区域间创新的协调发展。

表 11-4　不同场景下的系统创新利益

场景	Π_{SC_1}	Π_{M_1}	Π_{M_2}
场景 1	38 971.1	—	—
场景 2	30 786.48	24 043.1	6 743.38
场景 3	42 774.05	—	—
场景 4	33 739.5	26 596.7	7 142.76

11.3.2　变量敏感性分析

数值模拟分析是为了验证模型的合理性，同时采用仿真分析研究相关变量对系统的影响程度。通过对比不同场景下的系统创新利益，可以得出以下结论：

一是协同创新时所占资源比例与系统创新利益呈"U"型关系。如图 11-1 所示，当协同创新占有的资源比例较少时，随着创新资源占比的增加，系统创新利益反而降低。这说明创新主体对协同创新的重视度较低，创新资源得不到很好的利用，造成资源浪费、创新利益降低。随着协同创新所占资源增加、国家对协

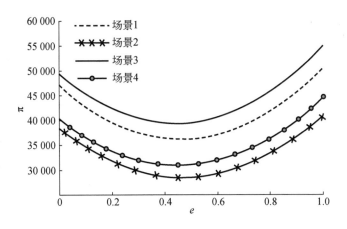

图 11-1　变量 ε 对系统经济利益的影响

同创新的支持、创新主体对协同创新的重视增加，系统的创新利益也随之而增加，此时协同创新对创新系统的重要性也越来越高，在促进区域创新协调中发挥的作用不断加大。

二是资源合同的成本系数（η）对系统创新的经济利益有损害作用，边际效应递减。如图 11-2 所示，当交通网络便利性高时，协同创新的合同成本也随之降低，高速铁路在提高协同创新能力、增加系统创新利益方面的优势较为显著。当合同成本系数较高时，政府的合理规划可以有效弥补创新主体间的高合同成本，促使区域创新主体选择协同创新，实现区域共同发展。

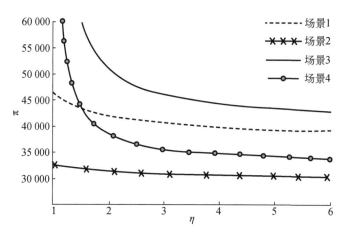

图 11-2　变量 η 对系统经济利益的影响

三是高速铁路作用下，由于创新合作而带来的创新成果价格的降低水平（t_1）对系统的创新效益有正向促进作用（图 11-3）。通过图 11-3 还可以得出，高速铁路背景下，若协同创新成果价格不减反增，则：①当增加程度较高，无高速铁路作用下的系统创新效益反而高于有高速铁路，表明应合理地利用高速铁路，让高速铁路发挥其正向作用。若高速铁路的建设带来创新资源的流失，增加创新的难度，造成创新成本的增加，会使得系统创新效益降低，甚至低于无高速铁路时的系统创新效益。②当有高速铁路时，协同创新成果的价格增加程度较低，高速铁路作用下的系统创新效益也是高于无高速铁路。这表明即使协同创新时创新成果的价格、成本有些许增加，但在高速铁路的作用下，其潜在效益仍高于成本增加水平。因此在增加系统创新效益方面高速铁路也是发挥着不可或缺的作用，推动了创新协同，减少区域创新发展差距。

通过纵向对比可以发现，在无其他因素的影响下，高速铁路作用下区域创新系统的经济利益广泛高于无高速铁路时；集中决策时区域创新系统经济利益总是

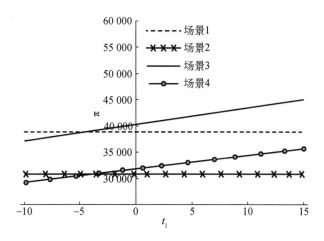

图 11-3　变量 t_1 对系统经济利益的影响

高于独自决策时；在有高速作用且集中决策时区域创新系统经济利益达到最大化。

　　区域间的信息交流、知识互传及创新设备等资源的互通在高速铁路的作用下，可以达到更加高效的流转。高速铁路的快捷便利提高了区域间的可达性，模糊了区域间的边界性，减少了区域间资源流转的成本，改善了区域创新协调发展的外部环境，为创新主体间的协同创新提供了先行条件和交通保障。在此背景下，孤立创新缩小了信息来源的渠道，限制了资源的流动，增加资源的浪费。而区域间创新协同增加了资源的配置效率，将会具有更大的竞争力来面对多变的市场需求，及时对市场需求做出反应，促使创新主体选择协同创新。不同区域间创新资源的丰富性和多样性，激发区域创新主体主观上的合同能动性，提高区域间创新水平，降低区域创新发展的差距，进而实现创新协调发展。创新主体的合同发展使得创新成果的产出及创新成果的转化具有更大的优势，这种优势在高速铁路的作用下向更多的区域扩散，带来创新成果和创新技术在区域间的交流与溢出，拉动周边城市创新的发展，带动城市群间创新能力的提高和创新利益的增加。政府的集中调控和政策支持是区域间创新协同的另一催化剂，会增强区域创新主体协同创新意愿和合同保障。高速铁路带来的主观合同意愿和政府促进的合同意愿两者共同作用，推动区域间创新合作，提升区域创新协调发展水平。

11.4　本 章 小 结

　　本章通过线性规划及 Stackelberg 博弈方法，构建了有无高速铁路、是否集中管制四种场景下的区域系统创新利益博弈模型，采用仿真方法模拟不同外生变量对区域创新系统利益的影响。在此基础上分析高速铁路对区域创新所具有的合同效应，研究如何最大限度地发挥出高速铁路的影响作用，促进区域创新协调发展。研究结果表明高速铁路是协同创新的重要推动力，增加了创新主体协同创新意愿和提高了协同创新成果效益。高速铁路的作用，加上政府整体规划的显著优势，可以有效提高区域创新的合同意愿和合同水平，降低区域创新发展的不平衡性，促进区域创新的协调发展。

| 第 12 章 |　　高速铁路网络组织下区域协同创新发展对策

12.1　制度创设对策

为适应高速铁路一体化背景，京津冀区域应建立和健全推动区域创新的行政机制。一是围绕京津冀创新发展的宏观环境和微观环境，创造推动高速铁路一体化建设经济社会条件，拓宽创新要素流动的渠道；二是增加高速铁路网络投资，同时扶持相关配套服务和产业的发展；三是兼顾高速铁路产业发展的宏观产业环境和微观企业组织环境建设与改革，打造高速铁路一体化背景下，符合京津冀区域协同发展特征的行政机制。

12.1.1　完善区域创新的经济社会条件和渠道

发挥高速铁路在区域创新中带动作用的关键，是将高速铁路建设融入京津冀区域社会经济发展。首先，推动京津冀地区社会经济发展与高速铁路建设相协调，打造高速铁路发展的良好政策和市场环境，完善与高速铁路建设相适应的一体化基础设施，促进高速铁路与京津冀社会经济发展的深度融合。其次，健全高速铁路创新知识溢出机制，政府主导健全京津冀三地创新服务的中介组织和平台，消除京津冀三地行政区划对高速铁路创新要素流动的阻碍，鼓励高质量创新要素在更大范围内流动。打造多种形式的连接渠道，进一步加快高速铁路城市间的互联互通，扩充"高速铁路创新圈"辐射的广度和深度，进而提升京津冀区域创新能力。

12.1.2　落实高速铁路网络的投资和服务

构建京津冀区域创新系统，打造有利于创新互动合作的配套政策和政府支持平台。为北京市级机关搬迁工作做好准备，加快行政办公区和公共服务、轨道交通、生态治理等配套工程建设；发挥高速铁路在交通运输结构优化中的作用，探索高速铁路建设融入京津冀交通运输规划深度，完善城际轨道交通和高速铁路接驳站点建设，进一步推进交通一体化，打造"轨道上的京津冀"。依托雄安高速铁路新区，建设一体化、集约化、专业化的服务设施、产业业态、经营模式和创新制度，打造人才、资金、信息、技术便利流动的高速通道，重点发展文化创意产业和知识、智力密集型现代服务业，打造世界级现代服务业和知识产业集聚带和创新中心城市。

12.1.3 创设高速铁路产业发展的宏观环境

以京津冀三方政府为社会管理的主导，建立利益均衡机制和矛盾冲突协调机制，明确经济界面上政府、社会和铁路企业三者之间的关系，将政府作为调节利益关系的杠杆，做到政企分开。结合京津冀区域交通运输业具体情况，确立与高速铁路产业发展的需求适应、与国际市场接轨并符合国际惯例的铁路产业基本法。交通运输管理部门分析铁路、公路、民航等运输业各自立法情况，纳入高速铁路这一交通运输方式，补充和完善综合交通运输体系的立法。同时，政府结合铁路企业提供的信息，针对危及高速铁路旅行安全的行为，出台相关规定。同时，重构与高速铁路产业发展相适应的管制体系，进行铁路产业重组和规制创新。京津冀区域要以市场为主体、企业为主导，改革中央政府、铁路主管部门、铁路企业及市场之间的关系，明确各部门组织在推进高速铁路创新工作中的职能与权力（孙久文等，2018）。

12.1.4 确立现代企业制度下的高速铁路产业组织政策

京津冀区域要将高速铁路纳入公共交通统一管理体系，建立交通运输企业管理框架下的高速铁路产业组织管理制度。明确政府管理与企业经营的区别，政府行使宏观调控职能，充分发挥铁路运输企业自主经营与发展的市场主体作用。多运用现代企业制度去设计、规范和运作高速铁路产业组织政策，设置更加灵活多样的高速铁路投融资模式，打造中小企业投资高速铁路创新融资渠道。以铁路产业属性为基础、铁路体制改革为参考、铁路市场快速增长为机会，鼓励知识入股、技术入股、创新成果入股，推进高速铁路核心管理人员和研发人员持股制改革，并配套市场化核心人员人事制度（刘宇，2019）。

12.2 空间匹配对策

京津冀协同发展要优化城市空间布局和产业结构，围绕交通一体化、生态融合、产业协调等多个方面综合展开，推进高速铁路融入公共交通体系，构建高速铁路城市从而有序疏解北京非首都功能，探索城市化建设中生态空间优化、环境容量扩充、人口压力疏解的高速铁路驱动新模式（唐朱昌，2016）。第 4 章研究证明了高速铁路重塑了人口的空间分布格局，进一步地影响土地利用和企业集聚的空间格局。高速铁路促进了我国人口的空间重分布，重塑了人口的空间分布格局。故而空间布局的优化匹配尤为重要。

12.2.1　推动高速铁路建设与城市空间发展协调

重视高速铁路站点与城市的空间协调性，促进生产、生活、生态空间的高度融合。打造高效、集约的生产空间，选择符合高速铁路站点周边区域发展特征的主导产业；建设周边区域立体公共区域空间，营造品质化的生活氛围；维护绿水青山的生态环境，助力生态文明建设。同时，提高高速铁路站点周边土地利用效率，激发土地空间发展活力。利用高密度、集约式的开发模式，植入多元复合业态，如商务办公、设计研发、文创体验、休闲旅游等，激发周边地区空间发展活力。重视高速铁路站点周边区域对于中国文化的传承，构建多元文化公共空间体系，将该区域打造为京津冀区域国际化中心城区和文化展示门户。将京津冀周边区域建设为产业与生活协调、居住与环境交融的多功能城市群。

12.2.2　打造彰显京津冀发展特征的创新核心区

构建核心区域引领、多区协调联动的空间布局模式。第 10 章研究结果表明，各城市应结合区域分工选取适合自身发展的创新领域和产业类别，不断提高自身的专业化水平。中央政府在优化区域创新布局和产业布局时应该统筹规划，各级政府应该结合区域产业链布局区域创新链，推动区域产业和创新良性互动、协同发展。完善当前已有科技园区的核心功能，植入国际开放功能、产业创新服务、区域服务功能及文创体验等核心功能，推动中关村示范区、亦庄开发区与津冀合作共建大数据走廊、保定中关村创新中心等科技园区，加快打造跨京津冀创新园区链，促进三地创新链、产业链、资金链、政策链、服务链深度融合。同时，拓展高速铁路站点核心区域的国际商务商贸平台功能，聚焦高端商务和文化旅游，打造国际交往、文化艺术交流、商务合作与服务配套一体的站前平台。以建设雄安新区为创新高地为目标，统筹考虑、一体谋划雄安新区与北京发展，落实京冀合作协议。充分发挥高速铁路触媒作用，优化利用土地结构，引导一般制造业腾退并聚集高端要素和配套服务发展高精尖产业项目（冯怡康，2018）。

12.2.3 推进产业选择机制与生态创新

完善高速铁路周边产业选择机制，并以"生态优先"发展理念为前提，构建与城市产业形成互补、协调联动发展格局。重视高速铁路站点周边地区的环境建设，以绿色生态理念为指导，架构生态廊道，完善绿地体系。将国际生态创新成果应用于高速铁路城市空间优化实践中，打造京津冀生态科技示范区。北京市应带头引领绿色产业理念，为海绵城市、超低能耗建筑、绿色交易所等绿色基础设施创造良好政策和投资环境；布局京津冀绿色产业对接格局，促进新能源技术、节能环保技术、智慧城市技术等创新资源在三地的流动（谢玮等，2018）。构建高速铁路站点周边地区生态廊道系统，建设站区绿色空间、沿途风景道、休闲观光走廊等改善高速铁路乘客的环境体验，发挥高速铁路站区的生态空间协调功能。明确京津冀地区高速铁路站点周边区域的战略定位及适宜的产业发展模式。重视主导产业与高速铁路经济对接，优化高速铁路站区土地利用结构，聚集和发展一批高速铁路关联产业。分析高速铁路城市的产业基础、资源能力、市场潜力、相关政策等条件，并结合高速铁路站点周边区域发展定位与空间协调目标，甄选与高速铁路发展相适应的主导产业（朱建江和邓智团，2018）。

12.2.4 打造与高速铁路空间布局匹配的交通组织方式

以打造高速铁路站点交通集散核为基础，构建与京津冀高速铁路站点周边区域空间布局结构高度匹配的交通组织方式，考虑多种交通方式联合发展、城际交通系统对接、城市内站点与服务接驳等，最终构建好京津冀都市区一体化、精细化、集约化、可持续的综合交通运输体系。设计高速铁路站点周边区域有效分离的过境交通、枢纽集散交通及车站地区内部通勤交通系统（郑国，2019）。由第6章结论可知，基于高速铁路提升创新水平，不仅要注重高速铁路服务的创新驱动效果，同时也要关注高速铁路建设的创新引致作用。打造高速铁路枢纽交通集散核，加强公共交通换乘线路和换乘设施建设，并结合京津冀区域未来区域创新中心的发展定位，完善交通、旅游、高速铁路服务与管理等配套设施，为创新资源流动和聚集提供设施基础，充分发挥枢纽集散功能。同时构建核心商务商贸区各板块无界交往的立体慢行交通系统，打破轨道交通站点及各地块地下商业空间等重要节点的界限，同时结合地上建筑打造空中慢行系统，实现空间共享。

12.3　健全市场对策

建立高速铁路一体化背景下的区域创新市场机制，就要实现人才、技术、资金等生产要素在市场中的有效配置。通过建立高速铁路相关产业人才培养与流动机制，提高区域创新效率；搭建企业主体的创新平台，挖掘京津冀产业基础与资源能力；推行高速铁路产业规制改革，完善运输企业生产与监管制度；建立与健全高速铁路创新产业成果创新及转化机制，搭建市场化桥梁。

12.3.1　健全高速铁路相关产业人才培养与流动机制

以建设京津冀三地人才"一体、三极、六区、多城"的人才一体化总体布局为目标，加强高速铁路设备设施设计与制造，以及配套服务产业人才的引进与培养。一方面，北京市作为京津冀原始创新人才发展极，是实施"北京中关村科技园区—天津自由贸易试验区—河北雄安新区—石（家庄）保（定）廊（坊）全面创新改革试验区域"人才联动计划的重要载体。要加强区域科技人才制度衔接、健全跨区域人才流动机制及协同推进区域人才管理改革等措施。

另一方面，发挥企业"产学研用"一体联动作用，提高创新的市场化水平。以市场为导向健全创新合作机制，建立和健全创新多主体参与机制，并搭建吸纳个人和组织创意的参与平台，拓宽社会资本投入铁路企业创新的融资渠道，提高企业科技成果转化效率和技术应用的市场化程度。同时，健全科研能力和贡献导向的评价与激励机制，促进科研劳动力市场的人才流动，充分发挥高速铁路的知识溢出效应。

12.3.2　建设高速铁路城市创新服务平台

结合区域未来产业"低碳化""数字化""智能化""休闲消费与创意"和"健康"等发展趋势特征，发挥高速铁路新城占据多重经济区位叠加的优势，打造一批聚集高端服务要素的创新信息服务和商务合作平台，为高精尖项目提供建设基础。同时，积极对接高速铁路周边高新技术产业园区，利用京津冀地区产业基础和资源能力进行成果转化，推动创新链与产业链结合。结合京津冀产业发展和规划政策，确定高端化、低碳化、科技化的主导产业，使其与高速铁路站点自身发展特征高度匹配，如企业总部经济、研发设计服务、信息技术服务等高端商务服务，同时辅以国际商贸服务产业和文化特色产业。通过开展与京津冀区域内科研院所及高新技术企业的深度合作，促进创新平台向专业化、规模化、高层次方向发展。打造创新型孵化器群落，如研发设计中心、信息服务中心、智慧物流中心等，开展高新技术项目。最终，形成企业为主体、孵化器为载体、创新服务平台支撑、高新技术人才驱动的高速铁路创新体系。

12.3.3　推行高速铁路产业规制改革

本书第 8 章、第 9 章研究发现，随着高速铁路网络引起的城市交通可达性提升，城市市场规模和经济潜力不断扩大，城市对产业的集聚效应不断增强。且高速铁路连通性提高将促进城市间产业同构化发展，而产业同构化将对城市间创新合作产生正向作用。按照"松""紧""活"的原则，对京津冀区域高速铁路产业进行规制改革，重新调整政府与产业、产业与企业、企业与市场之间的关系。在高速铁路价格规制方面[79]，应改变高速铁路定价结构，增加运价灵活变动范围，设定高速铁路运价上限和下限区间的创新铁路运输价格形成机制；改变定价主体，转变政府职能从直接管理为宏观监督，给予运输企业一定的定价权力。建立特许经营权为主导的高速铁路市场准入退出机制，激励同业竞争；创建合理的退出机制，增强可市场化业务的经营活力。在高速铁路产品设计和施工规范方面，完善质量安全生产监管机制。

12.3.4　健全高速铁路产业技术创新与成果转化机制

充分发挥高速铁路运营在京津冀综合运输中的骨干和枢纽作用，提高运输组合效率，提升其市场竞争力。推进重点领域自主技术创新，加强基础理论研究、高速列车的智能化研究、高速列车的实用技术研究，完善、提升并基本形成我国高速列车相关关键技术及重大装备体系。继续完善产学研用联盟体系，推动与高速铁路产业相关企业的合作联动发展，完善高速铁路产业的技术标准，加强高速铁路技术的知识产权保护，重视技术应用人员培养培训，建立健全公开透明、公平公正的市场交易规则和制度政策。同时，大力推进技术转移体系建设，着力打造科技成果展示、交易、转化"三位一体"运营中心。实施企业科技特派员制度，选派学校教学和科研中坚力量完成"专业到行业、项目到产品、研究到效益"三个转化，在企业担当技术专家、行业专家、产品经理三种角色，搭建"学校和企业、专业和产业、教学和实践"三座桥梁。

12.4　畅通渠道对策

高速铁路网络促进了区域间的互达互通，加强了区域城市间创新活动联系的紧密性和协调性。京津冀协同发展是重大国家战略，高速铁路作为打破区域隔阂的重要因素之一，为京津冀科技协同创新创造了条件，也推动了京津冀区域创新能力的增长。因此，在实现京津冀创新协调的过程中，各地区要充分利用高速铁路网络的优势，合理构建京津冀区域的合作机制，优化京津冀创新资源的合理配置。

12.4.1　建立要素跨区流动的创新合作机制

目前，我国京津冀区域创新资源的分布不均衡，创新资源配置、创新能力存在着明显的集聚，其中京津两地聚集了大量的创新资源，其创新要素的聚集度与经济聚集度不配套，使得京津冀地区创新差距更加明显。从第 7 章的研究看出，京津冀城市群创新综合发展水平不断提升，但京津冀城市发展极具不均衡性，呈现出以北京市为中心的沿秦石线线性扩展的趋势。京津冀区域创新整体协调度仍较低，协调度处于由中度失调过渡到轻度失调和协调的过渡阶段，未达到协调状态。京津冀三地政府必要合作机制不健全、合作服务组织缺失、体制分割和市场壁垒阻碍了创新要素市场建设，制约了要素的自由流动与优化配置。因此，为实现资本、技术、产权、人才和劳动力等创新要素实现充分流动与融合，应该创立开放性创新合作机制，促进创新要素跨区流动和合理配置。

高速铁路一体化背景下，区域要更懂得利用高速铁路的优势促进创新要素的交流合作。因此，政府应完善区域间创新要素合作机制，健全创新要素跨区域流动的协同制度。同时，支持创新主体间资源合作、知识互补，为区域合作创造有利的制度条件。借助高速铁路，统筹规划京津冀区域交通基础设施协调发展，明确三地创新的优势及功能定位，形成区域错位发展、要素高效流动的创新格局。对于创新水平较低城市的地方政府来说，应当充分利用接入高速铁路网络的机会，加强与创新水平较高城市的合作交流，如果短期内城市无法接入高速铁路网络，也应通过信息通信技术等其他方式积极与外部地区保持交流联系。推行必要的政策或制度，引导市场因素进入京津冀科技体制，借助交通设施推动要素流动，促进京津创新能力向周边辐射，带动全区域的发展。

12.4.2 推动多主体协同创新发展

当前，京津冀三地协同发展水平较低、创新协作能力不强，因此，要打造区域创新协同机制，共同培育深度协作的创新主体，形成区域创新的合力。强化政府的引资投资功能，更多地发挥政府在高速铁路一体化背景下引导、启动、扶持等基础性作用，为京津冀创新的开展提供资金保障与制度推动。围绕京津冀技术和产业发展的重大需求，依托高速铁路发挥知识溢出效应的优势，联合高端创新产业组织，集中顶尖科技人才攻克关键技术和科技重大专项。积极推进京津冀三地创新主体市场化合作，一方面，加强科研机构、高等院校之间的学研合作。鼓励京津冀三地高等院校跨区域建立校际联盟、跨校跨学科的实验室，稳步开展联合科研项目。其次，鼓励各型企业的相互合作与跨界合作。建立企业创新资源共享机制，加强信息基础设施建设，推动各类企业与组织跨界合作，发挥相对优势；打开与高等院校、科研机构的沟通渠道，引导社会资本进入科技创新体系，建立产学研一体化的创新产业链条。以创新带动创新，积极开展京津冀协同创新试点工作，优化城市创新资源配置和空间布局，鼓励行业龙头企业向中小企业提供技术咨询服务，引导京津冀高速铁路创新组织集群发展，并向周边区域辐射。

12.4.3 建设创新型人才联合培养与交流体系

第4章研究显示高速铁路重塑了人口的空间分布格局，促进了我国人口的空间重分布，重塑了人口的空间分布格局。一方面，打破地区间的人才体制性障碍，对接三地技术人才制度，建立科学合理的人才培养、评价与激励机制。通过中央的干预，实施京津冀三地大规模人才流通工程，从高速铁路一体化背景下京津冀创新发展的大局出发，构建三地在户籍、教育、医保等领域的相互承认机制，降低区域间人才流动合作存在的障碍，保障人才、技术、项目、资金扎根，大幅提升京津冀地区对于人才资源的吸引力和凝聚力。三地政府应构建人才吸引政策，打造京津冀人才市场网络，建设技术人才资源信息服务体系；共建科技人才资源库和科技专家资源共享服务平台，引进高层次创新型人才；积极推动区域技术人才交流与合作，推进高端创新人才的共享交流与优化配置，发挥区域科技人才的支撑和引领作用。

塑造区域间的人才联合培养机制，采取以政府为主导的集中模式，搭建教育共建共享平台。鼓励北京、天津、河北以共建校区的形式设立高校创新联盟，以合作创办"创新交流课堂""特色学科""京津冀创新创业大赛"等形式展开高等院校学术交流，促进创新人才思想的碰撞（王鹏，2019）。在交通便利地区设立区域人才合作培训基地，建设一批区域间相互开放的大学生实习基地、技能培训基地、紧缺人才培训基地等，联合起来对所需的创新技能及人才进行培养，最大限度地积聚优质资源。

12.5 开放共享对策

要实现京津冀创新协同发展，就要健全区域间创新资源共享机制。使得创新能力弱的区域可以获得创新能力强的区域的创新资源，打破闭门造车的困境。加强京津区域对周边地区的创新辐射，切实增强弱势区域的资源可获得性。

12.5.1 完善创新成果转化与共享机制

一方面，充分发挥三地科技资源优势，加强京津冀产业园区之间的技术合作，加快构建创新成果转化的政策机制，从城市规划布局阶段出发，构建以高速铁路网络为基础的创新产学研网络，将创新成果转化为现实生产力。对接京津冀既有产业园区，发挥各园区相对优势进行分工协作，提升产业资源利用和创新成果转化的效率，创设成果转化与孵化的协同环境（洪银兴等，2017）。另一方面，构建多方兼顾、利益协调、长期合作可持续的成果共享机制，明确各方参与科技合作所带来的利益，建立利益诉求表达畅通无阻的沟通机制，明确各方主体参与科技合作利益，给予各方利益表达的权力与平台；建立利益主体矛盾冲突协调机制，构建京津冀三方平等的利益协商平台，培养高速铁路创新管理人才团队；建立以能力和贡献为导向的创新成果分配机制，按照投入–产出的市场分配原则进行创新成果的利益分配，创建多方参与、分配公平、集成共享良好氛围，促进京津冀三地科技成果共享（张金艳，2019）。总之，从创造创新市场自由分配的角度出发，建立长期可持续的创新成果转化共享机制。

12.5.2 促进创新资源的开放与共享

京津冀地区受行政区划与体制阻碍影响，科技力量分布不均衡、条块分割严重，创新资源配置效率不高，三地的创新协同作用不显著。因此，有必要破除京津冀行政区划和体制障碍，建立区域创新资源畅通渠道，实现创新要素在区域内高效利用和创新成果的快速转化，发挥北京创新中心的扩散效应和津冀转化中心的协同效应。建立有效的创新资源开放共享机制，京津冀政府要行使干预职能、弱化行政指导，创设设施健全、金融支持、数据开放、分配公平的区域合作创新环境，充分发挥高速铁路创新企业的主体功能，激发市场竞争活力，从根本上实现三地科研创新活动的一体化和集成化（赵婷婷，2020）。因此，有必要通过政府的推动建设公共创新资源信息服务平台，实现区域重点科技仪器设备、基础设施、科学工程、科技成果的集约化、一体化（陈旭东，2019）。高速铁路一体化背景下，降低区域资源的调度障碍，建设开放共享的科技基础条件平台，利用区域科技资源投入的顶层设计和宏观调控，成立科技资源共享组织机构。加强区域创新网络建设，坚持以机制创新、资源整合、存量盘活、开放交流、共享成果为出发点，完善京津冀区域产学研用资源共享机制，健全三地创新资源协作平台和配套服务体系（任俊宇，2018）。促进跨区域的创新主体合作，深化京津冀在科研领域的联系，建立打破三地行政区划直隶中央政府的协商组织，从京津冀协同创新总体规划出发，配置科技资源和引导产业配合发展，发挥区域创新高地的集成效应（彭建交等，2017）。

第 13 章　结论与展望

作为现代交通系统的重要组成部分，高速铁路网络的扩张改变了资源要素的流动和集聚规律，重塑了包括创新网络和产业区位在内的区域经济地理格局。分析高速铁路网络的区域经济社会效应，不仅有助于识别高速铁路建设的外部性，总结高速铁路网络布局的成功经验，为今后科学规划高速铁路网络、推动区域高质量发展提供对策建议，还可以填补现有的新经济地理学理论对高速铁路等载人现代交通运输方式分析的不足，加深关于交通系统影响知识溢出、技术扩散、企业选址、区域分工等问题的理解，完善交通经济学、创新地理学、产业地理学等学科的理论框架。

本研究围绕高速铁路网络对区域创新空间格局的影响及作用机制问题，首先构建了我国 2008～2015 年高速铁路网络和区域创新空间格局网络化模型，基于中心性和网络密度指标识别两个网络的结构特征和动态演化规律，基于二次指派程序定量测算两个网络的相关系数。之后，本研究从区域创新产出水平、区域创新合作与区域创新分工等三个维度解构我国区域创新的空间格局，并分别检验高速铁路网络的影响效果和影响路径。围绕高速铁路网络对区域创新产出水平的影响，本研究先后识别了高速铁路的开通效应、网络效应及极化和均衡效应，并从高速铁路网络影响城市产业集聚规模和专业化水平角度，揭示了高速铁路网络对城市创新水平的作用机制；围绕高速铁路网络对区域创新合作的影响，本研究分别从城市、城市对和城市群层面，检验了高速铁路网络加权中心性、高速铁路连通性和高速铁路网络密度对城市合作创新开放度、城市间合作创新强度及城市群合作创新活跃度的影响，并从高速铁路网络影响城市间产业同构化趋势角度，揭示高速铁路网络对城市间创新合作的作用机制；围绕高速铁路网络对区域创新分工的影响，本研究分别从城市、城市对和城市群层面，检验了高速铁路网络加权中心性、高速铁路连通性和高速铁路网络密度对城市创新专业化、城市间创新关联性及城市群创新多样化的影响，并从高速铁路网络影响区域产业专业化、同构化、多样化分工角度，揭示高速铁路网络对区域协同创新、区域创新分工的作用机制。

本章 13.1 节对以上研究内容的结论进行梳理和总结，对研究结论所产生的政策启示进行提炼和归纳；13.2 节对本书的主要学术贡献进行概括；13.3 节对研究的局限和区域协同创新后续研究计划进行梳理展望。

13.1 研究结论与政策启示

13.1.1 研究结论

经过理论分析、网络分析、效应分析和机制检验,研究发现高速铁路网络可以通过改变产业集聚和分工的空间格局,提升区域创新产出水平,加强区域创新合作,推动区域创新合理分工。

1)2008~2015 年,我国高速铁路网络和区域创新网络从形成到不断演化,迅速发展扩张。但是与此同时,两个网络均存在较为明显的空间分异特征,区域不平衡问题较为突出。经过定性分析与定量计算,两个网络具有明显的动态耦合关系,两者相关性随时间推移而不断提高,并且越是发达的地区,两个网络的相关性越强。

首先分别基于 L 空间和 P 空间构建了我国高速铁路物理网络和高速铁路运营网络。之后,通过计算各城市在高速铁路物理网络的度中心性,发现度中心性分布较为集中,中心城市与普通节点城市的度值相差不大,难以有效区分不同城市在高速铁路网络中的权力地位差异。因此,进一步计算了各城市高速铁路运营网络的加权中心性,综合反映各城市在高速铁路网络中的可达性与连通性,发现中心城市主要沿高速铁路干线分布在我国东部和中部地区,特别是长三角城市群内,相较之下,西部和东北地区城市的高速铁路网络加权中心性较低。这一研究结果表明我国高速铁路运营服务存在较为明显的空间不平衡现象。

通过计算高速铁路网络密度,发现 2008~2015 年我国高速铁路网络以年均超过 1 倍的增长速度不断扩张,并且在研究时间段内,高速铁路网络从形成到演化经历了高速(2008~2011 年)、低速(2011~2012 年)、高速(2012~2015年)三个发展阶段。通过对比不同地区高速铁路网络密度,发现东部地区高速铁路网络最为发达,中部地区和东北地区次之,西部地区高速铁路网络最为稀疏。东部地区高速铁路网络自 2008 年起就以较快的速度持续发展,而中部、东北和西部地区的高速铁路网络则先后在 2010 年、2012 年和 2014 年开始提速发展。

以城市为节点、以城市间合作创新关系为边,构建了区域创新空间格局的网络化模型(简称区域创新网络)。通过计算各城市加权中心性,发现同高速铁路网络一样,我国区域创新网络在研究时间段内快速扩张、不断完善。截至 2015

年，仅有少数几个城市未接入区域创新网络之中。但与此同时，区域创新网络的空间不平衡现象也十分明显，东部地区城市无论是创新产出水平还是网络加权中心性，均明显高于其他地区。

通过计算区域创新网络密度，发现同高速铁路网络类似，区域创新网络的发展过程也可以大致划分为三个阶段，分别为中速（2008～2011年）、高速（2011～2013年）和中速（2013～2015年）阶段。进一步对比不同地区的创新网络密度，发现网络密度由大到小排序分别东部地区、中部地区、东北地区和西部地区，此外，通过观察区域创新网络空间拓扑结构，发现东部地区创新网络从2008年开始稳步发展，中部和东北地区从2011年左右开始提速发展，而西部地区从2014年开始快速发展。以上研究结果与高速铁路网络的发展规律基本一致。

除了定性分析高速铁路网络与区域创新网络的耦合关系，还基于二次指派程序定量测算了2008～2015年高速铁路网络和区域创新网络的相关系数，证明两者在统计学上具有显著的相关关系，并且发现两者相关性随时间推移而逐渐提高。通过对比不同地区高速铁路网络和区域创新网络的相关系数，发现在相对发达的东部和中部地区，两个网络的相关性更强。

2）高速铁路网络从无到有、从形成到发展的连续过程在不断推动着城市创新产出水平的提升，同时对区域创新水平的空间分布具有"俱乐部效应"。此外，经过中介效应检验，高速铁路网络可以通过提升城市产业集聚规模和专业化水平，间接推动城市创新水平提升。

通过 PSM-DID 模型检验了高速铁路对城市创新水平的开通效应，发现高速铁路开通后，高速铁路网络节点城市相较于未开通高速铁路城市，城市发明专利数量上涨10%～20%。

通过双向固定效应模型和工具变量法检验了高速铁路对城市创新水平的网络效应，发现城市在高速铁路网络的加权中心性每提高1倍，其发明专利上涨10%左右。

通过分析高速铁路网络对不同地区和不同创新水平城市的异质性影响，发现高速铁路网络对于西部和东北地区城市及创新水平较低城市的作用效果更加明显，说明高速铁路网络有助于缩小高速铁路沿线城市的创新水平差距，但是扩大了开通高速铁路和未开通高速铁路城市的创新水平差距，表明高速铁路网络对区域创新水平具有"俱乐部效应"。

基于中介效应模型，先后识别了高速铁路网络对城市产业集聚规模和专业化水平的正向作用，以及城市产业集聚规模和专业化水平对城市创新水平的正向作用，验证了高速铁路网络通过产业集聚效应间接影响城市创新水平的理论机制。

3）无论是在城市、城市对还是城市群层面，高速铁路网络均对区域创新合作具有促进作用。此外，经过中介效应检验，发现高速铁路网络可以通过改变城市间产业同构化趋势，间接影响城际创新合作。

在城市层面，通过构建城市合作创新开放度指标，描述了城市参与城际创新合作的积极性和取得的成果，通过双向固定效应模型和工具变量法发现城市在高速铁路网络的加权中心性对其合作创新开放度具有正向影响。换句话说，城市在高速铁路网络的中心位置越突出，其参与城际创新合作的可能性就越大。

在城市对层面，通过构建城市间合作创新强度指标，描述了城市间合作创新的产出情况，通过双向固定效应模型和工具变量法发现城市间高速铁路连通性对其合作创新强度具有正向影响。此外，经过异质性分析，还发现了高速铁路主要对距离在900千米以内的城市对作用显著，当城市间距离超过900千米时，高速铁路的城际创新合作效应不再显著。同时，本研究还发现高速铁路网络更有利于高创新水平城市和低创新水平城市之间的创新合作，进一步表明高速铁路网络对于高速铁路沿线城市创新发展具有一定均衡作用。

在城市群层面，通过构建城市群合作创新活跃度指标，描述了城市群范围内创新合作的整体情况，通过双向固定效应模型发现城市群高速铁路网络密度对其合作创新活跃度具有正向影响。换句话说，城市群的高速铁路网络越发达，其内部城市间的创新合作越活跃。

通过计算城市间产业结构相似性系数，描述了城市间产业同构化特征，基于中介效应模型先后发现高速铁路连通性对城市间产业同构化的正向作用，以及产业同构化对城市间创新合作的正向作用，验证了高速铁路网络通过促进城市间产业同构化，间接推动区域创新合作的理论机制。

4）从城市创新专业化、城市间创新关联性及城市群创新（相关、无关）多样化角度验证了高速铁路网络的区域创新分工效应。此外，经过中介效应检验，发现高速铁路网络可以通过产业分工效应，间接影响区域创新分工。

从城市专业化角度，通过双向固定效应模型和工具变量法发现城市高速铁路网络中心性对其产业和创新专业化均具有正向作用，进一步基于中介效应模型发现产业专业化对创新专业化具有传导效应，由此证明高速铁路网络可以通过提高城市产业专业化集聚程度，间接促进城市创新领域的专业化。

从城市间关联性角度，通过双向固定效应模型和工具变量法发现城市间高速铁路连通性对其产业同构化和创新关联性具有正向作用，并进一步基于中介效应模型发现产业同构化对创新关联性具有传导效应，由此证明高速铁路网络可以通过促进城市间产业同构化，间接提高城市间创新领域的关联性。

从城市群多样化角度，首先根据结构熵的计算方法，将多样化分解为相关多样化和无关多样化，之后基于双向固定效应模型发现高速铁路网络促进了城市群产业和创新的相关多样化，降低了城市群产业和创新的无关多样化；并进一步基于中介效应模型发现产业多样化对创新多样化具有传导效应，由此证明高速铁路网络可以通过改变区域产业多样化集聚特征，间接影响区域创新多样化。

13.1.2 政策启示

在系统研究高速铁路网络对区域创新空间格局影响及作用机制的同时，也间接揭示了高速铁路网络对区域产业空间格局的影响。下面将分别围绕优化高速铁路网络布局、优化区域创新布局及优化区域产业布局，提出本研究的政策启示。

1）优化高速铁路网络布局。一方面应该加强欠发达地区的高速铁路建设，提升边缘城市与中心城市之间的高速铁路连通性，推动区域协调发展；另一方面应该通过提升高速铁路运营服务水平，弥补城市地理位置的偏远性，提高城市在高速铁路网络的中心性。

通过网络分析和可视化，本书研究发现我国高速铁路物理网络和高速铁路运营网络均存在明显的空间不平衡特征。特别在高速铁路运营网络中，中心城市与边缘城市的网络可达性和连通性存在较大差距，不利于区域协调发展。此外，还分别检验了高速铁路对区域创新和产业空间格局的开通效应和网络效应，发现高速铁路开通及高速铁路网络的中心性、连通性和网络密度均会对区域创新和产业发展产生影响。因此，相关部门在规划和建设高速铁路时，除了将高速铁路线路的扩展作为增加城市网络节点中心性并缓解其空间不平衡问题的一种选择外，还应该尽量提升边缘城市的高速铁路服务水平，适当增加边缘城市与中心城市之间的高速铁路列车班次，提高这些城市在高速铁路网络的中心性。

2）优化区域创新布局。各级政府应该充分关注区域创新的空间不平衡问题，结合区域产业链布局区域创新链。创新水平较低的城市应借助连入高速铁路网络的机会，加强与其他城市特别是创新水平较高城市的创新合作，同时提升对创新主体和创新资源的集聚能力，结合区域分工，不断提高自身的专业化水平。

通过对我国区域创新空间格局进行网络化建模和可视化呈现，发现我国区域创新网络空间不平衡特征也十分明显，创新中心数量有限，并且基本分布在长三角、京津冀和珠三角地区。因此，各级政府应注重区域创新中心的培育，提高区域创新中心城市对周边区域的辐射带动能力。

此外，高速铁路网络缩小了高速铁路沿线城市之间的创新水平差距，有助于高速铁路沿线城市间的创新合作，但是也扩大了开通高速铁路城市与未开通高速铁路城市之间的创新水平差距。因此，一方面，高速铁路沿线创新水平较低的城市应借助接入高速铁路网络的契机，加强与其他城市特别是创新水平较高城市的创新合作，依托网络中心性的提升，提高对创新主体、创新资源的集聚能力，并结合区域分工，不断提高自身的专业化水平。另一方面，未接入高速铁路网络的城市同样应该通过其他方式加强与外界的交流和合作，国家也应该出台相应政策，支持和鼓励这些边缘城市提高自身创新能力，避免区域创新空间格局的失衡。

本研究还检验了高速铁路网络通过重塑产业空间格局影响区域创新空间格局的理论机制。作为创新的关键主体，产业的空间集聚和空间关联深刻影响着创新活动的地理格局。相较于直接鼓励区域创新，引导企业合理布局、推动企业交流合作是更加容易实现的政策办法。各级政府应该结合区域产业链布局区域创新链，推动区域产业和创新良性互动、协同发展，鼓励高速铁路沿线企业之间基于产业或技术关联加强创新合作，构建多元化多边合作的全产业链技术创新网络结构，提升网络整体创新能力。

3）优化区域产业布局。各级政府应结合高速铁路网络建设和运营情况，统筹规划产业的空间布局，提升区域产业的专业化和相关多样化集聚水平，加强城市间产业的关联性，推动区域产业合理分工。

高速铁路网络提供了城市间劳动力、信息和资本等生产要素流动的物理通道。研究发现，随着高速铁路网络发展，包括城市产业专业化、城市群产业多样化和城市间产业同构化在内的区域产业分工格局将得到重塑。

一方面，检验了高速铁路网络中心性对城市产业专业化和多样化集聚的正向作用。因此，不同城市应结合自身网络位置制定差异化的产业发展策略。对于高速铁路网络中心城市来说，它们应该充分发挥网络可达性和连通性的优势，加强资源要素集聚能力，大力发展城市化经济，推动产业多样化和专业化同步发展；对于高速铁路网络普通节点城市来说，它们应该积极承接中心城市的产业转移，结合自身条件和区域分工，努力发展地方经济，重点提升产业专业化水平。

另一方面，检验了高速铁路网络对区域产业相关多样化的正向作用及对区域产业无关多样化的负向作用，表明高速铁路网络可以优化区域内资源要素的空间配置。因此，各城市应结合高速铁路网络布局，与其网络邻居保持适当的产业和技术联系，同时依托自身资源禀赋和区域分工提升产业专业化水平，避免区域内产业的同质化发展与恶性竞争。

13.2　主要学术贡献

在经济地理学的逻辑框架下分析和解决问题，研究取得的成果可以为新经济地理学、演化经济地理学和新经济地理学提供理论与实证方面的补充。

1）本研究从创新产出水平、创新合作和创新分工等方面系统探究了高速铁路网络对区域创新空间格局的影响。相关研究结论一方面验证了地理邻近对于创新网络发展的重要作用，另一方面填补了演化经济地理学关于多维邻近之间相互关系及其对区域创新分工影响的研究空白。

作为演化经济学的代表人物——Boschma（2005）提出多维邻近性理论，分析了地理邻近、认知邻近、组织邻近、社会邻近及制度邻近对创新合作的影响。此后，不断有研究分析和检验各种邻近性对创新网络形成和发展的作用，但相关理论和实证成果仍存在一定局限性。一方面，多维邻近性理论体系仍不完整，邻近动力学派仅分析了各种邻近性的独立作用，既没有阐明它们之间的交互关系，也没有归纳概括它们对创新网络发展的综合影响。另一方面，多维邻近性理论只对不同主体之间的创新合作场景展开分析，在不同主体的创新内容及创新分工等方面仍存在理论和实证研究空白。

作为一种高效、快捷的交通运输方式，高速铁路的时空压缩效应显著提高了城市间的地理邻近性，方便了创新者之间的面对面交流，促进了默会知识的传递，因此能够为区域创新产出水平及区域创新合作带来积极影响——这是现有的关于高速铁路等交通基础设施对区域创新网络影响的主要研究视角。本研究一方面实证检验了 2008～2015 年我国高速铁路网络和区域创新网络之间的动态耦合关系及因果关系，为邻近动力学派关于地理邻近对区域创新网络发展影响的理论提供来自中国的经验证据；另一方面从城市创新专业化、城市间创新关联性和城市群创新多样化等维度，进一步分析和检验了高速铁路网络对区域创新分工的影响，相关研究结论填补了演化经济地理学关于多维邻近之间相互关系及其对区域创新分工影响的研究空白。具体来说，本研究通过检验高速铁路连通性对城市间创新关联性的正向作用，揭示了地理邻近对于认知邻近具有正向作用；通过检验高速铁路网络的区域创新分工效应，扩展了学术界关于地理邻近对区域创新网络影响的认知。

2）聚焦产业这一关键创新主体，一方面对开放城市体系下"高速铁路—产业—创新"之间的微观经济机制展开理论分析，另一方面实证检验产业集聚、产业同构和产业分工在高速铁路网络影响区域创新空间格局路径中的中介效应。相关研究结论既填补了高速铁路对区域创新空间格局作用机制的研究空白，又完善了新经济地理学关于创新主体空间分布效应与机制的理论体系。

目前，关于高速铁路对区域创新空间格局的作用机制研究仍然十分有限。一方面原因在于大多数文献仍局限于从创新产出数量层面识别高速铁路的作用，限制了研究的视角和范围；另一方面原因在于数据可获得性较差，难以反映高速铁路对于人才、知识、资本等创新要素动态流动的影响。所以，当前绝大多数研究仅能从面对面交流理论或者知识溢出角度解释高速铁路对区域创新要素流动和集聚的可能影响。事实上，分析创新要素的流动规律并不是揭示区域创新空间格局形成和演化动力机制的唯一渠道，创新主体的空间分布和空间关联同样可以有效映射创新活动的空间格局。

作为创新的重要主体之一——产业的空间集聚与空间扩散更容易受到市场、交通等外部环境变化的影响。本研究在梳理国内外相关文献的基础上，对开放城市体系下"高速铁路—产业—创新"之间的微观经济机制展开理论分析，同时基于中介效应模型，实证检验了高速铁路网络通过产业集聚效应影响区域创新水平，通过产业同构效应影响区域创新合作，以及通过产业分工效应影响区域创新分工的理论逻辑路径，为高速铁路对区域创新空间格局作用机制的研究提供了理论和实证方面的补充。

此外，创新主体的流动与集聚是新经济地理学区别于其他子学科关注的重点内容。然而，现有的关于创新主体的研究主要将重点放在对创新主体空间分布特征的描述上，缺乏对创新主体空间分布动力机制及影响效应的研究。一方面，本研究首先在理论层面分析了高速铁路网络发展引起的可达性和连通性变化对区域市场规模和经济潜力产生的影响，之后基于计量模型实证检验了高速铁路网络对区域产业集聚和分工的作用，揭示了产业这一关键创新主体空间集聚与空间扩散的动力机制。另一方面，本研究分析并检验了产业对创新的传导效应，证明了高速铁路网络通过影响区域产业空间格局，间接影响区域创新空间格局的逻辑路径，揭示了产业这一关键创新主体空间集聚与空间扩散所产生的影响效应。以上研究结论为新经济地理学关于创新主体空间分布效应与机制的理论体系提供了有益补充。

3）从规模、专业化、同构化和多样化等角度系统研究了高速铁路对产业集聚和产业分工的影响。相关研究结论补充了新经济地理学对高速铁路这一类载人交通运输系统区域经济效应研究的空白。

自古典区位论诞生以来，交通运输系统就被视为产业空间格局演化和发展的关键驱动因素。此后，经济学和地理学领域的学者不断围绕交通运输成本与产业区位展开理论分析。直到20世纪90年代，以诺贝尔经济学奖得主克鲁格曼为代表的新经济地理学派在垄断竞争市场、规模报酬递增和消费者偏好多样化产品等假设下，构建核心—边缘模型、城市体系模型及国际模型，对经济活动的空间集聚、空间分异及城市发展等问题进行理论分析，进一步扩展了产业区位的理论体系。新经济地理学理论指出，当区域间贸易成本过高或过低时，规模经济不存在，产业分布趋于分散，而当贸易成本适中时，产业倾向于集中布局；制造业中心城市的人口增长和市场规模扩张对新城市形成具有决定作用；上下游企业为降低交通运输成本会形成专业化集聚与分工。

然而，新经济地理学派的理论研究和模型推导主要建立在对货物运输成本的分析之上。作为现代交通系统的重要组成部分，高速铁路几乎不提供货物运输功能，所以新经济地理学的相关理论无法直接应用到对高速铁路产业集聚与分工效应的研究之中。所幸的是，现如今，随着全球化、信息化及知识经济的不断发展，高技能劳动力、信息、知识、技术、资本在生产要素中占据越来越重要的地位。而高速铁路恰能以更快的速度和更高的效率承载这些新型生产要素不断在区域间流动，由此也能够对区域产业的空间格局产生深远影响。

在新经济地理学的理论框架下，一方面系统分析了高速铁路对劳动力、产业和创新的影响，另一方面从城市产业集聚规模和专业化水平、城市间产业同构化及城市群产业（相关、无关）多样化等多个角度检验了高速铁路网络的区域产业重构效应，所做的理论机制分析和取得的实证研究结果可以为当今新经济地理学的理论和实践应用提供有效佐证及有益补充。

4）从网络视角出发，结合社会网络分析技术和计量经济学模型，通过构建中心性、连通性和网络密度指标，从点、线、面三个维度测算高速铁路网络对区域创新空间格局的影响，并采取定性与定量相结合的方式分析两个网络的动态耦合关系。相关研究过程和研究方法可以为今后测度高速铁路等交通系统的网络效应提供参考与借鉴。

除了以上对演化经济地理学和新经济地理学的理论补充外，本研究的另一主要学术贡献在于提出了交通基础设施网络效应的测度框架和测度方法。无论是铁路、公路还是航空、水运，网络化都是各种交通基础设施的最主要特征之一。网络化提高了各种资源要素流动的便捷性，但也增加了交通基础设施对区域经济发展格局影响的复杂性。当前大部分关于交通基础设施经济社会效应的研究都缺乏一种网络化思维，忽视了对交通网络的系统分析，取而代之的是线性思维，即对某一条交通线路或某一交通站点的建设展开局部研究。

以高速铁路为例，目前绝大多数研究仅评估了高速铁路的开通效应，即通过0/1 赋值区分未开通高速铁路的城市和已开通高速铁路的城市，然后通过双重差分等计量经济学模型检验高速铁路开通这一外生冲击对区域人口、经济、产业或环境等某一方面属性的影响。这种研究思路的局限性在于将开通高速铁路的城市进行同等对待（均被赋值为1），忽视了高速铁路网络中节点地位不同的城市可能受到的异质性影响，导致对高速铁路网络影响效果的测量误差。

结合社会网络分析技术和计量经济学模型，提出了准确测算高速铁路网络效应的框架和方法。一方面，通过对高速铁路网络和区域创新网络进行建模，分析两个网络的结构特征和演化规律，从定性和定量两个角度分析两个网络的动态耦合关系；另一方面，分别从点、线、面等维度构建中心性、连通性和网络密度等指标，描述高速铁路网络的动态发展过程，区分不同城市、城市对和城市群在高速铁路网络中的异质性，探究高速铁路网络对区域创新空间格局的非线性和非均衡影响。这一研究框架和研究方法几乎适用于所有"双网络"耦合关系及因果关系的分析之中。

13.3 研究展望

考虑到2020年上半年我国开始受到常态化疫情防控影响，现实情况冲击经济要素自由流动，研究所使用的《全国铁路旅客列车时刻表》数据集统计至2019年。但是发明专利的审核存在2至3年的滞后性，因此最终将研究截止时间确定为2015年。针对本书提供的研究范例，存在数据时效性不足的问题，后期将进一步结合最新数据开展动态分析。由于条件所限，本研究还存在以下不足，有待在后续研究中加以改进与完善。

1）本研究仅围绕产业这一类创新主体分析高速铁路网络对区域创新空间格局的作用机制。

本研究重点分析了产业这一类创新主体的中介效应。虽然产业是创新活动最为关键的主体之一，但是高等院校、科研机构及个人同样是专利申请者的重要组成部分。一方面，由于个人申请者的信息有限，无法准确识别其地址、身份等详细信息；另一方面，专利仅是高等院校和科研机构创新产出的一部分内容，论文发表及研究项目完成情况对于高等院校和科研机构的创新评价同样非常重要。很遗憾因无法获得以上相关数据，故未对产业以外的其他属性的创新主体开展深入分析。

2）本研究仅关注高速铁路这一种交通系统，未考虑不同交通方式之间的换乘及其对区域创新和产业空间格局的综合影响。

现实中的交通运输系统由多种交通方式组成，人们城际旅行时可以选择在不同交通运输方式之间换乘。本研究仅对高速铁路网络展开分析，容易低估城市的可达性及城市间的连通性，导致高估高速铁路网络对区域创新空间格局的作用。此外，本研究虽然探究了高速铁路网络的有效影响半径，但其与其他交通运输方式的竞合关系仍有待深入分析。

3）本研究仅在宏观层面描述区域创新和产业分工状态，没有对创新领域和行业类别进行具体分析。

本研究仅从专业化、同构化（关联性）和多样化等宏观层面描述区域创新和产业的分工情况，未能识别城市专业化所在的具体创新领域和行业类别，或高速铁路沿线城市间趋同发展的创新领域和行业类别。此外，本研究所使用的工商企业注册数据虽然可以有效描述城市在不同行业的企业数量，揭示城市产业发展的大致趋势，但是不同企业在规模上可能存在较大差异，仅通过企业数量分析产业空间格局可能产生一定误差。

此外，高铁网络对不同区域创新的影响具有异质性，这会在很大程度上影响不同区域创新的协同性，本研究对此没有进行分析和阐释，围绕以上研究局限性，笔者将继续收集相关数据，一方面结合高速铁路网络、普通铁路网络、公路网络和航空网络，构建完整的交通网络系统，进一步完善对我国交通系统的分析；另一方面对个人、高等院校、科研机构等创新主体的空间分布规律和效应展开研究，并采取专利以外的数据描述区域创新情况，进一步完善对区域创新空间格局的分析。

附　　录

A. 开通效应的数据处理与指标构建

开通效应的指标构建需要高速铁路站点及线路的空间分布情况，以及地级市和区县行政边界两类数据。高速铁路站点和线路的地理编码数据来源于 Harvard Dataverse。该数据是笔者基于 2016 年 10 月 28 日之前的高速铁路列车时刻表、新闻报告等信息来源获取的高速铁路站点及线路投入运营的时间，并将其进行了地理编码。同时，又通过 12306 网站对高速铁路线路和站点的开通时间和运营状态进行了复核。根据每个高速铁路站点的名称，在网络上搜索投入运营的时间。结果显示，来自 Harvard Dataverse 的高速铁路数据集包含了运营速度为 200km/h 及以上的线路和站点。根据本研究中高速铁路的定义，设计运营速度未达到 250km/h 的线路不能被视为高速铁路，将从数据集中剔除了这些线路及站点。

我国地级市和区县行政边界数据来源于中国科学院地理科学与资源研究所的资源环境科学与数据中心（http://www. resdc. cn）。由于地级市和区县的行政边界一直处于动态调整与优化中，本书采用了 2016 年的行政边界底图数据。该数据显示，截至 2016 年，我国内地共有 330 个地级行政单位，2835 个县级行政单位。在我国，城市的行政边界与实体边界存在较大差异。现有研究多表明，市辖区之间联系密切，在经济上已经形成一体化的市场，是一个整体的实体城市区域；县一般远离市区，是一个职住相对平衡的区域，是一个相对独立的实体城市区域。因此，本研究将一个地级市的市辖区进行合并，称为"市区"，并将其视为一个完整的统计单元。经过合并处理后，本书共得到 2068 个区县单元，其中包括 274 个合并后的市区，1794 个县（包括县级市、自治县等县级行政单元）。在对高速铁路线路和站点数据进行校核和清洗后，将高速铁路站点的空间编码数据与行政边界数据进行叠加分析，即可得到高速铁路站点所属的地市和区县信息。

最后，根据高速铁路站点所属的地级市和区县及投入运营的时间信息，分别在地级市和区县尺度生成了 2004 ~ 2016 年高速铁路开通的面板数据。根据前文高速铁路的定义，选取了设计运营速度在 250km/h 及以上的线路和站点数据，但并不包括台湾、海南、香港和澳门四个地区，因为这些区域目前并没有很好地融入全国的高速铁路网络中。高速铁路线路的开通月份不同，因此上年度 11 月到本年度 10 月份开通的高速铁路线路和站点会被计入本年度内。这是考虑到在一个年度中，高速铁路客流量的最后一个峰值是在 10 月初的国庆节，11～12 月份开通的高速铁路线路一般不会对本年度的客流量产生显著影响，因此被计入下一年度中。

B. 地区间旅行时间矩阵的计算

市场可达性的计算需要在地级市或区县尺度构建最短旅行时间的 OD 矩阵（origin-destination matrix）。以区县尺度为例，本书将区县视为一个质心点，并根据高速铁路网络的运行速度和地理空间距离来测算区县对之间的最短旅行时间。每个区县对之间的旅行时间由三部分组成，起始区县 O_i 到最近的高速铁路站点 S_m，高速铁路站点 S_m 到距离目标区县最近的高速铁路站点 S_n，高速铁路站点 S_n 到目标区县 D_j，如图 B.1 所示。图中 O_1 和 D_1 分别是起始区县和目标区县，S_1、S_2、S_3 是高速铁路网络上的高速铁路站点。区县对 O_1—D_1 之间的旅行时间便由 O_1—S_1、S_1—S_3、S_3—D_1 这三段组成。

区县对的旅行时间由旅行距离和速度来决定。在本书的测算中，区县到高速铁路站间的出行（O_i 到 S_m 和 S_n 到 D_j）是由私家车和公共交通工具来完成的，其旅行时间由区县到高速铁路站点的地理距离和私家车旅行速度来计算；而高铁站点之间（S_m 到 S_n）是乘坐高速铁路出行的，其旅行时间由高速铁路站点间的线路距离和高速铁路运行速度来计算。

首先，我国在 2007 年已经建成了覆盖全国的高速公路和国家干线公路网络（Faber，2014），因此本研究假设在高速铁路网络建设前的基准年份（2007 年），区县间的出行都是通过高速公路和普通铁路来进行的。

其次，对于高速铁路站点间的旅行时间，本研究基于高速铁路站点间的真实线路距离和高速铁路运行速度来计算。而区县到高速铁路站点的旅行时间则由区县质心到高速铁路站点的欧几里得距离和 60km/h 的行驶速度来计算。本研究认为 60km/h 是一个合适的非高速铁路陆路出行（公路和普通铁路）速度，主要是考虑到以下两个参数：实际道路距离与欧几里得距离的转换比、私家车和普通列车的实际行驶速度。

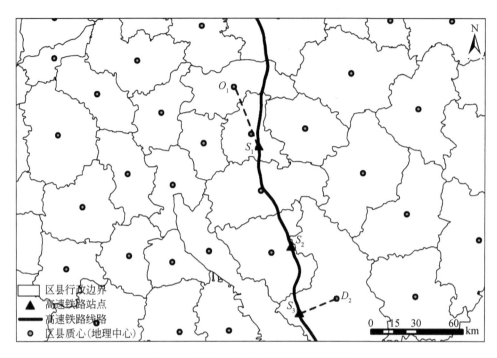

图 B.1　区县对旅行时间计算的示意图

一方面，对比了区县间沿着高速公路或普通铁路行驶的真实距离与区县间的直线距离，发现两个距离的转换比大致为 1.1~1.4。具体地，本研究通过比较实际公路距离与直线距离，计算出了以下城市对之间的距离转换比：北京—郑州，1.14；北京—上海，1.19；郑州—深圳，1.15；郑州—重庆，1.39；深圳—重庆，1.41；上海—重庆，1.21。为了计算区县对之间真实的旅行时间，高速公路或普通铁路的实际行驶速度应为基于欧几里得距离的行驶速度的 1.1~1.4 倍。

另一方面，交通运输部的统计数据显示，2004 年我国第五次铁路大提速之后，全国铁路旅客列车平均旅行速度为 65.7km/h[①]，高速公路的平均行驶速度为 71km/h[②]。结合真实公路距离与直线距离的转换比，本研究在基准回归中将区县与高速铁路站间的旅行速度设定为 60km/h，后续的稳健性检验会将其设定为 40~100km/h。

最后，分别计算出高速铁路网络建设前后的 2007 年和 2016 年的区县对旅行

---

① http://www.gov.cn/govweb/fwxx/ly/2007-04/13/content_581277.htm.

② https://baijiahao.baidu.com/s?id=1676229057284790362&wfr=spider&for=pc.

时间矩阵。由于我国的高速铁路网络是从 2008 年开始投入运营的，2007 年区县对的旅行时间矩阵是通过区县间直线距离和私家车及普通铁路的旅行速度（60km/h）来测算的。在计算 2016 年区县对的旅行时间矩阵时，对于一些距离比较近的区县对，乘坐高速铁路出行并非是最高效的选择，因此本研究会对比乘坐高速铁路出行与非高速铁路陆路出行的时间，选取两者中的最短时间来构建旅行时间矩阵。

C. 理论高速铁路线路的生成过程

基于最小生成树算法产生建设成本最低的理论高速铁路线路，包含 3 个步骤。

1）获取并计算中国区域的自然地理栅格数据。基于地理空间数据云的数据高程模型（digital elevation model，DEM），将中国区域的栅格数据重采样为 500m×500m 的分辨率，并计算每个栅格的坡度和地表起伏度。同时，将中国区域的水系矢量数据转化为 500m×500m 分辨率的栅格数据，并将有水系的栅格赋值为 1，其他栅格赋值为 0。

2）生成中国全域的成本栅格。根据 Faber（2014）的研究，高速铁路线路穿过每个栅格的建设成本可由水文、坡度、地表起伏度三个指标加权获得：

$$\text{Cost}_i = 0.3\text{Water}_i + 0.4\text{Slope}_i + 0.3\text{Fluctuation}_i \tag{C-1}$$

式中，Cost_i 为高速铁路建设时穿越栅格 i 的成本；Water_i 表示栅格 i 是否为水体，水体为 1；Slope_i 和 Fluctuation_i 分别为 3×3 的扫描窗口计算出的栅格 i 的坡度和地表起伏度。

但是，公式（C-1）中缺乏对固定成本的测度（无截距项），并不能很好地拟合高速铁路修建的真实成本。根据该公式，高速铁路穿越无水体并且绝对平坦（坡度和地表起伏度为 0）的地面，其建设成本为 0，这是不符合现实的。根据世界银行的报告和与高速铁路建设工程师的访谈，中国高速铁路建设每千米成本的浮动范围大概为 100%，也就是说，自然地貌最恶劣的区段其单位修建成本约为地形最平坦地段的 2 倍。根据公式（C-1）计算可得，中国内地区域 Cost_i 的最大值为 0.87，最小值为 0.17，波动范围为 0.7。因此，在公式（C-1）中加入截距项 0.7 以反映高速铁路建设的固定成本：

$$\text{Cost}_i = 0.7 + 0.3\text{Water}_i + 0.4\text{Slope}_i + 0.3\text{Fluctuation}_i \tag{C-2}$$

基于公式（C-2），本书计算得到中国全域的成本栅格数据，如 4.1 节的图 4-1（b）所示。颜色越深代表该栅格通过成本越高，反之则越低。可以看出，通过成本较高的栅格主要集中在高海拔的青海和西藏、云南、贵州、四川、重庆等西南山地区域，福建、江西东南部、广东东部等东南沿海区域，以及陕西和山西沟壑纵横的黄土高原地带。成本较低的栅格主要集中在华北平原、东北平原、长江中下游平原、关中平原及内蒙古自治区。这很好地反映了仅考虑地形地貌因素下不同地理区域的高速铁路修建成本。

3）基于目标城市和中国区域的成本栅格，通过最小生成树算法生成建设成本最低的理论高速铁路线路，如4.1节的图4-1（b）所示。

参 考 文 献

白俊红，蒋伏心．2015．协同创新、空间关联与区域创新绩效［J］．经济研究，（7）：174-187．

白列湖．2007．协同论与管理协同理论［J］．甘肃社会科学，（5）：228-230．

卞元超，吴利华，白俊红．2019．高铁开通是否促进了区域创新［J］．金融研究，（6）：132-149．

陈婧，方军雄，秦璇．2019．交通发展、要素流动与企业创新——基于高铁开通准自然实验的经验证据［J］．经济理论与经济管理，（04）：20-34．

陈淑玲，李红昌．2016．中外高铁票价与客运量对比分析及相关启示［J］．铁道经济研究，（5）：37-41．

陈旭东，靳彤，赵莳琳．2019．京津冀协同发展中京津科技合作的经验与对策研究［J］．理论与现代化，（4）：105-128．

戴亦一，肖金利，潘越．2016．"乡音"能否降低公司代理成本？——基于方言视角的研究［J］．经济研究，（12）：147-160，186．

邓慧慧，杨露鑫，潘雪婷．2020．高铁开通能否助力产业结构升级：事实与机制［J］．财经研究，（6）：34-48．

董同彬．2017．高铁经济对珠三角区域协调发展的影响与对策［J］．产业与科技论坛，（12）：23-26．

董艳梅，朱英明．2016．高铁建设的就业效应研究——基于中国285个城市倾向匹配倍差法的证据［J］．经济管理，（11）：26-44．

冯怡康．2018．基于资源优化配置的京津冀经济协同发展研究［D］．天津：河北工业大学．

傅卫东，汪宏华．2019．高铁开通与高校专利创新关系分析［J］．黑龙江高教研究，（9）：21-27．

郭进，白俊红．2019．高速铁路建设如何带动企业的创新发展——基于Face-to-Face理论的实证检验［J］．经济理论与经济管理，（5）：60-74．

郭立宏，冯婷．2019．高铁开通能促进区域技术创新吗——基于255个地级市面板数据的实证分析［J］．现代经济探讨，（2）：127-132．

何凌云，陶东杰．2020．高铁开通对知识溢出与城市创新水平的影响测度［J］．数量经济技术经济研究，（2）：125-142．

贺灿飞．2021．高级经济地理学［M］．北京：商务印书馆．

洪银兴，安同良，孙宁华．2017．创新经济学［M］．南京：江苏人民出版社．

侯雪，刘苏，张文新，等．2011．高铁影响下的京津城际出行行为研究［J］．经济地理，31

（09）：1573-1579.

吉赟，杨青．2020. 高铁开通能否促进企业创新——基于准自然实验的研究［J］．世界经济，
（2）：147-166.

姜文仙，覃成林．2009. 区域协调发展研究的进展与方向［J］．经济与管理研究，（10）：
90-95.

蒋天颖，华明浩，许强，等．2014. 区域创新与城市化耦合发展机制及其空间分异——以浙江省
为例［J］．经济地理，34（6）：8.

蒋兴华，范心雨，袁瑜容，等．2022. 粤港澳大湾区科技创新体系构建与协同机制研究——基于
一般系统模块理论的分析［J］．研究与发展管理，34（06）：157-166，177.

李二玲，崔之珍．2018. 中国区域创新能力与经济发展水平的耦合协调分析［J］．地理科学，
38（9）：10.

李建斌．2011. 武广高速铁路旅客出行特征和集散特性调查与分析［J］．铁道标准设计，
（11）：1-4，10，15.

李建明，王丹丹，刘运材．2020. 高速铁路网络建设推动中国城市产业结构升级了吗？［J］．
产业经济研究，（3）：30-42.

李文辉，陈依楠，江涌芝，等．2021. 中国经济发达地区高校技术创新溢出研究［J］．科研
管理，（3）：120-130.

李晓刚．2016. 交通可达性与制造业升级［D］．南昌：江西财经大学．

梁兴辉，高冬冬，逯相雪．2018. 城市产业专业化与多样化对经济增长的影响研究［J］．商业
经济研究，743（4）：187-189.

林晓言，李明真．2020. 高铁对沿线城市科技创新的影响——基于粤桂地区的实证研究［J］．
华东经济管理，（3）：94-102.

林晓言，罗燊．2017. 知识流空间与高速铁路［J］．吉首大学学报（社会科学版），38（3）：
51-58.

刘芳．2019. 高速铁路、知识溢出与城市创新发展——来自 278 个城市的证据［J］．财贸研
究，（4）：14-29.

刘国燕，李涛．2021. 高铁影响下的中国区域创新时空演化与效应分解［J］．世界地理研究，
（2）：355-366.

刘军．2007. QAP：测量"关系"之间关系的一种方法［J］．社会，（4）：164-174，209.

刘宇．2019. 政企关系视域下我国铁路行业治理结构研究［D］．济南：山东大学．

柳泽，杨宏宇，姚涵．2015. 境外高速铁路对区域和城市空间发展的影响研究进展［J］．城
市发展研究，（4）：14-20.

龙玉，赵海龙，张新德，等．2017. 时空压缩下的风险投资——高铁通车与风险投资区域变化
［J］．经济研究，（4）：195-208.

罗能生，萧楠芳，李建明．2020. 高铁能否促进产业结构优化升级——基于准自然实验的分析
［J］．管理学刊，（1）：38-49.

欧杰，宋迪，周楠燕．2016. 中国高速铁路：建设成本分析［R］．华盛顿：世界银行．

彭建交，王燕，刘邦凡．2017. 经济一体化与京津冀协同［M］．北京：中国人民大学出版社．

任俊宇 . 2018. 创新城区的机制、模式与空间组织研究 [D]. 北京：清华大学 .

芮海田，吴群琪 . 2016. 高铁运输与民航运输选择下的中长距离出行决策行为 [J]. 中国公路
学报，29（3）：134-141.

石敏俊，张雪 . 2020. 城市异质性与高铁对城市创新的作用：基于 264 个地级市的数据 [J].
经济纵横，（2）：15-22，2.

苏屹，姜雪松，雷家骕，等 . 2016. 区域创新系统协同演进研究 [J]. 中国软科学，（3）：
44-61.

孙久文，孙翔宇，夏添 . 2018. 中国区域经济发展报告 [M]. 北京：中国人民大学出版社 .

孙中伟，路紫 . 2005. 流空间基本性质的地理学透视 [J]. 地理与地理信息科学，（1）：
109-112.

覃成林，杨礼杉 . 2016. 铁路对沿线城市要素空间集聚的影响 [J]. 城市问题，（2）：25-35.

覃成林，朱永磊，种照辉 . 2014. 高速铁路网络对中国城市化格局的影响 [J]. 城市问题，
（9）：9-15.

谭建华，丁红燕，谭志东 . 2019. 高铁开通与企业创新——基于高铁开通的准自然实验 [J].
山西财经大学学报，（3）：60-70.

唐朱昌 . 2016. 差异定位与联动发展——"丝绸之路经济带"、欧亚经济联盟、上合组织合作
关系研究 [J]. 社会科学，（4）：3-12.

童昕，王缉慈 . 2000. 论全球化背景下的本地创新网络 [J]. 中国软科学，（9）：81-84.

汪本强 . 2012. 国内区域性产业同构问题研究综述 [J]. 经济问题探索，（8）：103-106.

王春杨，兰宗敏，张超，等 . 2020. 高铁建设、人力资本迁移与区域创新 [J]. 中国工业经
济，（12）：102-120.

王莉静 . 2010. 基于自组织理论的区域创新系统演进研究 [J]. 科学学与科学技术管理，
（8）：128-132.

王丽 . 2015. 高铁站区产业空间发展机制——基于高铁乘客特征的分析 [J]. 经济地理，35
（3）：94-99.

王鹏 . 2019. 高校创业教育生态系统构建研究 [D]. 哈尔滨：哈尔滨师范大学 .

王雨飞，倪鹏飞 . 2016. 高速铁路影响下的经济增长溢出与区域空间优化 [J]. 中国工业经
济，（2）：21-36.

王赟赟，陈宪 . 2019. 市场可达性、人口流动与空间分化 [J]. 经济评论，（1）：3-18，90.

魏后凯，贺灿飞，王新 . 2001. 外商在华直接投资动机与区位因素分析——对秦皇岛市外商直
接投资的实证研究 [J]. 经济研究，（2）：67-76，94.

魏守华，吴贵生，吕新雷 . 2010. 区域创新能力的影响因素——兼评我国创新能力的地区差距
[J]. 中国软科学，（9）：76-85.

邬丽萍 . 2012. 产业专业化、多样化对城市群经济增长的影响 [J]. 财经理论与实践，33
（5）：96-100.

吴嘉贤，刘修岩 . 2022. 高铁开通与中国农村减贫——来自遥感数据的证据 [J]. 世界经济文
汇，（1）：1-17.

吴康，方创琳，赵渺希，等 . 2013. 京津城际高速铁路影响下的跨城流动空间特征 [J]. 地理

学报，68（2）：159-174.

谢玮，张燕，肖翙．2018. 京津冀共下"一盘棋" 2018 京津冀协同发展论坛全景报道［J］．中国经济周刊，（30）：14-35，88.

阎小培．1996. 信息产业的区位因素分析［J］．经济地理，（1）：1-8.

杨陈，徐刚．2016. 效用理论视角下产学研协同创新机制有效性的影响因素［J］．科技管理研究，（11）：23-28.

杨权．2009. 全球化背景下国际经贸专业人才创新思维和能力的培养［J］．厦门科技，（1）：26-29.

杨思莹，李政．2020. 高铁开通对区域创新格局的影响及其作用机制［J］．南方经济，（5）：49-64.

杨博旭，柳卸林，常馨之．2023. "强省会"战略的创新效应研究［J］．数量经济技术经济研究，40（3）：168-188.

叶鹰，鲁特莱兹多夫，武夷山．2014. 三螺旋模型及其量化分析方法研讨［J］．中国软科学，（11）：131-139.

张敦富，覃成林．2001. 中国区域经济差异与协调发展［M］．北京：中国轻工业出版社.

张恒龙，陈方圆．2018. 高铁对区域协调发展的影响分析——基于徐兰客运专线的实证分析［J］．上海大学学报（社会科学版），（5）：91-106.

张军，李睿，于鸿宝．2021. 交通设施改善、农业劳动力转移与结构转型［J］．中国农村经济，（6）：28-43.

张金艳．2019. 经济法视域下我国技术创新的国家干预研究［D］．上海：华东政法大学.

张静，李平．2017. 中国区域创新绩效的过程溢出与空间关联［J］．西部论坛，27（3）：34-44.

张清江，李慧．2020. 区域视角下协调发展创新体系构建研究［J］．科技管理研究，40（12）：26-31.

张为付．2018. 江苏科技创新国际化发展研究报告［M］．南京：南京大学出版社.

张雪．2019. 高铁通车对区域经济创新发展的影响［J］．中国商论，（1）：167-168.

张英辉．2010. 区域科技创新系统及其评价研究［J］．科技管理研究，（5）：58-60.

赵庆国．2013. 高速铁路产业发展政策研究［D］．南昌：江西财经大学.

赵婷婷．2020. 中国产业集群对区域创新能力的影响研究［D］．长春：吉林大学.

甄峰，徐海贤，朱传耿．2001. 创新地理学——一门新兴的地理学分支学科［J］．地域研究与开发，（1）：9-11，18.

郑国．2019. 经济要素流动视角下高铁对城市空间结构的影响研究［D］．南京：东南大学.

钟顺昌，任媛．2017. 产业专业化、多样化与城市化发展——基于空间计量的实证研究［J］．山西财经大学学报，39（3）：58-73. DOI：10.13781/j.cnki.1007-9556.2017.03.005.

周定财．2107. 基层社会管理创新中的协同治理研究［D］．苏州：苏州大学.

朱琛．2020. 国内区域创新网络研究文献综述及展望［J］．物流工程与管理，（8）：141-144.

朱建江，邓智团．2018. 城市学概论［M］．上海：上海社会科学院出版社.

朱桃杏，陆军．2015. 高铁对区域科技创新协调的作用机制与效率分析［J］．科技进步与对策, 32 (6): 51-54.

诸竹君, 黄先海, 王煌. 2019. 交通基础设施改善促进了企业创新吗——基于高铁开通的准自然实验 [J]. 金融研究, (11): 153-169.

郑江淮, 陈喆, 冉征. 2023. 创新集群的"中心–外围结构": 技术互补与经济增长收敛性研究 [J]. 数量经济技术经济研究, 40 (1): 66-86.

Agrawal A, Kapur D, Mchale J. 2008. How do spatial and social proximity influence knowledge flows? Evidence from patent data [J]. Journal of Urban Economics, 64 (2): 258-269.

Ahlfeldt G M, Feddersen A. 2018. From periphery to core: Measuring agglomeration effects using high-speed rail [J]. Journal of Economic Geography, 18 (2): 355-390.

Ahmad M, Hall S G. 2017. Economic growth and convergence: Do institutional proximity and spillovers matter? [J]. Journal of Policy Modeling, 39 (6): 1065-1085.

Ahuja G, Katila R. 2001. Technological acquisitions and the innovation performance of acquiring firms: A longitudinal study [J]. Strategic Management Journal, 22 (3): 197-220.

Alama-Sabater L, Artal-Tur A, Navarro-Azorin J M. 2011. Industrial location, spatial discrete choice models and the need to account for neighbourhood effects [J]. The Annals of Regional Science, 47 (2): 393-418.

Albalate D, Bel G. 2012. The Economics and Politics of High Speed Rail: Lessons from Experiences Abroad [M]. Washington: Rowman and Littlefield Publishers.

Albert R, Jeong H, Barabasi A L. 2000. Error and attack tolerance of complex networks [J]. Nature, 406: 378-382.

Audrestch B P, Belso-Martínez J, Morrison A. 2016. The dynamics of technical and business knowledge networks in industrial clusters: Embeddedness, status, or proximity [J]. Economic Geography, 92 (1): 35-60.

Audretsch D B, Feldman M P. 1996a. Innovative clusters and the industry life cycle [J]. Review of Industrial Organization, 11 (2): 253-273.

Audretsch D B, Feldman M P. 1996b. R & D spillovers and the geography of innovation and production [J]. American Economic Review, 86 (3): 630-640.

Ba Z, Mao J, Ma Y, et al. 2021. Exploring the effect of city-level collaboration and knowledge networks on innovation: Evidence from energy conservation field [J]. Journal of Informetrics, 15 (3): 101198.

Baldwin R E, Okubo T. 2006. Agglomeration, Offshoring And Heterogenous Firms [J]. Journal of Economic Geography, 6 (3): 323-346.

Balland P, Belso-Martínez J, Morrison A. 2016. The dynamics of technical and business knowledge networks in industrial clusters: Embeddedness, status, or proximity? [J]. Economic Geography, 92 (1): 35-60.

Baptista R, Swann P. 1998. Do firms in cluster innovate more? [J]. Research Policy, 27 (5): 527-540.

Barbosa N, Guimaraes P, Woodward D. 2004. Foreign firm entry in an open economy: The case of

Portugal [J] . Applied Economics, 36 (5): 465-472.

Baron R M, Kenny D A. 1987. The moderator-mediator variable distinction in social psychological research: Conceptual, strategic, and statistical considerations [J] . Journal of Personality and Social Psychology, 51 (6): 1173-1182.

Basile R, Castellani D, Zanfei A. 2008. Location choices of multinational firms in Europe: The role of EU cohesion policy [J] . Journal of International Econmics, 74 (2): 328-340.

Bathelt H, Malmberg A, Maskell P. 2004. Clusters and knowledge: Local buzz, global pipelines and the process of knowledge creation [J] . Progress in Human Geography, 28 (1): 31-56.

Benhabib J, Spiegel M M. 1994. The role of human capital in economic development evidence from aggregate cross-country data [J] . Journal of Monetary Economics, 34 (2): 143-173.

Benhabib J, Spiegel M M. 2004. Human capital and technology diffusion [J] . Social Science Electronic Publishing, (5): 935-966.

Boh W, Evaristo J, Ouderkirk A. 2014. Balancing breadth and depth of expertise for innovation: A 3M story [J] . Research Policy, 43 (2): 349-366.

Borusyak K, Hull P. 2021. Non-Random Exposure to Exogenous Shocks: Theory and Applications [R] . NBER Working Paper: w27845.

Boschma R. 2005. Proximity and innovation: A critical assessment [J] . Regional Studies, 39 (1): 61-74.

Boschma R, Martin R. 2010. The Handbook of Evolutionary Economic Geography [M] . Cheltenharn: Edward Elgar.

Brennecke J, Rank O. 2017. The firm's knowledge network and the transfer of advice among corporate inventors: A multilevel network study [J] . Research Policy, 46 (4): 768-783.

Brown L A, Moore E G. 1970. The intra-urban migration process: A perspective [J] . Human Geography, 52 (1): 1-13.

Camagni R, Salone C. 1993. Network urban structures in northern Italy: Elements for a theoretical framework [J] . Urban Studies, 30 (6): 1053-1064.

Campa J L, López-Lambas M E, Guirao B. 2016. High speed rail effects on tourism: Spanish empirical evidence derived from China's modelling experience [J] . Journal of Transport Geography, 57: 44-54.

Carlino G, Chatterjee S, Hunt R M. 2007. Urban density and the rate of invention [J] . Journal of Urban Economics, 61 (3): 389-419.

Cassi L, Plunket A. 2014. Proximity, network formation and inventive performance: In search of the proximity paradox [J] . Annals of Regional Science, 53 (2): 395-422.

Cassidy J F, Andreosso-O' Callaghan B. 2006. Spatial determinants of Japanese FDI in China [J]. Japan and the World Economy, 18 (4): 512-527.

Castells M. 1989. The Informational City: Informational Technology, Economic Restructuring and the Urban-regional Process [M] . Oxford: Blackwell.

Chan C S, Yuan J. 2017. Changing travel behaviour of high-speed rail passengers in China [J] .

Asia Pacific Journal of Tourism Research, 22 (12): 1221-1237.

Chang Z, Deng C, Long F, et al. 2021a. High- speed rail, firm agglomeration, and $PM_{2.5}$: Evidence from China [J] . Transportation Research Part D Transport and Environment, 96 (8): 102886.

Chang Z, Diao M, Jing K, et al. 2021b. High- speed rail and industrial movement: Evidence from China's Greater Bay Area [J] . Transport Policy, 112: 22-31.

Chang Z, Zheng L. 2022. High- speed rail and the spatial pattern of new firm births: Evidence from China [J] . Transportation Research Part A: Policy and Practice, 155: 373-386.

Chen C L, Hall P. 2011. The impacts of high- speed trains on British economic geography: A study of the UK's Intercity 125/225 and its effects [J] . Journal of Transport Geography, 19 (4): 689-704.

Chen C, D'Alfonso T, Guo H, et al. 2018. Graph theoretical analysis of the Chinese high- speed rail network over time [J] . Research in Transportation Economics, 72: 3-14.

Chen Z, Guan J. 2010. The impact of small world on innovation: An empirical study of 16 countries [J] . Journal of Informetrics, 4 (1): 97-106.

Cheng S, Stough R R. 2006. Location decisions of Japanese new manufacturing plants in China: A discrete- choice analysis [J] . The Annals of Regional Science, 40 (2): 369-387.

Cheng Y, Loo B, Vickerman R. 2015. High- speed rail networks, economic integration and regional specialisation in China and Europe [J] . Travel Behaviour and Society, 2 (1): 1-14.

Christaller W. 1966. Central Places in Southern Germany [M] . Upper Saddle River: Prentice- Hall.

Chuluun T, Prevost A, Upadhyay A. 2017. Firm network structure and innovation [J] . Journal of Corporate Finance, 44: 193-214.

Clark G L, Feldman M P, Gertler M S. 2000. The Oxford Handbook of Economic Geography [M] . Oxford: Oxford University Press.

Cohen W, Levinthal D. 1990. Absorptive capacity: A new perspective on learning and innovation [J] . Administrative Science Quarterly, 35 (1): 128-152.

Coleman J S. 1990. Commentary: Social institutions and social theory [J] . American Sociological Review, 55 (3): 333-339.

Cooke P. 1996. The new wave of regional innovation networks: Analysis, characteristics and strategy [J] . Small Business Economics, (8): 159-171.

Coughlin C C, Segev E. 2000. Location determinants of new foreign- owned manufacturing plants [J]. Journal of Regional Science, 40 (2): 323-351.

Crafts N, Mulatu A. 2005. What explains the location of industry in Britain, 1887- 1931 [J] . Journal of Economic Geography, 5 (4): 499-518.

Csomós G, Tóth G. 2016. Exploring the position of cities in global corporate research and development: A bibliometric analysis by two different geographical approaches [J] . Journal of Informetrics, 10 (2): 516-532.

Dai X, Xu M, Wang N. 2018. The industrial impact of the Beijing-Shanghai high- speed rail [J] .

Travel Behaviour and Society, (12): 23-29.

De Souza L G A, De Moraes M A F D, Dal Poz M E S, et al. 2015. Collaborative Networks as a measure of the Innovation Systems in second-generation ethanol [J]. Scientometrics, 103: 355-372.

Dicken P. 2011. Global Shifts: Mapping the Changing Contours of the World Economy [M]. New York: The Guilford Press.

Donaldson D, Hornbeck R. 2016. Railroads and American economic growth: A "market access" approach [J]. The Quarterly Journal of Economics, 131 (2): 799-858.

Dong X, Zheng S, Kahn M E. 2020. The role of transportation speed in facilitating high skilled teamwork across cities [J]. Journal of Urban Economics, 115: 103212.

Dong X. 2018. High-speed railway and urban sectoral employment in China [J]. Transportation Research Part A: Policy and Practice, 116: 603-621.

Duan L, Sun W, Zheng S. 2020. Transportation network and venture capital mobility: An analysis of air travel and high-speed rail in China [J]. Journal of Transport Geography, 88: 102852.

Duranton G, Puga D. 2001. Nursery cities: Urban diversity, process innovation, and the life cycle of products [J]. American Economic Review, 91 (5): 1454-1477.

Duranton G, Puga D. 2004. Micro-foundations of urban agglomeration economies [J]. Handbook of Regional and Urban Economics, (4): 2063-2117.

Eaton J, Kortum S. 2002. Technology, Geography, and Trade [J]. Econometrica, 70 (5): 1741-1779.

Ejermo O, Karlsson C. 2006. Interregional inventor networks as studied by patent co-inventorships [J]. Research Policy, 35 (3): 412-430.

Faber B. 2014. Trade integration, market size, and industrialization: Evidence from China's National Trunk Highway System [J]. Review of Economic Studies, 81 (3): 1046-1070.

Fan F, Lian H, Wang S. 2020. Can regional collaborative innovation improve innovation efficiency? An empirical study of Chinese cities [J]. Growth and Change, 51 (1): 1-24.

Feldman M P, Audretsch D B. 1999. Innovation in cities: Science-based diversity, specialization and localized competition [J]. European Economic Review, 43 (2): 409-429.

Feldman M P, Kogler D F, Rigby D L. 2015. rKnowledge: The spatial diffusion and adoption of rDNA methods [J]. Regional Studies, 49 (5): 798-817.

Feldman M P. 1994. The geography of innovation [M]. Berlin: Springer.

Fernández A, Ferrándiz E, León M D. 2016. Proximity dimensions and scientific collaboration among academic institutions in Europe: The closer, the better? [J]. Scientometrics, 106 (3): 1073-1092.

Fleetwood S. 2011. Sketching a social-economic model of labour markets [J]. Cambridge Journal of Geographers, 92 (4): 743-755.

Florida R L. 2002. The economic geography of talent [J]. Annals of the Association of American Geographers, 92 (4): 743-755.

Foley C F, Kerr W R. 2011. Ethnic innovation and US multinational firm activity [J]. Management Science, 59 (7): 1529-1544.

Freeman C. 1991. Networks of innovators: A synthesis of research issues [J]. Research Policy, 20 (5): 499-514.

Freeman L. 1978. Centrality in social networks conceptual clarification [J]. Social Networks, 1 (3): 215-239.

Fujita M, Krugman P. 2004. The new economic geography: Past, present and the future [J]. Papers in Regional Science, 83 (1): 139-164.

Fujita M, Krugman P, Mori T. 1999. On the evolution of hierarchical urban system [J]. European Economic Review, 43 (2): 209-251.

Fujita M, Thisse J F. 2003. Does geographical agglomeration foster economic growth? And who gains and loses from it? [J]. The Japanese Economic Review, 54 (2): 121-145.

Galarraga J M. 2012. The determinants of industrial location in Spain, 1856-1929 [J]. Explorations in Economic History, 49 (2): 255-275.

Gao Y, Su W, Wang K. 2019. Does high-speed rail boost tourism growth? New evidence from China [J]. Tourism Management, 72: 220-231.

Gao Y, Zheng J. 2019. The impact of high-speed rail on innovation: An empirical test of the companion innovation hypothesis of transportation improvement with China's manufacturing firms [J]. World Development, 127: 104838.

Gerlach H, Ronde T, Stahl K. 2009. Labor pooling in R&D intensive industries [J]. Journal of Urban Economics, 65 (1): 99-111.

Gernot G. 2002. Cool projects, boring institutions: Temporary collaboration in social context [J]. Regional Studies, 36 (3): 205-214.

Glaeser E L, Kolko J, Saiz A. 2001. Consumer city [J]. Journal of Economic Geography, 1 (1): 27-50.

Godin B. 2002. Outline for a history of science measurement [J]. Science, Technology and Human Values, 27 (1): 3-27.

Granovetter M. 1985. Economic action and social structure: The problem of embeddedness [J]. American Journal of Sociology, 91 (3): 481-510.

Greenwood M J, Museer P R, Plane D A, et al. 1991. New directions in migration research [J]. The Annals of Regional Science, 25 (4): 237-270.

Guan J, Zhang J, Yan Y. 2015. The impact of multilevel networks on innovation [J]. Research Policy, 44 (3): 545-559.

Guo Y, Li B, Han Y. 2020. Dynamic network coupling between high-speed rail development and urban growth in emerging economies: Evidence from China [J]. Cities, 105: 102845.

Haekbart M M, Anderson D A. 1975. On Measuring Economic Diversification [J]. Land Economics, 51 (4): 374-378.

Hall P. 2009. Magic carpets and seamless webs: Opportunities and constraints for high-speed trains in

Europe [J]. Built Environment, 35 (1): 59-69.

Hanson W G. 1959. How accessibility shapes land use [J]. Journal of the American Institute of Planners, 25: 73-76.

Harrison B. 1992. Industrial districts: Old wine in new bottles? [J]. Regional Studies, 26: 469-483.

Helsley R W, Strange W C. 2002. Innovation and input sharing [J]. Journal of Urban Economics, 51 (1): 25-45.

Henderson J V. 1997. Externalities and industrial development [J]. Journal of Urban Economics, 42 (3): 449-470.

Henderson J V. 2003. Marshall's scale economies [J]. Journal of Urban Economics, 53 (1): 1-28.

Henry N, Pinch S. 2001. Neo-Marshallian nodes, institutional thickness, and Britain's "Motor Sport Valley": Thick or thin [J]. Environment and Planning A, 33 (7): 1169-1183.

Hicks J R, 1932. The Theory of Wages [M]. Cambridge: Macmillan Publishing Company.

Hoekman J, Frenken K, Oort F. 2009. The geography of collaborative knowledge production in Europe [J]. The Annals of Regional Science, 43 (3): 721-738.

Hornbeck R, Rotemberg M. 2019. Railroads, reallocation, and the rise of American Manufacturing [J]. Meeting Papers. National Bureau of Economic Research.

Hägerstrand T. 1953. Innovation Diffusion as A Spatial Process [M]. Chicago: University of Chicago Press.

Huang Y, Zong H. 2022. The intercity railway connections in China: A comparative analysis of high-speed train and conventional train services [J]. Transport Policy, 120: 89-103.

Isard W. 1956. Location and Space-economy [M]. Cambridge, MA: MIT Press.

Jackson J A. 1969. Migration [M]. Cambridge: Cambridge University Press.

Jacobs J. 1969. The Economy of Cities [M]. London: Vintage Classics.

Jaffe A B. 1989. Real effects of academic research [J]. American Economic Review, 79 (5): 957-970.

Jaffe A B, Trajtenberg M, Henderson R. 1993. Geographic localization of knowledge spillovers as evidenced by patent citations [J]. The Quarterly Journal of Economics, 108 (3): 577-598.

Jia S, Zhou C, Qin C. 2017. No difference in effect of high-speed rail on regional economic growth based on match effect perspective? [J]. Transportation Research Part A: Policy and Practice, 106: 144-157.

Jiao J, Wang J, Jin F, et al. 2014. Impacts on accessibility of China's present and future HSR network [J]. Journal of Transport Geography, 40: 123-132.

Jiao J, Wang J, Jin F. 2017. Impacts of high-speed rail lines on the city network in China [J]. Journal of Transport Geography, 60: 257-266.

Jorgenson D. 1961. The development of a dual economy [J]. The Economic Journal, 71: 309-334.

Keeble D, Lawson C, Moore B, et al. 1999. Collective learning processes, networking and institutional thickness in the Cambridge region [J]. Regional Studies, 33 (4): 319-332.

Kerr W R. 2013. US high- skill immigration, innovation, and entrepreneurship: Empirical approaches and evidence [J]. Social Science Electronic Publishing, 72 (35): 1-2.

Kim S K, Kim J S. 2008. Major determinants of Korean companies' foreign direct investment (FDI) toward China [J]. Journal of Korea Trade, 12 (3): 201-220.

Klein A, Crafts N. 2011. Making sense of the manufacturing belt: Determinants of U. S. industrial location, 1880-1920 [J]. Journal of Economic Geography, 12 (4): 775-807.

Knoben J, Oerlemans L. 2006. Proximity and inter- organizational collaboration: A literature review [J]. International Journal of Management Reviews, 8 (2): 71-89.

Komikado H, Morikawa S, Bhatt A, et al. 2021. High-speed rail, inter-regional accessibility, and regional innovation: Evidence from Japan [J]. Technological Forecasting and Social Change, 167: 120697.

Krackardt D. 1987. QAP partialling as a test of spuriousness [J]. Social Networks, 9 (2): 171-186.

Krugman P. 1991. Increasing returns and economic geography [J]. Journal of Political Economy, 99 (3): 483-499.

Krugman P, Venables A J. 1995. Globalization and the inequality of nations [J]. The Quarterly Journal of Economics, 110 (4): 857-880.

Krätke S. 2010. Regional knowledge networks: A network analysis approach to the interlinking of knowledge resources [J]. European Urban and Regional Studies, 17 (1): 83-97.

Kurant M, Thiran P. 2006. Trainspotting: Extraction and analysis of traffic and topologies of transportation Networks [J]. Physical Review E, 74 (3): 036114.

Ladinsky J. 1967. Occupational determinants of geography mobility among professional workers [J]. American Sociological Review, 32 (2): 253-264.

Lawrence M, Bullock R, Liu Z. 2019. China's High-Speed Rail Development [R]. International Development in Focus. Washington, DC: World Bank.

Lewis W A. 1954. Economic development with unlimited supplies of labour [J]. The Manchester School, 22 (2): 139-191.

Li T, Rong L, Yan K. 2019. Vulnerability analysis and critical area identification of public transport system: A case of high-speed rail and air transport coupling system in China [J]. Transportation Research Part A: Policy and Practice, 127: 55-70.

Li T, Rong L. 2020. A comprehensive method for the robustness assessment of high- speed rail network with operation data: A case in China [J]. Transportation Research Part A: Policy and Practice, 132: 666-681.

Lin J, Xie Z. 2020. The associations of newly launched high- speed rail stations with industrial gentrification [J]. Journal of Transport Geography, 83 (3): 102662.

Liu L, Zhang M. 2018. High- speed rail impacts on travel times, accessibility, and economic productivity: A benchmarking analysis in city-cluster regions of China [J]. Journal of Transport Geography, 73: 25-40.

Lin Y. 2016. Travel costs and urban specialization patterns: Evidence from China's high speed railway system [J]. Journal of Urban Economics, 98: 98-123.

Liu Y, Shao X, Tang M, et al. 2020. Spatio-temporal evolution of green innovation network and its multidimensional proximity analysis: Empirical evidence from China [J]. Journal of Cleaner Production, 283: 124649.

Long F, Zheng L, Song Z. 2018. High-speed rail and urban expansion: An empirical study using a time series of nighttime light satellite data in China [J]. Journal of Transport Geography, 72: 106-118.

Lorentzen J. 2009. The geography of innovation in South Africa: A first cut [J]. International Journal of Technological Learning Innovation & Development, 2 (3): 210-229.

Losch A. 1954. Economics of Location [M]. City of New Haven: Yale University Press.

Lundvall B, Johnson B, Andersen E S, et al. 2002. National systems of production, innovation and competence building [J]. Research Policy, 31 (2): 213-231.

Maggioni M A, Nosvelli M, Uberti T E. 2007. Space versus networks in the geography of innovation: A European analysis [J]. Papers in Regional Science, 86 (3): 471-493.

Maggioni M A, Uberti T E. 2009. Knowledge networks across Europe: Which distance matters? [J]. Annals of Regional Science, 43 (3): 691-720.

Maggioni V, Cruzgonzalez J, Delgadoverde M. 2014. Directions of external knowledge search: investigating their different impact on firm performance in high-technology industries [J]. Journal of Economic Geography, 61 (4): 345-369.

Maisonobe M, Eckert D, Grossetti M, et al. 2016. The world network of scientific collaborations between cities: Domestic or international dynamics? [J]. Journal of Informetrics, 10 (4): 1025-1036.

Malecki E J. 1985. Industrial location and corporate organization in high technology industries [J]. Economic Geography, 61 (4): 345-369.

Marshall A. 1920. Principles of Economics [M]. London: Macmillan & Co. Ltd.

Martin P, Ottaviano G I. 2001. Growth and agglomeration [J]. International Economic Review, 42 (4): 947-968.

Maurseth P B, Verspagen B. 2002. Knowledge spillovers in Europe: A patent citations analysis [J]. Journal of Economics, 104 (4): 531-545.

Michelle G. 2007. Does geography matter for science-based firms? Epistemic communities and the geography of research and patenting in biotechnology [J]. Organization Science, 18 (4): 724-741.

Mishra S, Welch T F, Jha M K. 2012. Performance indicators for public transit connectivity in multi-modal transportation networks [J]. Transportation Research Part A: Policy and Practice, 46 (7): 1066-1085.

Mitze T, Strotebeck F. 2019. Determining factors of interregional research collaboration in Germany's biotech network: Capacity, proximity, policy? [J]. Technovation, 80: 40-53.

Morrison A, Rabellotti R. 2009. Knowledge and information networks in an Italian wine cluster [J]. European Planning Studies, 17 (7): 983-1006.

Morrison P D, Roberts J H, Midgley D F. 2004. The nature of lead users and measurement of leading edge status [J]. Research Policy, 33 (2): 351-362.

Morrison P S, Clark W. 2011. Internal migration and employment: Macro flows and micro motives. Environment and Planning A, 43 (8): 1948-1964.

Murayama Y. 1994. The impact of railways on accessibility in the Japanese urban system [J]. Journal of Transport Geography, 2 (2): 87-100.

Neffke F M, Henning M, Boschma R. 2011. How do regions diversify over time? Industry relatedness and the development of new growth paths in regions [J]. Economic Geography, 87 (3): 237-265.

Nelson L, Nelson P B. 2011. The global rural: Gentrification and linked migration in the rural USA [J]. Progress in Human Geography, 49 (4): 441-459.

Newman M. 2010. Networks: An Introduction [M]. Oxford: Oxford University Press.

Niebuhr A. 2010. Migration and innovation: does cultural diversity matter for regional R&D activity? [J]. Papers in Regional Science, 89 (3): 1-32.

Nooteboom B. 2000. Learning and Innovation in Organizations and Economies [M]. Oxford: Oxford University Press.

Nooteboom B. 2007. Organization, evolution, cognition and dynamic capabilities [J]. The IUP Journal of Managerial Economics, 5 (4): 31-55.

Ohlin B. 1933. International and interregional in organizations and economics [J]. Harvard Economic Studies, 34 (3): 95-102.

Ollivier G, Bullock R, Jin Y, et al. 2014. High-speed railways in China: A look at traffic [J]. China Transport Topic, 11.

Olson G, Olson J. 2003. Mitigating the effects of distance on collaborative intellectual work [J]. Economics of Innovation and New Technology, 12 (1): 27-42.

Ortega J L, Aguillo I F. 2013. Institutional and country collaboration in an online service of scientific profiles: Google Scholar Citations [J]. Journal of Informetrics, 7 (2): 394-403.

Paci R, Usai S. 2000. Technological enclaves and industrial districts: An analysis of the regional distribution of innovative activity in Europe [J]. Regional Studies, 34 (2): 97-114.

Paci R, Usai S. 2009. Knowledge flows across European regions [J]. The Annals of Regional Science, 43 (3): 669-690.

Page S. 2007. The Difference: How the Power of Diversity Creates Better Groups, Firms, Schools and Societies [M]. New York: Princeton University Press.

Petruzzelli A M. 2011. The impact of technological relatedness, prior ties, and geographical distance on university-industry collaborations: A joint-patent analysis [J]. Technovation, 31 (7): 309-319.

Petty W. 1769. A Treatise of Taxes and Contributions [M]. London: Brooke.

Polanyi K. 1944. The Great Transformation: The Political and Economic Origins of Our Time [M]. Boston: Beacon Press.

Polanyi M. 1958. Personal Knowledge [M]. New York: Routledge.

Porter M E. 1990. The competitive advantage of nations [J]. Harvard Business Review, 68 (2): 73-93.

Porter M E. 2003. The economic performance of regions [J]. Regional Studies, 37 (6): 549-578.

Potter A, Watts H D. 2011. Evolutionary agglomeration theory: Increasing returns, diminishing returns, and the industry life cycle [J]. Journal of Economic Geography, 11 (3): 417-455.

Potter R, Szomszor M, Adams J. 2020. Interpreting CNCIs on a country-scale: The effect of domestic and international collaboration type [J]. Journal of Informetrics, 14 (4): 101075.

Pred A. 1977. The choreography of existence: Comments on Hägerstrand's time- geography and its usefulness [J]. Economic Geography, 53 (2): 207-221.

Qin Y. 2017. "No county left behind?" The distributional impact of high-speed rail upgrades in China [J]. Journal of Economic Geography, 17 (3): 489-520.

Ranis G, Fei J. 1963. The Ranis- Fei model of economic development: Reply [J]. The American Economic Review, 53 (3): 452-454.

Ravenstein E G. 1885. The laws of migration [J]. Journal of the Statistical Society of London, 48 (2): 167-235.

Roback J. 1982. Wages, rents, and the quality of life [J]. Journal of political Economy, 90 (6): 1257-1278.

Rosenthal S S, Strange W C. 2004. Evidence on the nature and sources of agglomeration economics [J]. Handbook of regional and urban economics, (4): 2119-2171.

Rowley T, Behrens D, Krackhardt D. 2015. Redundant governance structures: An analysis of structural and relational embeddedness in the steel and semiconductor industries [J]. Strategic Management Journal, 21 (3): 369-386.

Saxenian A. 1996. Regional networks: Industrial adaptation in Silicon Valley and Route 128 [J]. Cityscape: A Journal of Policy Development and Research, (4): 41-60.

Saxenian A, Sabel C. 2008. Venture capital in the periphery: The new argonauts, global search and local institution-building [J]. Economic Geography, 84 (4): 379-394.

Scherngell T, Barber M J. 2011. Distinct spatial characteristics of industrial and public research collaborations: Evidence from the 5th EU Framework Programme [J]. Annals of Regional Science, 46 (2): 247-266.

Schultz T W. 1939. Theory of the firm and farm management research [J]. American Journal of Agricultural Economics, 21 (3): 570-586.

Schumpeter J. 1921. The Theory of Economic Development [M]. Berlin: Springer.

Shao S, Tian Z, Yang L. 2017. High speed rail and urban service industry agglomeration: evidence from China's Yangtze River Delta region [J]. Journal of Transport Geography, 64: 174-183.

Shaw S L, Fang Z, Lu S, et al. 2014. Impacts of high speed rail on railroad network accessibility in

China [J] . Journal of Transport Geography, 40: 112-122.

Shearmur R. 2012. Are cities the font of innovation? A critical review of the literature on cities and innovation [J] . Cities, 29 (S2): S9-S18.

Solé R V, Valverde S. 2004. Information theory of complex networks: On evolution and architectural constraints [J] . Lecture Notes in Physics, 207: 189-207.

Stiglitz J E. 1977. Monopoly, non-linear pricing and imperfect information: The insurance market [J] . Review of Economic Studies, 44 (3): 407-430.

Stock J H, Wright J H, Yogo M. 2002. A survey of weak instruments and weak identification in generalized method of moments [J] . Journal of Business & Economic Statistics, 20 (4): 518-529.

Sturgeon T J. 2002. Modular production networks: A new American model of industrial organization [J] . Industrial and Corporate Change, 11 (3): 451-496.

Teng T, Cao X, Chen H. 2021. The dynamics of inter-firm innovation networks: The case of the photovoltaic industry in China [J] . Energy Strategy Reviews, 33: 100593.

Ter Wal A. 2013. The dynamics of the inventor network in German biotechnology: Geographical proximity versus triadic closure [J] . Journal of Economic Geography, 14 (3): 589-620.

Ter Wal A, Boschma R. 2009. Applying social network analysis in economic geography: Framing some key analytical issues [J] . Annals of Regional Science, 43 (3): 739-756.

Thunen J V. 1826. Der IsolierteStaat in Beziehung auf Landwirtschaft und Nationalo konomie [M] . Berlin: Wiegant, Hempel & Parey.

Todaro M P. 1969. A model of labor migration and urban unemployment in less developed countries [J] . American Economic Review, 59 (1): 138-148.

Torre A, Gilly J P. 2000. On the analytical dimension of proximity dynamics [J] . Regional Studies, 34 (2): 169-180.

Torre A, Rallet A. 2005. Proximity and localization [J] . Regional Studies, 39: 47-59.

Tsivanidis N. 2019. Evaluating the Iimpact of Urban Transit Infrastructure: Evidence from Bogotá's TransMilenio [R] . Chicago: The University Chicago Working Paper.

Turker D. 2014. Analyzing relational sources of power at the interorganizational communication system [J] . European Management Journal, 32 (3): 509-517.

Wang J, Cai S. 2020. The construction of high-speed railway and urban innovation capacity: Based on the perspective of knowledge Spillover [J] . China Economic Review, 63: 101539.

Watts D J, Strogatz S H. 1998. Collective dynamics of 'small-world' networks [J] . Nature, 393: 409-410.

Weber A. 1929. Theory of the Location of Industries [M] . Chicago: University of Chicago Press.

Xiao F, Lin J. 2021. High-speed rail and high-tech industry evolution: Empirical evidence from China [J] . Transportation Research Interdisciplinary Perspectives, 10 (1): 100358.

Xiao F, Zhou Y, Deng W, et al. 2020. Did high-speed rail affect the entry of automobile industry start-ups? Empirical evidence from Guangdong Province, China [J] . Travel Behaviour and

Society, 19: 45-53.

Xu W, Zhou J, Guo Q. 2018. China's high-speed rail network construction and planning over time: A network analysis [J]. Journal of Transport Geography, 70: 40-54.

Yan Y, Guan, J C. 2018. Social capital, exploitative and exploratory innovations: The mediating roles of ego-network dynamics [J]. Technological Forecasting and Social Change, 126: 244-258.

Yang C, Liu S. 2020. Spatial Correlation analysis of low- carbon innovation: A case study of manufacturing patents in China [J]. Journal of Cleaner Production, 273 (3): 122893.

Yang H, Dobruszkes F, Wang J, et al. 2018. Comparing China's urban systems in high-speed railway and airline networks [J]. Journal of Transport Geography, 68: 233-244.

Yang Z, Li T. 2019. Does high-speed rail boost urban tourism economy in China? [J]. Current Issues in Tourism, 23 (2): 1-17.

Yao L, Li J, Li J. 2020. Urban innovation and intercity patent collaboration: A network analysis of China's national innovation system [J]. Technological Forecasting and Social Change, 160 (4): 120185.

Yin P, Pagliara F, Wilson A. 2019. How does high-speed rail affect tourism? A case study of the capital region of China [J]. Sustainability, 11 (2): 1-16.

Yu F, Lin F, Tang Y, et al. 2019. High-speed railway to success? The effects of high-speed rail connection on regional economic development in China [J]. Journal of Regional Science, 59 (4): 723-742.

Zelinsky W. 1971. The hypothesis of the mobility transition [J]. Geography Review, 61 (2): 219-249.

Zhang X, Wu W, Zhou Z, et al. 2020. Geographic proximity, information flows and corporate innovation: Evidence from the high-speed rail construction in China [J]. Pacific-Basin Finance Journal, 61: 101342.

Zheng L, Long F, Chang Z, et al. 2019. Ghost town or city of hope? The spatial spillover effects of high-speed railway stations in China [J]. Transport Policy, 81: 230-241.

Zucker L, Darby M, Brewer M. 1998. Intellectual human capital and the birth of US biotechnology enterprises [J]. American Economic Review, 88 (1): 290-306.